| 中非高校 20+20 合作项目成果文库 |

丛书主编◇罗林

王德新著译文集

王德新◇著译

U0993878

世界知识出版社

丛书序

“德行言语，敦睦天下”，道出北京语言大学（简称“北语”）的荣光使命。回望历史，中华人民共和国成立初期，在周恩来总理的亲切关怀下，北语于1962年正式创办，1964年定名为北京语言学院，1974年毛泽东主席亲自为学校题写校名，1996年更名为北京语言文化大学，2002年简化为“北京语言大学”。无论校名如何更迭，北语始终不忘初心，坚持以言传德，以推动世界和平和发展为宗旨，致力于中外人文交流。

春华秋实，56年弹指一挥间，北语一代代教师兢兢业业，孜孜不倦，谨记自己肩负的使命与责任。在他们的努力下，北语成为中国唯一一所以对来华留学生进行汉语、中华文化教育为主要任务的国际型大学。“小联合国”成为形容北语最好的标签，“万国墙”上刻下的183个国家见证了北语的成长。迄今为止，北语已经为世界上近两百个国家和地区培养了近20万名懂汉语、了解中华文化的留学生。原联合国副秘书长、联合国日内瓦办事处总干事卡塞姆·托卡耶夫，埃塞俄比亚总统穆拉图·特肖梅·沃图，哈萨克斯坦共和国国家安全委员会主席卡里姆·马西莫夫，俄罗斯外交部副部长伊戈尔·莫尔古洛夫，德国汉学家顾彬，美国物理学家、诺贝尔奖获得者埃里克·康奈尔等都是其中的佼佼者。

为更好地培养对华友好人士，深化中国与各国的友好情谊，20世纪中后期，北语在开展对来华留学生汉语教育的同时，向第三世界国家派遣援外教师，提供技术支持和教育服务，开展对外汉语教学工作。北语的教育援外工作不仅载入学校史册，也见证了北语阿拉伯语专业从无到有，由弱变强的发展。

北语的阿语专业最早由李占经老师于1964年建立。作为北语阿语专业的奠基人，李老师怀着对阿语教学的热爱，对中阿人民友好的情谊，积极配合对外汉语教学工作，以培养对外汉语师资为主要任务。赵金铭、刘英林、李润新、郭志良等前辈都是从北语阿语首届培训班中走出的对外汉语教学大家。

自20世纪70年代初，为响应国家援外号召，北语阿语专业教师走出国门，带着一腔热情与一身的才华投入对阿拉伯国家的援外项目中。也门，这个位于阿拉伯半岛最南部的国家，是阿拉伯古代文明摇篮，阿拉伯世界最贫困的国家之一，也是北语阿语专业教师援外最主要的目的地国家。1956年中国与也门建交后，为帮助也门发展教育，援建了萨那中等工业技术学校，即萨那技校。1970年，时任北语阿语专业教师的封哲如来到萨那技校开始筹备工作。随后，李占经、赵培森、韩家瑞、种国胜、朱立才、高彦德、杨孝柏、王德新、李振中、施光亨、郭志良等北语阿语专业前辈都曾前往萨那技校，参与援外工作。

塔伊兹技校的援外项目开始于20世纪90年代，李占经、韩家瑞、种国胜、朱立才、王德新等老师也都多次前往学校，参与教育援外工作，让中也两国人民的友谊在普通的教育援外工作中绽放美丽的花朵。萨那古泰白·本·穆斯里木模范中学是北语阿语专业教师参与援外工作的又一重要项目。1990年，我从北大毕业后来北语工作，两年后，即参与了古泰白中学援外项目。在也门工作的四年中，我经历过1994年的也门内战。虽然烽火连天，但我在战火中与也门人民结下了深厚友谊，把最美好的青春岁月献给新中国的教育援外事业，至今仍以此为傲。

除也门外，北语阿语专业的老师还曾被派往埃及艾因夏姆斯大学汉语系和突尼斯布尔吉巴大学等阿拉伯国家教育机构工作，推动中国与阿拉伯国家的友好交往，深化中国与阿拉伯各国的兄弟情谊。

北语阿语专业至今已有54年的历史，半个多世纪的坚持，虽经历风风雨雨，但从未放弃前行。如今，北语的阿语专业已成为国内阿语专业的佼佼者，以阿语专业为依托的教育部国别和区域基地北语阿拉伯研究中心于2012年4月成立，国别和区域研究院于2017年1月成立，成为培养推动“一带一路”建设的人才基地，服务国家发展的高校智库。这背后是北语阿语专业教师对阿语教学的热爱，对中阿人民友谊的执着，也是对本专业教师前辈对阿拉伯国家援外工作最崇高的敬意。他们用质朴的热情、实际的行动践行着“德行言语，敦睦天下”的使命，是北语阿语专业发展史最辉煌的印记，更是我们未来前进之路的基石。

为纪念北语阿语专业历时半个世纪的教育援外历程，北语阿拉伯研究中心特出版李占经、杨孝柏、赵培森、李振中、王德新等前辈的著译文集，以兹纪念。

是为序。

丛书主编：罗林①

2018年11月1日于北语

① 罗林，教授，博士生导师，北京语言大学国别和区域研究院院长，中东学院院长，阿拉伯研究中心主任，教育部外国语言文学类专业教学指导委员会副主任委员，阿拉伯语专业教学指导分委员会主任委员。

目 录

第一篇 史学文苑

第二篇 《艾布·胡雷拉的心语》选译

[突尼斯]马哈茂德·马斯阿迪著

第三篇　世界经典名家散文选译

第四篇　《圣裔的王冠——约旦王室》节选

第五篇　《阿拉伯文化选读》节选

第六篇　文坛艺苑——阿拉伯小说选译

第一篇

史学文苑

阿拉伯古代大诗人——穆台奈比

一

在阿拉伯世界，提起阿拔斯王朝的大诗人穆台奈比，几乎无人不知，无人不晓。现在，只要是有文化的人，都能或多或少地背诵他的诗篇。尤其是他的带有哲理性的大量诗句，更是反复被阿拉伯人所引用，已经变成了人人熟悉的普遍性的格言或警句。文学评论家和学者们一致公认穆台奈比是阿拉伯民族最伟大的诗人之一。在阿拉伯文学史上，穆台奈比占有极重要的地位。

穆台奈比于公元915年生于现伊拉克南部的库法城。他生活的年代正值阿拔斯王朝趋于没落瓦解，波斯人逐渐篡夺了国家统治权的时期。当时，内乱四起，各个地区小国纷纷脱离巴格达政府而独立。这些小国的争斗和战争连年不断，使得整个阿拉伯民族的生活每况愈下。这种形势给诗人的成长和创作打下了深刻的时代烙印。

穆台奈比本名叫艾卜·塔伊布·伊本·侯赛因。穆台奈比是他的别号，阿拉伯语的原意是“自封的预言家”。穆台奈比20岁时离开家乡库法来到叙利亚，渴望有一番作为，以便能出人头地。他看到了当时国家的混乱状态；也看到了由于政局的混乱，伊斯兰教的各种派别和各种思潮蜂拥而起，互相争斗，以争取群众，扩大势力。当时阿拉伯的各个游牧部落仍然极端穷困落后，而定居人的商业和文化却得到了迅速的发展。因此，定居人与游牧人的矛盾日益增长，游牧人掠夺定居人的野蛮战争时有发生。他开始四处奔走于各个游牧部落，宣传自己的预言。他宣称，先知穆罕默德亲口把预言传述给他，叫他转述给民众。由于游牧人的落后与无知，他的宣传获得了成功，在他的周围逐渐聚集了一大批追随者，把他尊称为“预言家”。穆台奈比的名字就这样被叫开了。

但他出名不久，就被当时叙利亚的霍姆斯城酋长以渎教的罪名抓起来，关进了监狱。他在狱中待了好长时间，开始时态度强硬，誓不低头。但最后，他还是向霍姆斯酋长表示了忏悔，承认了自己假称“预言家”的错误，得到了霍姆斯酋长的宽恕，被释放。出狱后，他不再宣传自己的预言，但“预言家”的称号却一直流传到今天。

穆台奈比从小聪明过人、酷爱读书。他的父亲是个卖水夫，很穷，但看到自己的儿子这样聪明，就竭尽全力供养他念书。从学校毕业后，又叫他离开城市到各个部落去旅行，以开阔眼界，增长见识，丰富语言知识。不久，父亲去世，他迫于生计不得不去找工作，曾在好几家卖手抄本书籍的书店里工作过。他把书店当成继续学习的学校，一有空就坐下来读书。工作之余，他还经常参加由当时著名的语言学家和文学家们组织的集会，并出席他们所组织的文学团体的活动。所有这些，使他很快变成一个语言纯正、广闻博见、能言善讲的人。

传说穆台奈比年轻时记忆力极强。在书店任职时，据说有一天，一个人拿来一本近30页的书来卖。穆台奈比接过书来很快地看了一遍，对卖书人说：“我要是能把它背下来，你怎么办？”那人说：“你要是能背下来，我就把这本书白送给你！”穆台奈比当即一口气从头到尾一字不漏地背了一遍，把卖书人惊得目瞪口呆。他背完后也不说话，把书往腋下一塞，转身就走。卖书的人只好眼睁睁看着他把书拿走。

二

穆台奈比被后人称为游历诗人，因为他的一生大部分时间都是在四处游历中度过的。他20岁时离开家乡库法到叙利亚，一直到死，他都没有停止奔波。他奔波的目的是寻找一个能够赏识他的才华和抱负的君王并为之效劳，但到后来，他的奔波主要是为了逃避迫害。

在伊斯兰教产生以前，阿拉伯诗人们都是以本部落的代言人的身份出现的，他们用诗歌来夸耀、赞美本部落的丰功伟绩和勇敢精神，维护本部落的威望，回击其他部落的攻讦。伊斯兰教产生以后，诗人们又变成了传达哈里发们和各个小国君主们的命令和愿望的喉舌。他们所起的作用跟今天每个国家的官方报纸和宣传机构一样。正因为这样，诗人们的身价随着君王们信任程度的增加而越来越高。如果有哪个诗人拒绝依附统治者，不愿意进宫服务，那他的诗既不会为人所知，也不会受人重视，他可能一生都很难找到出路。在阿拉伯国家，这种诗人依附统治者的现象一直持续到近代才宣告结束。

穆台奈比从霍姆斯的监狱中出来后，辗转于叙利亚各地的小王国。他写诗赞扬这些君王，希望得到他们的赏识。

948年，穆台奈比来到位于现叙利亚阿勒颇的哈姆丹国。它是当时阿拔斯王朝北部最强大的王国，它的国王赛夫·道拉是当时一位以勇猛善战出名的武将。为了抵御北部边界外的拜占庭帝国的进攻，赛夫·道拉曾与强敌进行过多次战斗，大都获胜。赛夫·道拉很欣赏穆台奈比的人品和诗才，而穆台奈比也很钦佩赛夫·道拉的武功。两人见面不久遂成莫逆之交，经常同旅行、同征战。赛夫·道拉对穆台奈比非常慷慨，每年给他三千第纳尔的俸禄，外加马匹、服装和其他礼品；而穆台奈比也竭力写诗颂赞赛夫·道拉。

赛夫·道拉很喜欢诗歌，在穆台奈比来到他的宫廷以前，他周围已经聚集了一批诗人，历史上称为赛夫·道拉文学团体。这些人看到赛夫·道拉那样推崇和信任穆台奈比，有的便产生了嫉妒之心。他们开始搬弄是非，挑拨离间。终于，君臣相处九年后，关系破裂。957年，穆台奈比满腔悲愤地写下最后一首诗给赛夫·道拉，即秘密离开了阿勒颇。

穆台奈比跑到埃及去投靠赛夫·道拉的对头埃及国王卡乎尔。卡乎尔原是前国王的王室教师和军队统帅。他利用自己的地位发动政变，夺取了埃及的统治权。由于前国王与赛夫·道拉关系很好，因此，卡乎尔就与赛夫·道拉结下了不解的怨仇。当穆台奈比来找卡乎尔时，卡乎尔非常高兴，热情地欢迎他，并许诺将埃及国土的一部分划给他去统治。后来，卡乎尔担心穆台奈比得寸进尺，危及自己的王位，又收回了诺言。穆台奈比开始时写了一些赞颂卡乎尔的诗，后来发现卡乎尔不是自己想象中的正人君子，渐生厌恶之感，诗中露出讽刺挖苦的语调。当卡乎尔主动要求穆台奈比作诗时，他每每不太愿意。卡乎尔开始对穆台奈比怀恨在心。后来，卡乎尔怕穆台奈比逃到别的地方去写诗骂他，便干脆把他软禁了起来。

962年的一个节日的夜晚，穆台奈比写了一首被公认为他所有诗作中最辛辣的讽刺诗，留给卡乎尔，趁着黑夜逃出了埃及。他选择了一条卡乎尔无法觉察的道路，横越阿拉伯半岛回到了家乡库法。

这首讽刺诗是专给卡乎尔画像的。卡乎尔发迹前曾是个黑奴，长得又粗又胖。穆台奈比就用这一点做文章把卡乎尔痛骂了一顿。

穆台奈比回到库法后，由于在埃及所受到的创伤太重，决心在家隐居，再不出门。

这个时候的伊拉克，名义上还在阿拔斯王朝的统治下，实际上统治者已经换成了波斯人。这些波斯统治者大力支持伊斯兰教什叶派，这使自己也是什叶派的穆台奈比很心动。再加上他仍想依附贤君，追求尊荣，因此，在家乡待了一段时间后，终于又离乡出走。他先到了巴格达，965年时，又从巴格达来到设拉子[①]。当时设拉子是波斯人阿杜德·道拉国王的首府。穆台奈比写了八首颂诗献给国王，受到了欢迎。

穆台奈比决定回库法接来家眷，然后回设拉子长住。就在他回库法的路上，一群阿萨德强盗跟上了他。穆台奈比与强盗拼死相战，终因寡不敌众，他和他的儿子双双被杀。阿拉伯古代最伟大的诗人，阿拉伯文学史上的明珠就这样结束了生命，终年50岁。

---

① 设拉子，现为伊朗的一个城市。

三

穆台奈比死后，世人对他的思想、品格一直有两种截然不同的评价。一些人说他威严、豪爽、慷慨、有骨气，认为他是这些品格的最高典范；另一些人则把他视作罪人，是屠夫和吝啬鬼，一生充满仇杀之心。事实上，穆台奈比的思想性格很复杂，分析他的大量诗歌，可以归结为以下几个方面：

坚毅高傲。他诗中说：

你生——
抑或死，
都尊严高尚，
刀枪丛中，
战旗飘扬，
你亦慷慨豪爽。

大胆顽强。他从不肯示弱，不气馁，在敌人面前勇敢无畏。这可能是早期游牧生活给他留下的禀性，也是他终于被杀的原因。

诚实正派。他憎恶欺骗和谎言，从不骗人。一生严肃，不好色，不嗜酒。这在与他同时代的诗人中是难能可贵的。当时不少诗人不仅追逐女人，而且诗作也离不开女人。穆台奈比很少写这一类的诗。他在写给卡孚尔的诗中有这样两句：

全部志趣在矛头，
只遗唾沫给闺房。

穆台奈比一生最喜欢的是两件事：游历和读书。他有两句脍炙人口的名言：

最尊贵的所在是驼鞍，
最美好的伴侣是书籍。

他的游历，不论是为了谋求生计，还是逃避灾祸，他都感到乐趣无穷。他有诗云：

已歇牧人家，
又跨驼背上，
挺胸迎枪刃，
举首向午阳。
独行夜幕中，
犹沐月光下。

但是，穆台奈比由于过分推崇武力，落下一个“阿拉伯诗人中最喜欢流血和杀戮的诗人”的名声。同时，他坎坷的经历使他对同时代人都怀有戒心，常常怀疑别人对他包藏祸心。他最不可取的地方是为了一点微小的赏赐而拜倒在权贵脚下，而且一生不能自拔。不过，这些也是他那个时代文人的通病，是可以为后人所理解的。

四

穆台奈比的诗作，与其他阿拉伯古代诗人相比，题材大体一致，包括赞颂、哀悼、讽刺、叙事、爱情、自诩和哲理诸方面。有关爱情、哀悼、讽刺等内容，他写得较少，这显然和他的性格有关。他突出的成就是他的格言式的哲理诗。有人说，穆台奈比不仅是个诗人，而且是位杰出的哲人。他的哲理诗多是人生的殷鉴、教训，努力解释生活的难题。下面试选几例：

一、武功

美酒女人不足奇，

持剑征战才荣光。

叱咤风云在尘世，

十指到处有巨响。

二、人生观

世人皆贪生，

常求自身留。

懦夫惜身苟且过，

勇士自珍战白头。

穆台奈比是一位伟大的诗歌艺术大师。在阿拉伯国家，从古至今，无论是喜欢他的人还是不喜欢他的人，都一致称道他的诗作。历代诗人从他的诗中获得过教益，他对阿拉伯文学的发展具有深刻的影响，直到今天，这种影响还依然存在。他创作的大量诗歌已成为光辉灿烂的阿拉伯文学的一个组成部分，成为每个爱好阿拉伯文学的人必须研究的内容之一。

[选自《阿拉伯世界》，1981年第6期。]

贾希兹和他的名著《吝啬鬼们》

阿拉伯散文和讽刺文学的奠基人贾希兹，原名阿姆尔·本·巴赫尔，于公元775年出生于伊拉克的巴士拉城。他是个黑奴的孙子，童年生活非常贫困，靠卖鱼为生。但他自幼聪明过人，酷爱读书，经过刻苦学习，终于通晓了他那个时代几乎全部的科学和文化知识，成为当时最有天赋的作家和整个阿拉伯文坛的巨匠之一。他一生著述极多，内容涉及文学、语言学、教义学、哲学、生物学、数学、医学等，直到老年身体瘫痪以后也没搁笔。他死于868年，终年93岁。

贾希兹生活于阿拔斯王朝的全盛时期，这个时期在阿拉伯文学史上也是光辉灿烂的时期，它有些近似于我国唐朝的中叶。那时，阿拉伯民族已经能较自觉地学习和吸收周围先进民族的文化了。这一方面是因统治者的鼓励，另一方面主要是由于政局稳定、商业繁荣和各民族交往的扩大。阿拉伯人开始如饥似渴地学习希腊、波斯、印度的文化遗产，这些民族有价值的著作大量地被翻译成阿拉伯文，使阿拉伯人打开了眼界。那时阿拔斯王朝的首府巴格达已经成为亚欧中间地带的文化中心，有人甚至称它为世界之都。那个时代各民族的文学家们和思想家们都向巴格达汇集，进行创作和各种形式的学术研究。贾希兹能成为伟大的文学家和博学家，除了他的天赋外，这种环境的影响也起了很大的作用。

贾希兹从小喜爱书籍。在故乡巴士拉时，他千方百计地找书读，经常出入于书店，边读边抄，有时甚至通宵达旦。他对于到手的每一本书都读得很仔细，不把书读懂不释手。为了更多地掌握知识，他除自学外，还注意在清真寺里结交当时的学者，往返于文学集市——这种集市很近似于伊斯兰教产生前后兴盛于阿拉伯半岛上的欧卡兹集市。这样广泛地向社会和名人学习的结果，使他打下了牢固的文化基础。他到巴格达后，全面学习了希腊哲学、语言学、教义学、诗歌、教学和医学。有人说，他几乎把当时人类所能了解的全部知识都研究过了。在巴格达，贾希兹从一个贫困的黑奴后代变成了一个名噪一时的学者和博学家。

贾希兹身材矮小，面目丑陋，双眼向前突出，这使他一生都处于一种很难堪的地位。人们经常开他玩笑，“贾希兹”这个外号（阿语原意为“肿眼泡”或“金鱼眼”）也就牢牢地伴随着他，逐渐取代了他的真名，成为老幼皆知的名字，而真名却几乎被人遗忘了。贾希兹自己写过下面这则故事，可以看出人们是如何拿他的丑陋开玩笑的：

“一天，我正站在门口，一个女人上我这儿来对我说：‘我找你有事，想让你跟我走一趟。’我跟她走了。她带我来到一个犹太工匠面前，对他说：‘就像这个人似的。’说完就走了。我问工匠这话是什么意思。工匠说：‘她拿来一块钻石叫我给她在上面刻一个鬼像。我说，太太，我没见过鬼呀！她就把你领来了。’”

贾希兹一生厌恶做官。当他的名声传到哈里发麦蒙[①]耳里时，麦蒙曾把他召进宫来，任命他为书记官，参与起草王朝法律事宜。但是贾希兹只在宫中待了三天，就不辞而别，他一生中仅做过这三天官。贾希兹自己曾说，王宫里的人都是些“衣着讲究、油嘴滑舌、诚惶诚恐、卑躬屈膝、贪利昧心之徒，他们怕君威、怕惩罚、怕变故，为此，他们辛勤操劳，小心服侍”。贾希兹不屑于与这些人为伍，而愿意自由著述，过不受人支配的生活。当时有人评论说，如果贾希兹做了官，一颗才星就将陨落。庆幸的是，人们担心的事并没有发生。

贾希兹正直、坦率、诙谐、不徇私情。一次，一个人求他帮忙，要求把他推荐给他的朋友，贾希兹就写了一封推荐信。这个人走出门外拆信一看，里面只有这样几句话：“我不照顾他的权利。你如满足了他的要求我不夸奖你，你如回绝他我也不责备你。”这个人马上回来找贾希兹，贾希兹对他说：“里面

---

① 麦蒙（813—833年在位），阿拔斯王朝第七任哈里发。

的话对你并无害，这是我关心一个人时的习惯说法。”这个人大骂道：“真主诅咒你，断你的双手、双脚！”贾希兹问他：“怎么这样说话？”这个人说：“这也是我想感谢一个人时的习惯说法。”从这件事上可以看到贾希兹的为人。

长久以来，贾希兹一直给人一个诙谐小丑的形象，生活中是如此，著作中也是如此。当你读他的作品时，你会发现，无论叙述的内容多么严肃，但总不时有一些使人感到逗趣的句子。在一篇文章中，奚落、嘲弄、挖苦、开玩笑，比比皆是。在这一方面，任何一个阿拉伯的文学家都不如他，这也是人们特别喜欢阅读他作品的原因。开始时，人们认为贾希兹天性喜欢开玩笑，写作时也避免不了。经过对他的作品的深入研究，人们发现，他的作品的诙谐性和趣味性并不仅仅是性格所致，而是具有清楚的目的。表面看，他采取这种写作方法是为了驱逐读者阅读时的沉闷感和枯燥感。事实上，这种写作方法正体现了作者的爱憎和他的思想倾向。正如我们前面所指出的，贾希兹所处的时代是个民族大融合的时代，非阿拉伯人（主要是波斯人）大批涌向巴格达和其他一些阿拉伯人居住地区。外来人由于政治和文化的优势，曾一度控制了阿拔斯王朝的文化领域，甚至控制了宫廷。贾希兹是一个正统的阿拉伯民族主义者，他坚决维护阿拉伯人和阿拉伯文化在国家的统治地位，对于阿拉伯民族的传统、习俗和文化遗产有着强烈的感情。他不断地反驳非阿拉伯人企图与阿拉伯人平起平坐的民族平等主义，讽刺的矛头直指非阿拉伯人和反对哈里发的其他教派的人，他写的书和文章都是以阿拔斯王朝占统治地位的正统思想和教派学说为指导的。偶尔，他也挖苦一下统治阶层中的个别人，指出他们的一些缺点，但这往往是为了不让那些平等主义者们钻空子，以掩饰自己的偏袒。总之，贾希兹在政治上是一个站在统治阶级一边的有浓厚忠君思想的人。

但是贾希兹在文学创作上却是一个真正的革新家和开拓者。是他首先冲破了在他以前的阿拉伯文学中的保守倾向，开创了一条新的富有生气的道路。贾希兹以前的阿拉伯文学，无论是内容还是形式，都还是属于较低级的基本局限于上层狭窄圈子里的学究式文学。诗歌大部分是大小统治者代言人为了特定的政治、军事目的而发表的诗体宣言、论述或颂词。非御用的、能反映平民大众生活的诗人微乎其微。以《古兰经》的出现为代表的散文，还处于幼苗时期，内容除了一些从希腊文和波斯文翻译过来的作品外，绝大部分都是各教派有关《古兰经》的不同解释、讨论，以及其他与宗教有关的作品和少量的历史、地理、语言等学科专著。总的来说，这些作品并不反映现实社会生活，而只是机械地照搬前人的现成材料、现成结论，引述前人的现成著作。严格地说，贾希兹以前的大部分作家只是在做收集材料的工作，他们还没有开始进行纯文学意义上的创作。

一位东方学家曾谈道："一般的读者在阅读阿拉伯古代文化方面的著作时，无论它的题目是多么新奇，总会感到枯燥。虽然语言流畅，但无法掩饰思想上的贫乏。有时内容有些思想性，但硬被套入一个令人厌恶的模式。作者们千篇一律地引证、举例、抄录前人的著作或列举很多书目，以证明自己知识渊博，却毫无特点和个性。"

贾希兹大胆抛弃了这套陈腐的"八股文"，把一股清新之风吹进了阿拉伯文坛。他熟练地使用阿拉伯语去描写他那个时代的人民的实际生活，描写他所见所闻的各种人物，描写他们的心理、举动、相互关系、衣食住行和音容笑貌，以反映社会现实。他是阿拉伯文学史上把文学和现实生活紧密结合起来，使文学成为生活镜子的第一个人，这一点已经得到阿拉伯学者们的公认。

贾希兹的写作都是散文式的，但他的散文带有故事性，文笔又很诙谐。贾希兹写作态度认真严肃，讲究辞藻，遣词精细，很有文采。比贾希兹晚半个世纪的，曾经游历过中国的阿拉伯著名历史学家，《黄金草原》一书的作者马苏第说：贾希兹的著作"擦去了人们头脑之锈，打开了清晰表达之门。他对于题材进行了最佳的剪裁，使用最美的语言，进行最好的描述"。贾希兹驾驭语言的能力是他同时代的文学家望尘莫及的。他成功地避免了同时代作家们写作上的呆板和生硬，但是他追求写作手法上的艳丽精巧也引起后世一些学者的非议，如一位英国东方学家就认为，贾希兹的作品不能称为一般文艺的典范。

贾希兹晚年拖着重病之身从巴格达回到家乡巴士拉，一直到生命的最后时刻，仍然顽强地进行写作。临终前，他曾对他的重外孙说：

“我现在生活的欲望只剩下了三件事：骂吝啬鬼（指写作）、啃肉干、抓癣痒。”

他的一位友人米卜拉特关于他临终前的情景给我们留下了最珍贵的资料，他写道：

在生命的最后时刻，我来到了贾希兹身边。我问他：

“你现在感觉怎么样？”

贾希兹说：

“半身瘫痪、半身关节炎的人又能怎么样呢？瘫痪的半身你就是拿锯子锯也毫无感觉；而患关节炎的一半飞过一只苍蝇都会觉得疼。更惨的是，还得加上这把93岁的老骨头。”

读者可以看到，贾希兹临终之前仍然保持着风趣的性格和不愿搁笔的精神。

贾希兹一生著述将近200多部，然而大部分都散失了。流传至今的只有三四十部，其中有散文集，也有科学专集和专题论文。在科学和学术方面，他最重要的著作是《动物学》和《修辞学》。《动物学》是一部七大册的巨著，它是那个时代人们关于动物知识的集大成之书，其中重点收集了驯养各种狗类的知识。《修辞学》是专门探讨阿拉伯语语法修辞及其历史的专著。这两部著作和其他一些学术论文反映了作者的渊博知识。

在文学方面，贾希兹最重要的作品就是他的长篇散文故事集《吝啬鬼们》。这部作品是他晚年患了半身不遂症以后在故乡巴士拉写的，死前才最后完成。据有关资料估计，这部书写了近20年，可以说是贾希兹的临终之作，是他一生中最成熟、最有代表性的作品。

贾希兹70岁高龄时，由于巴格达统治上层的权力争夺，他差一点被牵连进去送了命。只是由于他的名望和在为自己辩护时的非凡口才，才得以赦免。不久他就回到巴士拉，闭门著述，这很可能是他决定写作《吝啬鬼们》的原因之一。

贾希兹在序言中为这部书的内容和写作方法提出了如下要求：“吝啬者们的逸闻趣事，对他们进行揭露和反驳，在允许的范围内使诙谐与严肃相结合……”按照这个要求，作者笔下出现了一个个栩栩如生的小市民形象。包括各个阶层的各色各样的人物，有商人、地主、学者，有上层的，也有下层的。其中很多在当时都实有其人。这些人表面上是正人君子，殷勤好客，口齿伶俐，善于待人处事，而实际上却是些伪君子。当然，贾希兹笔下的主人公绝大部分是波斯人，以及非阿拉伯血统的人和反对哈里发的其他教派的人。他的目的很明显：拿这些人和阿拉伯人相对照，以突出阿拉伯民族的慷慨、俭朴、谦和、诚实的传统美德，这一点我们在前面已经提到了。

《吝啬鬼们》是一部高水平的社会讽刺作品。它描述了9世纪前半叶阿拔斯王朝城市居民的生活情景，故事情节生动，每个人物都用与他所处的社会地位相应的语气说话。作为一个文学巨匠，贾希兹感觉敏锐，观察细致，想象力丰富。

他能看透不同人物的心理活动，同时又能使用准确的语言把一个形象的侧面突出出来。呈现在读者面前的是各种不同的趣事，各种类型的伪君子以及五花八门的讽刺手法，读来使人感到千姿百态、丰富多彩。

从文学角度来说，“吝啬”自古以来就是世界各民族文学所着重表现的题材之一。

这是因为在阶级社会中，社会地位以及物质生活上的差别一直是人与人之间矛盾的主要方面。从古代的希腊神话到欧洲的文艺复兴时期，直到现代东西方的大量小说、戏剧、电影作品，揭露、批判守财奴、小气鬼、自私自利者等题材的作品一直层出不穷，涌现了不少不朽的世界名著。如但丁的《神曲》、莫里哀的《悭吝人》、巴尔扎克的《欧也妮·葛朗台》、果戈理的《死魂灵》等，都是这方面的例子。西方的文学家们在处理这个题材时，大都是通过长篇的、连贯的故事来表现各种吝啬者的面貌。而阿拉伯民族由于本身历史的、宗教的和社会的原因，则通过另外一种途径来处理这个题材，用一个个既连贯又独立的人物形象来表现（逸事、见闻、小故事）。这从著名的《一千零一夜》中以及更早的汉曼达尼（969—1008年）与卡西姆·本·阿里·哈里里（1054—1122年）的《麦嘎马特》（韵文故事集）、伊本·古太白（828—

889年）的《故事的源泉》、伊本·阿卜杜·朗比（860—940年）的《珍奇的串珠》、塔乌希迪的《拒绝与服从》等著作中都可以找到。而在写作年代上远早于这些著作的，专门以“吝啬”作为题材的，最成功的作品就是贾希兹的《吝啬鬼们》。正是贾希兹，为阿拉伯的讽刺文学和散文开拓了一个新时代。在阿拉伯文学史上，贾希兹后代的作家在写作上或多或少都受过贾希兹的影响，不少散文大师都自觉或不自觉地模仿过贾希兹的形式和风格。贾希兹对阿拉伯民族文学的发展起着重要的推进作用，他被现代研究阿拉伯文学的学者和很多欧美的东方学家推崇为阿拉伯散文和讽刺文学的奠基人是毫不奇怪的。

[选自《阿拉伯世界》，1982年第3期。]

古埃及民族的命运

历史上许多民族都有过被外族征服、奴役，甚至同化的情况，但像古埃及民族那样接连不断地被落后于自己的民族长期统治并同化的状况却是不多见的。

古埃及人在得天独厚的自然环境中，创造出光辉灿烂的文化，使尼罗河流域成为人类最早的文明发祥地，为人类历史的发展做出了不可磨灭的贡献。但是严格地说，由于多个世纪的外族统治，今天的埃及人已经不能说是本来意义上的古埃及人的继续。他们实际上已经成为使用其他民族的语言，信仰其他民族的宗教，按照其他民族的生活方式生活的民族。或许他们中的一些人还或多或少地保留着祖先的血统和生活习惯，但从整体看，他们已经被改造成征服者的同族人。

本文仅就古埃及人如何在信仰和文化上逐步被外族人同化、改造的问题做些探讨。重点叙述阿拉伯人征服埃及以前的情况。

古埃及人是世界上最早建立统一国家的民族。早在公元前3000年前后就已经建立起了统一的奴隶制国家。但是从公元前525年波斯国王冈比西斯大败古埃及第26王朝末代国王普萨姆提克起，古埃及人就彻底丧失了民族的独立。

从那时起，历史好像有意让这个伟大民族走上一条极其漫长的被外族奴役的道路。埃及人只看见头上的统治者走马灯式地由波斯人换成了希腊人、罗马人、阿拉伯人、土耳其人、法国人，最后是英国人。当他们终于在英国人撤退后抬起头来喘一口气的时候，发现他们对祖先的传统和文明已经很生疏了，因此不得不求助于昔日的统治者去释读祖先的文字，考证祖先的信仰和生活习惯，使他们得以重新续上族籍，并开始借助祖宗的庇荫和遗物为民族造福。

波斯人统治埃及近200年。那时的波斯，还是刚刚从原始社会迈入奴隶制社会的国家，而埃及，则已经进入了奴隶社会的全盛时期。对于波斯奴隶主统治者来说，除了强化军事统治、残酷镇压埃及人民的反抗外，别无他法。他们用暴力迫使埃及奴隶主贵族和祭司们承认他们是新的法老，进而使人民臣服。即使是这样，古埃及人民的起义仍然不断。因此，当公元前332年奴隶制国家希腊马其顿国王亚历山大以“救世主”的名义打败波斯进军古埃及时，他受到了古埃及人民的热烈欢迎。

严格地说，古埃及人的文化、信仰逐渐被外族改造的历史应该从希腊人占领埃及以后算起。当时的希腊还是个新兴的奴隶制国家，比起埃及，文化发展要晚得多。

在亚历山大来到埃及前，希腊的商人和奴隶主们已经纷纷涌入这个被他们视为天堂的国家，并在尼罗河入海口建立移民城市——瑙克拉提斯。由于希腊境内多山，土地相对比较贫瘠，很久以来，它的粮食供应就主要依赖埃及，再则东方的先进技术，皆由埃及传入希腊，因此把埃及这个粮仓拿到手，打通东方的贸易通道，是希腊奴隶主贵族梦寐以求的目标。

亚历山大是抱着长久占领埃及的野心到来的。为了实现这个目的，他推行了一套完全不同于波斯人的政策。不能不承认，他比波斯人计高一筹。亚历山大曾经是古希腊著名哲学家亚里士多德的学生。在老师的教导下，他既工于心计，又富有魄力。

这也正是他能成为历史名人的原因。

亚历山大为了巩固对埃及的统治，主要采取了这样几条措施：

一、神化宣传。古埃及是个虔信宗教的民族，对神的崇拜是其生活的一部分。经过几千年的发展，他们所崇拜的诸神逐渐趋于统一。在希腊人到来之前，具有全埃及意义的神为太阳神阿蒙、拉神，阿庇斯神牛，俄赛里斯（或译奥西里斯）冥神、其妻伊西斯女神、其子荷拉斯神等。亚历山大来到埃及后，即宣称自己是太阳神阿蒙之子，是按照神的意旨来到埃及救民于水火的。为了证实这一点，他不辞辛苦亲自奔赴埃及西部大沙漠中的锡瓦绿洲，拜谒那里的阿蒙神庙。此举很快得到了埃及宗教界上层人士的拥护，使他顺利地当上了埃及的新法老。

拜谒锡瓦阿蒙神庙对埃及人的心理产生了很大影响，直到今天，埃及人还津津乐道于此事。今天，通向锡瓦绿洲的交通仍然十分不便，可以想到当年亚历山大拜谒阿蒙神庙的艰难。与其形成强烈对比的是：当年占领埃及的波斯国王冈比西斯曾派五万大军西进锡瓦地区，妄图摧毁阿蒙神庙。然而五万士兵全部被沙漠吞掉，无一生还。而亚历山大却能率领部队顺利到达那里，自然而然使埃及人相信：这是神的旨意。

二、兴建新都。亚历山大在埃及尼罗河入海口附近新建一城，以自己的名字命名。亚历山大城后来发展成帝国的政治、经济、文化中心，它建有当时世界上最大的图书馆，集中了大批希腊学者，使世界各地的人纷纷前来寻知、求学，其历史作用甚至可以比肩中国唐朝的长安。建立亚历山大城不仅对于控制埃及，而且对控制整个中东地区都具有不可估量的历史意义。

三、大量移民、通婚。步亚历山大的后尘，大批希腊人涌进埃及来寻找他们的乐土。亚历山大公开号召士兵和移民与当地人通婚，并以身作则，娶原波斯国王大流士之女为妻。此举为希腊人久占埃及产生了深远影响，为改变埃及人血统和传统文化走出了坚实的第一步。

亚历山大死后，他的部下托勒密一世在埃及建立了托勒密王朝，继续推行亚历山大的政策，并采取更直接的步骤推进希腊化的进程。

首先，托勒密一世及其后代继承了亚历山大神化自己的做法，给自己披上神的外衣，窃取法老的宝座。为了笼络埃及奴隶主贵族中最有权势的祭司阶层，托勒密一世和二世都曾慷慨地向神庙捐赠，以获得他们的支持。托勒密一世才到埃及，便向神庙捐献了50塔兰同①，作为阿庇斯神牛的葬仪费用。托勒密二世也曾一次性赠予埃及神庙75万德本②的白银。

① 古代中东和希腊—罗马世界使用的质量单位，也是一种货币单位。当用作货币单位时，塔兰同指1塔兰同重的黄金或白银。1塔兰同≈26千克。

② 古埃及的基本重量单位，以金、银、铜三种金属为媒介，与塔兰同一样，是以重量单位转换为货币单位的，1德本≈90克。

当托勒密一世取得了埃及上层祭司们的支持，统治地位逐渐巩固以后，就开始行动起来，他向古埃及人的信仰开刀，企图通过信仰的希腊化，实现埃及文化的希腊化。托勒密一世以法老的名义下令：将神牛阿庇斯与冥神俄赛里斯相结合，造成一个新神——萨拉匹斯。并命令将位于小亚细亚的一座希腊神像搬到亚历山大城，命希腊建筑师帕来尼斯设计、建造一座雄伟的希腊式神庙，取名萨拉贝姆，供奉希腊神像，命全埃及人祭拜。此神庙到托勒密三世时又进行了扩建，并规定在神庙中从事宗教活动一律使用希腊语。从此，萨拉匹斯神成为王朝的主神，取代了其他诸神。

萨拉匹斯神使用了埃及名称的希腊化读法，使埃及人产生错觉：认为它就是俄赛里斯神。但实际上，此神的外貌和内涵都已经发生变化：它长着一头狮子式的浓发和厚厚的胡子，完全是希腊人的相貌，与古希腊主神宙斯的形象极为相近。实际上，托勒密一世的意图就是用希腊神宙斯来取代埃及神俄赛里斯。

托勒密的希腊统治者又进一步将古希腊主神宙斯家族的概念附会在萨拉匹斯神上，即萨拉匹斯相当于宙斯，其妻伊西斯相当于宙斯之妻赫拉，其子荷拉斯相当于宙斯之子阿波罗。

对于埃及人仍然崇拜的其他民族神则采取偷梁换柱的手段，强制地掺进希腊信仰的因素。如在上埃及修建月神骚特的神庙时，在壁画雕刻中将希腊神话有关俄狄浦斯的故事掺杂其中，并偷偷画上骚特向穿着希腊服装的妇女浇洒圣水的画面。

到托勒密王朝后期，埃及人民的不满和反抗越来越频繁，社会矛盾愈趋尖锐。希腊法老们为了缓和社会矛盾，不得已适当提高了一些埃及民族传统神的地位，在各地大修神庙。但这些神庙大量采用希腊的建筑风格和雕刻艺术，壁画说明中充满了对希腊统治者的歌功颂德之辞。今天遗留在埃及尼罗河沿岸的神庙遗址多为此类建筑，如建于伊德富的荷拉斯神庙，建于库姆翁布的神庙，建于索哈杰的特里比特神庙和建于阿斯旺菲拉岛上的伊西斯神庙等都属此类。笔者曾有幸参观了建于托勒密四世法老时代的库姆翁布神庙，其巨大的门廊基本完好地被保存下来，但其建筑风格和装饰则完全是希腊式的。

为了强制推行希腊法老创造出来的萨拉匹斯神，托勒密王朝各代统治者不惜耗费巨资，在埃及境内大建萨拉匹斯神庙。到王朝末期，共建有40多座。按当时的埃及行政区计算，几乎每个行政区都建有一座。萨拉匹斯神在逐渐被埃及人接受的同时，迅速传播至希腊各占领地。到罗马帝国时期，已传至整个欧洲。在传播过程中，它与其他民族诸神逐步融合，其内涵进一步改变。到公元后，萨拉匹斯神已经变成天神，其妻伊西斯则变成地神。伊西斯在罗马还变成了商旅保护神，对她的祭礼变成了每年3月5日定期庆祝的节日。埃及神的民族本性已全部丧失了。

在埃及信仰希腊化的同时，希腊统治者在埃及大力推行语言的希腊化。文化中心亚历山大城对古希腊语的完善和推广发挥了举足轻重的作用。古希腊语语法的最后定型就是在这个时期的亚历山大城完成的。希腊统治者将希腊语作为埃及的官方正规语使用。除了前面提到的举行任何宗教仪式必须使用希腊语外，一切法律、文告、函件，甚至文学作品都必须使用希腊语。这种文化专制政策，加上与希腊移民几代人的混居与通婚，首先使埃及的社会上层、祭司阶层和城市居民完全希腊化。

古埃及的民族语言虽然没有完全消失，仍然在当时埃及的农村和社会下层中使用，但也受到了希腊语的影响。由于当时的古埃及语正处于由象形文字向拼音文字过渡的阶段，还没有自己完全定型的字母，因此除了七个音仍然使用象形字母外，其余全部使用古希腊字母注音。在使用中又与希腊移民使用的希腊土语相融合，掺杂进大量的希腊语汇，使它实际上变成了一种希腊方言。到阿拉伯语通行后，这种叫作科普特语的希腊方言作为唯一带有古埃及语痕迹的语言，被希腊、罗马移民后裔保存下来，只在埃及基督教徒的宗教书面语言中继续使用。古埃及语在那个时代实际上已经因被希腊语同化而消亡了。

公元前30年，罗马帝国皇帝屋大维占领亚历山大城，最后一个托勒密女王克娄巴特拉被囚自杀。埃及人民又像当年欢迎希腊统治者那样把罗马统治者当成了救星，岂知新救星比老救星更加残暴。希腊人还把自己装扮成古代法老的继承人，罗马人则完全抛弃这种伪装，对埃及实行赤裸裸的军事统治。埃及被视为皇室私产，成为罗马皇帝的直属领地。埃及人民在希腊统治时仅有的一点政治权力也被剥夺干净。

罗马统治者继承了希腊统治者的文化专制政策。他们接受希腊的宗教信仰，并继续把希腊语作为在埃及使用的正规语言。埃及人民的传统信仰和文化被新统治者继续扭曲，他们渴望着新的精神支柱。公元1世纪时，一种新的宗教——基督教在罗马人统治最严厉的巴勒斯坦省产生了。它一出现就具有强烈的反罗马意识。它主张人们不分阶级、不分种族、不分贵贱、人人平等，一切受苦受难的人死后会升入天堂，而为富不仁的人则要入地狱。这种主张引起了当时的被统治阶级和社会下层人民的强烈共鸣，因此很快就传播开来。埃及人接受了这个给他们带来解放希望的新思想。

埃及人能较顺利地接受基督教思想，除了上述原因外，还因为基督教本身具有与埃及传统信仰相通的地方。如基督教中圣母玛利亚怀抱耶稣的形象使埃及人自然而然地联想起女神伊西斯怀抱儿子荷拉斯的形象，圣徒乔治手握利剑、刺死恶龙的故事也极像是荷拉斯大战仇人塞特①的翻版。此外，圣诞节定在12月25日也正好与埃及太阳神——拉神的降生日子相吻合。在古埃及语里，这一天叫作迈苏，与耶稣的名字谐音，其他相类似的情况还有许多。这便使埃及人产生了错觉：认为祖先的宗教又回来了，基督教就是祖先信仰的复活。

罗马统治者起先对基督教采取遏制和镇压的政策。但是随着社会上层逐渐皈依教会，基督教的性质开始蜕变。从穷人的宗教逐渐变成劝人驯服、听天由命、寄希望于来世等维护富人利益的一种工具。罗马统治者认识到了它对巩固自己统治的作用，便改变了对它的态度。2世纪，在亚历山大城出现了新的宗教哲学思潮，一批学者公开宣传基督思想的合理性，号召抛弃传统观念，接受新宗教。在这种情况下，罗马皇帝君士坦丁首先洗礼入教，并于313年正式承

① 古埃及沙漠与风暴之神，冥王俄赛里斯的弟弟，荷拉斯的叔叔，曾用计让自己哥哥惨死。

认其合法地位。至此，埃及人从开始的自发信教转变为被强制信教。一两个世纪后，埃及终于被基督化，成为基督世界的一部分。5世纪中叶，罗马皇帝正式下令关闭菲拉岛上的伊西斯神庙，把庙内的祭司全部作为异教徒投入监狱，庙内神像掠至君士坦丁堡，消灭了埃及最后一个传统信仰据点。

到641年阿拉伯人带着伊斯兰教和阿拉伯语来到埃及以前，埃及已经被希腊、罗马人统治了将近1000年。在外族的长期统治下，埃及人的东方民族特性已经越来越少。阿拉伯人在进入埃及时看到的埃及人已经是个信仰基督教，使用希腊语的半西方式的民族。唯一可以说明他们仍然是埃及人的是尼罗河岸边仍然耸立的金字塔、狮身人面像，以及法老坟墓中的壁画和象形文字。

当然，这还不能说，当时的埃及民族已经被希腊、罗马人同化了，下这样的结论还缺乏更有力的证据。但至少可以说，他们已经一半被同化了。而另一半呢？则是由接踵而来的新征服者——阿拉伯人完成的。阿拉伯人以更加直截了当的手段规定埃及人使用阿拉伯语，信仰伊斯兰教，按伊斯兰教的教规生活，促使半西方化了的埃及人进行了又一次，也是最彻底的脱胎换骨的改造，变成了阿拉伯人的一部分。阿拉伯统治者完成了希腊、罗马人没能够最后完成的任务。但他们又违反了希腊、罗马统治者的初衷：他们把埃及人重新改造成了东方人的一部分。否则，今天的埃及人很可能是西方大家庭中的一员。

埃及人最后终于被阿拉伯人所同化，历史就是这样决定了这个民族的命运。当然，这并不是一件可悲的事。

阿拉伯人接替罗马统治者继续统治埃及又近1000年，然后是土耳其人，最后是英国人。直到1953年6月18日，迦玛尔·阿卜杜尔·纳赛尔领导埃及人民推翻穆罕默德·阿里家族的统治，埃及才最终获得了民族独立。

[选自《阿拉伯世界》，1989年第4期。]

沙特阿拉伯学校教育小史

沙特阿拉伯王国的历史可以追溯到7世纪建立的阿拉伯帝国，历经变迁，于1932年摆脱奥斯曼帝国和英国殖民主义的统治，独立建国。沙特建国时，文盲充斥全国，现代教育可以说是一张白纸。除了以学习背诵《古兰经》为主要内容的清真寺经学和一些类似初级识字班的私塾以外，全国找不到一所现代意义的正规学校。

一、起步

沙特是政教合一的正统伊斯兰国家，宗教的传统很深。在建国初期，民众普遍对新文化、新思想抱有戒心，对新式学校心存疑虑。一些保守的宗教势力利用民众对现代教育的无知，竭力阻挠兴办新式学校。他们散播学习新文化就是叛教，学习外语就是毒化青年等论调。在这个问题上，沙特的开国君主阿卜杜·阿齐兹国王表现出了他的英明和远见卓识。他向国民宣传新式学校的作用，说明发展现代学校教育更能在青年中深化宗教意识，同时能使新生的王国赶上和加入现代文明国家之列。正是由于国王的大力提倡推动，沙特的现代学校教育才开始起步。

起步阶段首先遇到的问题是缺少资金。当时国家非常贫困，所谓国民经济只有落后的畜牧业、小手工业和微不足道的商业，工业是一片空白，连一支粉笔都不能生产。1933年，在艾哈萨地区首次发现了石油，开始时期的石油收入都被该石油公司掠走，直到1939年，沙特王室才获得一些收入，开始每年只有16万美元左右。二战期间，沙特政府的石油收入介于50万—100万美元之间。战后，收入直线上升，1965年，达到了65亿美元。国家彻底摆脱了贫穷，缓解了财政困难，开始大幅度增加教育投入，现代学校教育终于得以长足发展。

沙特阿拉伯是个幅员辽阔，干旱缺雨的沙漠游牧国家，一半以上的人口是游牧民，这也给发展学校教育带来巨大的困难。最困难的问题是师资，建国初期几乎找不到一个合格的小学教师，教学设备、器材和教科书更是等于零。沙特王室为解决这个困难付出了巨大的代价，它从国外进口一切东西，从人到物，从教师、教科书直到黑板、纸笔，这占了教育经费的绝大部分。尤其是招聘外籍教师，除了支付教师的工资外，还要负担教师全家的住房、交通、往返机票的费用。但沙特王室在这方面不惜工本，由此可见政府兴办现代学校教育的决心。

二、成立教育局

在国王的推动下，沙特刚一建国，就成立了王国教育局（教育部前身），并制订了分阶段发展现代教育的实施计划。教育局刚成立时，教育经费只有5千多英镑，但它克服了重重困难，在全国建立了首批12所完全小学，招收了700多名儿童入学。这是沙特历史上破天荒的大事。但在这以后，普及学校的计划执行得并不理想。由于经费困难，过了10年，全国只建成27所小学。其中有的小学极其简陋，很像是旧式私塾。直到1943年，才在塔伊夫建立了沙特历史上第一所中学，名为“统一中学”，并首次任命了3名本国人为这所中学的教师，这是沙特拥有本民族教师的开端。其他教师则仍然从埃及和叙利亚招聘。这所中学当时的学制为初中5年，高中2年。初中课程包括语文、伊斯兰教常识、阿拉伯语语法、算术、历史，高中主要学习伊斯兰教法和阿拉伯语。学生毕业后，一般都被任命为小学教师。因此，“统一中学”也是沙特历史上第一所初级师范学校。

继“统一中学”之后，1945—1949年间，沙特教育局相继在首都利雅得开办了4所完全中学，同时在麦加建立了一所留学生预备学校。这所学校的建立被认为是教育局成立以来的最大成就，也是最有远见的举措。该学校为沙特青年走出国门创造了条件，输送了大批毕业生到埃及、叙利亚和欧美各国去留学，从而为国家培养了一大批人才和急需的管理干部。他们学成回国后，有的取代了各级学校的外籍教师，也有的任职于各级政府部门。这批人后来大多成为国家机构、各部门的骨干和主要负责人及有关方面的专家，他们还带回了国外的现代思想，使沙特逐渐由锁国走向开放。

1949年，沙特第一所高等学校诞生，这就是建在圣城麦加的法学院。该院学制为4年，学生毕业后或担任法官、检察官，或任教师。1950年，又在首都利雅得建立了第一所师范夜校和第一所科技学院。

教育局的工作是坚韧不拔、卓有成效的。它为沙特的现代教育做了开创性的工作。在它的努力下，大部分沙特民众对新式学校有了认识，他们打消了疑虑，更新了观念，纷纷把自己的子女送到这些学校去学习。这时的沙特，教育资金已经越来越宽裕，已有可能满足民众学习新知识、新文化的渴望，在各地兴建越来越多的中小学。

三、建立教育部

为适应教育发展的需要，1953年，沙特教育部正式建立。

教育部建立后，首先抓了教育发展规划的制定工作，加强了对所属计划司的领导，扩大其权限和在教育部的地位。在计划司工作的，除本国教育专家外，还聘请了很多外籍专家。该司每5年制定一个发展规划，每一个5年规划都是在认真分析现状，充分估计财力和各方面的条件，清楚地了解所应达到的目标后制定的。在执行过程中，随时注意各方面情况的发展和变化，尤其重视实际效果，如果出现新的情况，随时对规划进行调整。规划一旦确定，就严格监督实施。计划司的工作大大避免了教育局工作时期存在的盲目性。

计划司把全国划分为21个教育区，给予每个区相对的独立性和自主权，以适应不同地区的不同条件，但这种自主权以不违犯国家政策和教育部的总体规划为限。它同时将全国的教育划分为5个层次：基础教育、技术教育、高等教育（国内和国外的）、师范教育和扫盲教育，并对每个层次做了具体规定：

基础教育包括小学、初中、高中和特殊教育。

小学为非义务教育，但适龄儿童都能就近入学。教育部为在全国普及小学教育付出了极大的努力，直到把小学普及到沙漠腹地。小学学制为6年，主要课程有宗教、阿拉伯语、数学、自然常识、社会常识（历史和地理）、美术、体育。

初中学制3年。第1年为基础课，后两年为文理两科。

特殊教育是为残疾和弱智儿童设立的，属于基础教育的一部分。

技术教育主要是为满足社会对各类技术人员的需要而设立的。教育部对此也非常重视，筹建了工业、农业、商贸等中等技术学校，任课教师大部分都从国外招聘。

在教育部建立前，沙特的高等教育主要是通过“留学生预备学校”向国外派遣留学生完成的。教育部成立后，进一步扩大了派遣规模。规定凡高中毕业生，在毕业考试中获得总分的70%以上，身体健康的都可以出国留学。后来又扩大到允许自费留学。

沙特的高等教育始于1949年建立的麦加法律学院。1957年，建立了利雅得大学，1964年，建立了石油学院（在达兰），1970年，建立了医学院。后来又在麦加建立了伊斯兰教法学院，在麦地那建立了伊斯兰大学，在吉达建立了阿卜杜·阿齐兹国王大学。后来石油学院、医学院和伊斯兰教法学院都划归利雅得大学，使其成为全国最大的综合性大学。现在的利雅得大学下设文学院、科技学院、商学院、农学院、医学院、教育学院、工程学院、语言学院等，这些学院都设在利雅得。再加上设在达兰的石油学院和麦加的伊斯兰学院共15所。

高等院校中有本国教师也有外籍教师。本国教师包括在本国各高校完成学业的正规毕业生和在国外获得博士或硕士学位的留学生。外籍教师主要来自埃及、叙利亚等阿拉伯国家和美国、英国、澳大利亚和印度等国。

高校中的医药、科技、工程、石油等专业全部用英语授课。为使学生能迅速适应授课语言，有关学院都配备了最现代化的语言实验设备，使学生在开始基础课学习前，集中时间迅速提高英语水平。

沙特的高校学生分两类：正规生和旁听生。正规生入校后按月发给学习费（相当于月工资），根据所学专业不同，对两类学生的学习要求也不一样：理工科学生必须听满全部课程的75%；旁听生如限于条件可不来上课，但每学年末要参加考试。

1969年，政府决定取消文学和商业专业学生的月学习费。因为这两个专业报考的学生太多，其他专业不变。

高等院校对沙特的女学生也是开放的。但大部分女生都选择教育、语言、经济管理等专业，报考其他专业的极少。

为了尽快培养本国各类教师，逐渐取代外籍教师，教育部对师范教育投入了巨大的财力和物力。但是直到今天，这个目标也没有能完全实现。教育部成立后，陆续在全国21个教育区建立了30所师范学校，以此作为第一步，先解决小学教师的短缺问题。这些学校招收小学毕业生，经过3年学习后，担任小学教师。后来发现，这样培养出的小学教师无论是从水平上还是从能力上都不能胜任工作。教育部决定暂停此类学校的招生工作，同时在利雅得和塔伊夫筹建了两所师资力量较强的教师进修中心，规定所有从师范学校毕业的小学教师必须经过此中心培训，考试合格后才准继续任教，并许诺培训后可增加工资，从而把现有小学教师轮训了一遍。在此基础上，教育部改变了师范学校的招生办法，规定小学毕业生必须先进教师进修中心接受短期培训，确认合格才能做教师，获得进修证书后才能报考师范学校，再继续学习3年。

为了解决成人教育问题，教育部先后在各地建立了一些“文化补习学校”，上课时间安排在晚上，以照顾成年人工作与学习的矛盾。这类学校的学习分两个阶段：第一阶段为两年，结业后达到小学四年级水平；第二阶段为两年，结业后达到小学毕业水平。学生学满四年后，可参加小学毕业考试。扫盲学校很受欢迎，发展也很快。

需要指出的是，当时的沙特阿拉伯的高等教育是全部免费的。学生（包括研究生和留学生）本人上学期间的一切费用都由国家提供，这在世界上大多数国家是做不到的。此外，国家每月还向在校正规生发放学习费。学生在校期间，可免费获得教科书及一切必要的文具纸张等；学生生病享受免费治疗，国内无法医治的疾病可申请到国外就医，一切费用也由国家承担；各学校提供专门车辆，免费接送学生上下学；假期为外地学生免费提供往返机票。出国留学的费用也全部由教育部承担。如果留学生已结婚生子，允许其携带家属留学，也允许家属在其留学期间往返探亲，其间一切交通、生活等费用也由教育部支付。

四、私立学校和女子学校

在沙特阿拉伯，除了教育部所属的各级学校以外，还有一类不受教育部管理，教育部也不加以干涉的学校，这就是私人开办的学校，其中主要是由宗教界上层人士开办的宗教学校，其办学宗旨是："培养虔信真主，了解伊斯兰教真谛，同时掌握现代科学文化知识，适应现代生活的人才。"

第一所私立宗教学校于1950年在利雅得建立，叫"文化学校"，随后在沙特各地都出现了这类学校。它在形式上和普通中学没有什么两样：招收小学毕业生，学制6年，初高中各3年，但学习的课程偏重于伊斯兰教知识，兼学一些阿拉伯语、数学、历史、地理常识等。

1963年，在利雅得建立了私立伊斯兰教法学院，第二年又建立私立阿拉伯语学院。这两个学院专门招收"文化学校"的毕业生，学制4年。这类学校适应下层民众既想维护宗教传统，又想学点现代知识的心理，所以很受欢迎。

在沙特，对于女子是否该受教育的问题曾进行过激烈的讨论，报纸和电台就这个问题邀请各界人士发表意见。讨论的结果是，大多数人认为女子应和男子一样受教育，但应适合女子的需要，以基础教育为主，以不违背宗教礼数为限，和男子分开，单独建校，单独授课。1960年，沙特政府开放了女禁，教育部成立了"女校管理局"，拨出专门的建校经费，筹建了沙特历史上第一批16所女子小学。这时，沙特建国和男校建立已近30年。女校管理局对女子小学做了非常具体的规定，主要点是："学生在校期间必须黑袍遮身，面纱蒙脸。遮盖范围为上至发际，下达脚心。女教师也同样要遮盖全身，外籍教师和本国教师一视同仁。每位教师和每位学生都必须有一个法定监护人，女子学校和周围有男人的地方必须用高大结实的砖墙隔开，不准任意通过……"

女子小学课程包括宗教和阿拉伯语，这是占课时间最多的两门课。其他还有算术、家政、社会知识、自然常识和卫生常识等课。各学校都配有女校长、女学监、女督学。

虽然女子小学戒备森严，清规戒律甚多，但沙特的女孩子走出家门读书的梦想毕竟变成了现实，因此受到非常热烈的欢迎，要求报名入学者甚众。在不断增加的报名人数压力下，1961年，政府又筹建了第二批16所女子小学。此后，女子小学数量几乎每年增加一倍，但主要建在内志地区，布局不甚合理。

在女子小学开禁的同年，女校管理局还筹建了一所女子中等师范学校，学制3年，是专门为女子小学培养师资的。但第一年只招收到17名学生，直到女子小学有了第一批毕业生后，它才走上正轨。以后又陆续开办了30多所女子中师。1963年又开办了首批女子初中，1965年开办了女子中技校，这两类学校的学制都是3年，它们为女子小学毕业生继续求学铺平了道路。女子中技校的最初目的是培养在女子小学教授女工课和技术课的教师和合格的母亲。因此，除教授一般的初中课程外，还设有家政学、母道学、育子学、护理学、女工训练、女技工训练、烹饪、服装剪裁等理论和实践课。

对于女子高中，虽然女校管理局早就做了规划，但执行起来仍然困难重重。一直到1970年，才在全国办起6所，直到今天，仍然没有增加多少。女子初中和技校的毕业生一部分人做了教师，大部分人当了母亲，只有小部分人升入为数有限的高中。至于高中毕业生报考高校的，就更屈指可数了。

沙特阿拉伯的现代学校教育冲破禁区，从无到有，从小到大，成就斐然。它充分体现了政府对教育的重视和跻身现代国家之列的决心。但直到20世纪末，它仍有困难没有得到彻底解决。这些困难是：

缺乏合格的师资和学校管理人才。虽然每年有大批毕业生补充到各类学校教师的岗位上，同时还有源源不断从国外留学归来的大学生，但沙特仍然缺乏师资，不得不继续从国外聘请大量外籍教师。

教科书和教学设备国产化程度低。沙特现在已能自己编写出版一些中小学教科书，但种类有限，仍需聘请外国专家编写或直接进口西方国家教学用书，尤其是高等教学用书。教学设备、器材、文具、实验设备大都仍然依赖进口。

游牧民扫盲任务艰巨。虽然，沙特的城市居民已经现代化了，但有近一半人口仍然逐水草而居，靠游牧而生。为他们开办学校依然非常困难，政府在沙漠地区已成功地开办了一些流动学校，但数量显然还远远不够。

[选自《阿拉伯世界》，1994年第3期。]

沙特阿拉伯现代小说概述（一）

沙特阿拉伯是阿拉伯世界最重要的国家之一，是阿拉伯和伊斯兰文明的摇篮。但是由于历史、社会、宗教等原因，沙特文学的发展一直非常缓慢。除了诗歌以外，其他形式的文学只是到了近代才逐渐登上历史舞台，为民众所接受。至于体现一个国家文学水平的小说，则出现得更晚，且步履艰难。但不管怎样，随着第二次世界大战后国家的逐渐强盛，与外界交往的逐渐增多，与西方和开放较早的阿拉伯国家在文化、教育上的交流不断加强，越来越多的沙特文人加入小说家的行列，使沙特的小说创作数量越来越多，质量越来越高，就像沙漠中的零花弱草繁衍成成荫的绿树。沙特民众对小说的态度也从初期的冷漠，中期的好奇，转变为今天的欢迎和普遍接受。报纸杂志和新闻舆论界也走过了一条从有意无意地怠慢贬低，到鼓励提携的道路。现在，沙特已经拥有自己的小说家、评论家群体，他们有自己的组织和出版物，并拥有众多的读者。但总的来说，沙特小说家的数量与半岛外其他阿拉伯国家相比还比较少，小说的水平，尤其是长篇小说的水平还不高，还没有出现享有国际声誉或大师级的作家，也没有划时代的作品问世。

沙特阿拉伯自公元7世纪起建立的阿拉伯帝国，历经变迁，于第二次世界大战前的1932年才摆脱了英国殖民者和奥斯曼帝国的统治，独立建国。1932年是沙特历史的转折点，也是沙特新旧文学的转折点。沙特现代小说可分为两大发展时期，从建国到第二次世界大战结束包括40年代末为第一时期，这是沙特现代小说的培育期。50年代以后为第二时期，可称为收获期。

一、培育期

由于长期的殖民统治和旧传统的禁锢，当时的沙特社会仍然处在中世纪的愚昧落后状态，所谓文学只有诗歌、传奇及民间故事，文化教育只有《古兰经》和清真寺的经堂教育。但任何锁国保守的国家都不能完全禁止个别人与外部世界的交流，因为当时已经是第一次世界大战后，周围的阿拉伯国家尤其是黎巴嫩、埃及、叙利亚等国由于受英法等西方国家的影响已经进入文化的复兴时期。它们正在迅速地向现代文明靠拢，并已经涌现了诸如塔哈·侯赛因、陶菲格·哈基姆、哈利勒·迈哈穆德·台木尔、米哈伊勒·努埃曼、哈利勒·纪伯伦等一大批文豪。新的思想和文化与旧的道德传统发生猛烈的碰撞，不可能不震动大墙内的青年。于是，一些沙特青年和文化人开始大胆地尝试写小说，这还不能算是真正文学意义上的小说，只能说是一种笔述故事。这种故事刚开始并不受沙特民众的欢迎，而被看成旁门左道，不登大雅之堂。报刊也很少登载他们的作品，但是他们勇敢地为自己开辟了道路。这个时期作品的第一个显著特点是纯粹的阿拉伯特色。初期作家们没有走埃及等阿拉伯国家小说家的道路：不是先翻译西方小说，接着进行改头换面的模仿，然后再创作，而是一开始就进行了大胆的创作尝试。因为这批作家都是沙特土生土长的穆斯林，有的从未出过国，大部分人不懂外语。他们用阿拉伯的阳光和沙特的泥土培育自己的作品，使之浸透着阿拉伯半岛的沙土味。

它的第二个显著特点是故事的传奇性。小说在当时的沙特还是一种崭新的文学形式，首批作家既然不愿意或不能翻译、模仿、借鉴西方小说，就只有去借鉴半岛上阿拉伯民族自己的文学遗产：英雄传、宗教故事、民间传说等。他们自觉或不自觉地把这些文学遗产当作自己创作新小说的模式，写出一篇又一篇可称为“新传奇”的故事。故事的主人公不是十全十美的英雄，就是十全十美的美女，他们的对立面当然是十恶不赦的坏人，而且坏得彻底。总之，不是天使即是魔鬼。人物没有思想变化，没有感情波折，也没有发展过程。

第三个显著特点是内容的训诫性。沙特的首批小说家是抱着明显的社会责任感和使命感而拿起笔的。他们虽然是虔诚的穆斯林，但当他们看到国门之外的新变化，呼吸到外界的新鲜空气时，便或多或少地感到旧的传统习惯的束缚，产生了使国家摆脱落后状态的愿望。因而用小说这种沙特从没有过的文学形式来表达自己的这种愿望，对社会进行批评、奉劝和忠告，以引起民众的注意和好奇心，增强宣传效果。小说实际上是把很多训诫、说教、布道用故事之线穿起来，一个故事连另一个故事，最后形成一个总故事，点明一个道理。结尾一般是好人得胜，善有善报。

第四个特点是文笔流畅、语言规范、精于选词用句。这批作家的阿拉伯古典文学功底都很深，他们大部分都是诗人出身，由写诗而转为写小说，或兼而有之，他们虽然小说写得幼稚，但都是阿拉伯语言专家和权威。

作家和作品：这一时期的作品大都散见于当时的报刊，专集很少。但这些早期报刊已经很难查找。我们只能从后来研究早期文学的专著中寻觅到一些。这些作品能流传至今并被专家学者作为范例收进专著中，说明它有一定的代表性。

1.艾哈迈德·萨巴伊

艾哈迈德·萨巴伊1905年生于麦加，在当地接受初等教育，后来到埃及亚历山大求学两年，又回到麦加，并开始任阿拉伯语教师，后参加《希贾兹之声报》的编辑工作，曾任该报主编，接着又编辑出版《古莱什》周刊并创建古莱什印刷所。他集新闻工作者、诗人、作家、历史学家于一身，著有《麦加史》。他作品中有一篇名为《菲克拉》的小说，讲述一位名叫菲克拉的牧羊女的故事。菲克拉的阿语原意为“思想”，意指女主人公是一位有思想的人。作者笔下的菲克拉是一个艳丽无比、美貌绝伦的姑娘。长长的睫毛，大而黑的眼睛，光彩照人。但她却固执地孤身一人在荒山野岭中过着原始的放牧生活，并以哲学家的姿态嘲笑周围的一切。她按自己的意志行事，不屈从任何外来的压力。一位英俊潇洒很有男子汉气概的小伙子遇见了她，被她的美貌所吸引，抛弃了家庭和工作，跟随她一起在荒原游牧。在两人的对话中，主要不是谈情说爱，而是挖苦嘲笑当时的社会和传统。后来，姑娘说服小伙子回到他抛弃了的家庭。在一次朝觐中，他俩又不期而遇，姑娘在与小伙子愉快地畅谈之后又告别了。故事的精彩之处在于结尾：小伙子回到家后了解到一个家庭秘密：多年以前，他年仅两岁的小妹妹从家中走失。妹妹身上有块胎记，与菲克拉身上的胎记一样。

这篇小说反映出古代英雄加美女式传奇的影子，所不同的只是主人公变成了现代人，但并不是活生生的人，因为现实生活中并不存在像菲克拉那样天仙般的，站在山巅傲视社会的哲学家。她充其量只是作者勾画出的（而不是塑造出的）没有个性、没有情感的雕像。作者为了表达改革社会的愿望，也为了替小说在社会上争得一席之地，把自己心目中的雕像，放进古代传奇的情节来吸引读者，用说教的语言去教育民众。作者笔下的人物都是十全十美的，这种完美从开始一直保持到结束，没有发展，没有变化，没有生活的轨迹，更没有感情的波动。菲克拉和她的英雄青年的爱情从开始见面到最后分手一直保持在同一水平上。读者看不到他们内心深处，不了解他们是否曾忧虑过，是否有过曲折。总之，读者只看到一对情人的脸，而无法洞察他们的内心世界，因为作者并没有为主人公安入现实人物的心。人物叙述的单一化和表面化，必然导致艺术性的欠缺。《菲克拉》只能算是一篇现代传奇，还不能称为实际意义上的小说。《菲克拉》具有明显的沙特初期小说的特征。

2.侯赛因·阿拉卜

侯赛因·阿拉卜1919年生于麦加，毕业于沙特文化学院。他曾在沙特王室工作过，做过报纸编辑，后加入内务部。1961年，他任沙特宗教朝觐事务部长，1963年因健康原因辞职。他曾在《希贾兹之声报》及沙特其他报纸上发表过大量诗歌，出版过诗集《沙漠的灵感》，同时也发表小说。侯赛因1937年创作了短篇小说《怨女》，故事是这样开头的："黑夜向人们抖开了大幕，睡眠派出兵卒扑向一个个躯体。在万籁俱寂的麦加卡夏西亚区，不时传来女人的哭喊声。一位美似天仙的姑娘蜷缩在一间浴室的墙下。大墙挡住了月光，远远望去她活像个幽灵，时隐时现……”作者用第二人称叙述有人如何在麦加街头遇见了这位非人非鬼的美女，耐心地询问她流落街头的原因。行人的关怀得到了姑娘的信任，她终于开口哭诉了自己的悲惨遭遇。她说：“我是麦加有名的富翁扎基·法德尔的女儿，是父亲的掌上明珠，从小娇生惯养，养尊处优。没想到父亲死后，我的堂兄弟们恶狼一样抢走了我家所有的财产，把我赶到大街上。这已经是第三天了，我只有一死了之了！”故事的结尾是：不幸的姑娘曝尸街头，行人报告了卫生部门收尸。市政当局调查了她的死因，在行人的帮助下将她安葬。

作者写这篇小说的目的在于揭露现实，抑恶扬善。但他的表现手法仍然没有脱离英雄美女的窠臼。姑娘是个受害者，长得像天仙一样，那行人，则是一位正直而充满怜悯心的人。他主动和她交谈，倾听她的控诉，虽然素不相识，却能负责到底，一直到将死后的姑娘送到安息地，他无疑是英雄的化身。在整个事件中，作者对美女和英雄没有任何内心活动的描写。因为他们是善的代表，不能显出一丝一毫的动摇、怀疑或恐惧。而姑娘的那几个堂兄们则无疑是恶人的代表，是与英雄作对的魔鬼。他们不止一个人，却整齐划一地恶得绝对、恶得彻底。这显然有悖于现实生活。

3.阿卜杜·贾比尔

阿卜杜·贾比尔1919年生于麦加，在当地接受中等教育，后到埃及留学。毕业回国后曾任麦加出国人员预备学校的教师，后任沙特驻埃及文化使团团长。他是沙特著名的诗人、作家、文学评论家，主要著作有文学评论《阿拉伯半岛文学流派》《汉志文学》、短篇小说集《我的母亲》等。

《我的母亲》写于第二次世界大战临结束时，是贾比尔代表性作品。它描写了一个女人，其丈夫在战场上牺牲后，独立抚养独生子绍里赫。花完了亡夫留下的遗产后，她捡起了刺绣手艺，依靠绣手帕出卖为生。但她怕儿子知道了不光彩，因此每次去市场卖货时都要找种种借口瞒着儿子，以维护家庭虚假的高贵地位。她非常注意对儿子的教育和培养。一次，儿子由于和邻居小朋友艾哈迈德玩得很晚还没回家，母亲带病把他找回家，说了他。儿子告诉她，回家晚是因为艾哈迈德讲的天上神马救苦救难的故事迷住了他。母亲看到儿子喜欢听故事，也给他讲了一个英雄少年如何用身体堵住堤坝缺口，牺牲自己拯救人民的故事。绍里赫听后很受感动，决心长大后当一个作家，写出同样精彩的故事去教化别人。日子一天天过去，家中越来越穷，绍里赫被迫中断学业干活养家。一天晚上，艾哈迈德哭喊着冲进他家，说绍里赫被汽车撞死了。母亲听到这一噩耗，发疯似的冲出了家门，从此再也没有回来。事实上，绍里赫并没死，只是被挂伤送进了医院，伤好后就由艾哈迈德一家照顾他。这种照顾使他心中不安，决心独自谋生。他离开艾哈迈德的家，变成了流浪儿。他牢记母亲的话，无论怎样穷也要做个正人君子。一天，他饿得实在受不了，想从大饼摊上偷一张饼充饥。这时母亲的影子出现在他面前，告诫他不能这样做，他立刻缩回了手。后来，绍里赫在一家小店找到了工作，白天干活，夜里自学，忍受店主的虐待，心怀母亲的鼓励，他终于拿到了高中毕业文凭，并被公费派到埃及留学，学成回国后当了检察官。一次，他在街上遇到了艾哈迈德的妹妹法蒂玛，通过她找到了自己恩公的家。同时他也了解到，艾哈迈德的父亲已死，他已经学坏，结交了一群坏朋友，把家业挥霍殆尽。绍里赫把艾哈迈德的母亲当作自己的亲生母亲，帮助她重整家业，恢复往日的地位。他向法蒂玛求婚，法蒂玛也同意嫁给他。在新婚之夜，忽然有两个也门女人闯进新房，其中一个正是他失踪的母亲。原来他母亲没死，而是被一个也门家庭收留。绍里赫既找回了母亲，又得到了可爱的妻子，全家过着幸福的生活。他开始坐下来写小说，终于成为一名作家，实现了童年时的愿望。

《我的母亲》无疑是沙特那个时期最成功的小说之一，作者用真正的小说语言描写了一位坚忍不拔的母亲和同样坚忍不拔的儿子，他们在崇高精神的感召下与命运抗争，终于成为生活的成功者。小说中有人物描写，有生动的情节，故事性也强，对读者有吸引力和感染力。在沙特建国初期的作家群中，阿卜杜·贾比尔应该说是最接近掌握文学小说笔法的一位作家。他处在沙特现代小说从第一阶段向第二阶段的过渡期，从他身上，我们看到了沙特小说是如何逐渐走向成熟的。同时，我们也能看到，他的作品仍然不可避免地带有那一时期沙特小说的一些特征。如主人公绍里赫生下来就是一个正人君子，极有教养，极其虔诚，不犯任何错误，也没有做过任何失检的事情，哪怕是在最困苦的时候。在他身上体现了沙特青年应该具有的所有美德：不偷不抢、不疏忽宗教义务、不忘朋友、孝敬长辈、体恤穷人……在作者的笔下，他是个至善至美的人，既没有变化，也没有发展，性格单一，缺乏深度，和这一时期其他作品的主人公一样，他只是作者心目中的英雄，仍然没有走到现实中来。绍里赫的母亲失踪后，所有人都以为她死了，但她却在儿子的婚礼上奇迹般地以也门妇女的身份复活了。这显然是民间传奇的影子。至于故事中不时出现的说教口吻及整篇故事的训诫目的，那也是显而易见的。

总之，沙特第一时期的小说特点是：富有传奇色彩，情节离奇，或多或少地脱离现实生活，充满说教，缺乏细致的刻画和描写，人物苍白，脸谱化，情节单一，缺乏艺术性，但都精于遣词用句，行文流畅自然。这一时期的作品一般还都显得比较幼稚，作者还没有完全把握住小说的特征和写作技巧。但是，在这一阶段的后期，已经出现了如《我的母亲》那样散发出真正现代小说味道的作品。

二、收获期

第二次世界大战后，尤其是20世纪50年代以来，沙特的国际国内环境都趋于稳定。石油的大量开采及出口，为沙特带来了巨大的财富，人民的生活迅速现代化。经济的发展和生活水平的提高，必然带动文化的发展、教育的普及和对外交往的增加。大批沙特青年开始走出国门，到埃及或欧美国家留学，他们大多懂一种或几种外语。他们带着新文化、新思想和对文学的真正理解回到祖国，为沙特文坛注入了巨大的活力。他们用自己的笔，为沙特的民族小说问世扫清了障碍，使它在沙特占据了与之相应的地位。在这一时期，沙特涌现了一批真正的小说家，他们开始借鉴埃及和西方文豪们的作品，无论在内容还是在形式上都不同程度地悟出了小说艺术的真谛，从而创作出一大批彻底脱离旧传奇的真正文学意义上的小说。正是这种形势，造就了沙特现代文坛上的第一位旗手：哈米德·达曼胡里。是他，使沙特的现代文学和现代小说登上了一个高峰。

随着作家群的扩大和作品的增加，文学流派出现了。各流派都自觉或不自觉地反映着社会不同阶层的利益和要求：王室及宗教界强调国家的伊斯兰特征，贵族阶层强调固有的传统和道德，中产阶级和平民阶层则处于矛盾状态，一方面向往和追求西方的现代生活方式，另一方面又对西方的道德和价值观保持警惕。小说家在各自阶层利益的驱使下，或者站在主张革新和进步的一方，或者站在维护旧传统、旧观念的一方。不同流派的出现使小说的题材越来越广泛：有现实主义的，也有浪漫主义的；有社会题材的，也有历史题材或宗教题材的。有时一位作家会写出不同题材的作品。

从数量上看，社会题材的小说数量最多，其中的妇女题材占第一位，内容涉及妇女的出生、成长、受教育、婚姻、恋爱、就业等各个方面，反映她们在这些方面受到的来自家庭和社会两方面的歧视，为她们鸣不平。如萨德·巴瓦尔迪的《被休弃的女人》《女人的牺牲》，萨米拉·宾特·加齐拉的《泪谷》，哈米德·达曼胡里的《岁月流逝》，易卜拉欣·纳西尔的《二房》等，都是以妇女为题材的小说作品。

社会题材中占第二位的是反映民情、民怨内容的，如艾敏·叶海亚的《节日的泪水》，艾哈迈德·布什奈克的《大人们》。占第三位的是反映落后的传统、风俗、习惯的题材，如萨利姆·鲁维的《牺牲》，易卜拉欣·纳西尔的

《不幸》等。

值得指出的是，社会题材的文学作品在诗歌和散文充斥文坛的时代是微乎其微的。对于社会题材，那时的诗人或散文家总是有意无意地回避，只是当小说发展起来以后才被大量采用。这说明小说家们更敢于面对现实，他们的社会责任感更为强烈。

[选自《阿拉伯世界》，1994年第4期。]

沙特阿拉伯现代小说概述（二）

（接上文）

作家和作品：由于搜集资料及阅读范围有限，我们仅能就见到和了解到的做一般介绍，这里选择5位现代沙特小说界较有影响的作家，各选一篇最能代表其风格的或在社会上影响较大的作品作些介绍，使读者对沙特现代小说有一个总印象。其中对哈米德·达曼胡里的作品将在本文第五部分“硕果”中予以介绍。

一、萨德·巴瓦尔迪

萨德·巴瓦尔迪1930年出生于纳季德的沙克腊市。他在家乡读完小学后，到塔伊夫求学，后因生活所迫，中断学业到胡巴尔经商，但一直坚持自学。巴瓦尔迪酷爱文学，尤其是现代文学，他思想激进，主张社会改革，1955年他在胡巴尔创办《传播》周刊。

这是一个以介绍现代文学为主，兼顾社会评论的期刊，遗憾的是，只办了一年就停刊了。他曾进入沙特教育部工作，在期刊管理局和出版事物管理局任职。后被派往黎巴嫩，在沙特驻黎使馆任文化参赞。他在工作之余创作了大量诗歌，兼写小说和社会评论，抨击不合理的社会制度和丑恶现象，作品主题鲜明，是沙特很有影响的一位文学家。主要作品有短篇小说集《来自巴勒斯坦的幽灵》《与人们在一起》《城市之神》，诗集《归来曲》《地平线上的花粉》《五彩花束》《警笛》《祖国之歌》，以及杂文集《狂人哲学》《社会之铃》等。

巴瓦尔迪最有代表性的小说是写于50年代末的短篇小说《来自巴勒斯坦的幽灵》。作者以第一人称叙述了在巴勒斯坦纳布卢斯难民营一个帐篷里所遇到的一位老人的故事。这位老人当时处于半死状态，只能在地上艰难地爬行。他只要见到小姑娘、小伙子或是50岁左右的妇女就忍不住要哭。大家都叫他“疯子”，不少人还嘲弄他。他见到作者后也哭了，随即要求作者给他一个“表示”。作者给他一个里拉（货币单位），老人没有接。作者以为他嫌少，又拿出几个里拉给他，老人还是不接。最后作者才弄明白，老人是想要作者给他一个“吻”。这使作者大为惊讶，以为老人是发昏了，确实有疯病。但从老人的苦苦哀求中，作者明白了：他的身材举止很像老人的儿子哈利勒。犹太复国主义者当着老人的面把他的儿子枪杀了。作者让老人吻了自己，而后，老人放声大哭，边哭边说：他这是高兴的泪，8年多以来，作者是给他带来快乐的第一个“外人”。作者马上向老人解释，他不是“外人”，他是从沙特来的阿拉伯人。作者的话语勾起了老人的回忆，他讲述了当年携妻将子到麦加朝觐的情景。然后话题转到1948年的战争，老人的妻子儿女如何一个接一个地死去，他如何天天以泪洗面，忍受着失去亲人的巨大痛苦，后来又如何见到与妻子儿女年纪相仿的人就忍不住哭泣。老人最后要求作者回国后，到麦加天房代他祈福，也代15万巴勒斯坦难民祈福。

小说的主要人物只有两个：老人和作者。通过对话展开情节，以悲剧的气氛结尾，写作手法是成功的，只是情节显得有些拖沓，节奏缓慢，带有明显的散文特征。另外，对主题的处理也缺少一定的深度。整篇故事只停留在人物和事件的表面，结尾稍显平淡。老人只要求作者替他祈福，这种要求似乎很合老人的身份和当时的实际，但作为文学作品就显得缺少感染力。

巴瓦尔迪的其他小说还有《召唤来世》《女人怎样做出了牺牲》《复仇者》等，都是有关社会和妇女题材的。这些作品也都普遍存在着人物处理表面化，缺少深度，缺少内心描写等问题。

二、阿里卜·艾布·法拉吉

阿里卜·艾布·法拉吉1929年生于麦地那。他中学毕业后入埃及开罗大学无线电学院，毕业回国后任职卫生部技术部技术司。随后他进入王室内阁，在广播新闻出版部供职，升任大臣至今。法拉吉写过很多小说，为沙特著名的小说家，主要作品有小说集《我的祖国》等。

他在60年代初写的《开罗来的新娘》很受读者的欢迎。小说描写麦加朝觐向导的生活，题材很新颖：

一个小伙子几天来老是愁眉苦脸地坐在那里出神。问他是怎么回事，他说，朝觐季节已经过去一半了，他只接待了一个女青年和她的双亲。他家里很穷，要赡养年迈的父母和一个嫁不出去的姐姐。他是吃朝觐向导这碗饭的，没有朝觐者上门他无法生活。那位青年女朝觐者似乎看出了他的心事。一天，姑娘交给小伙子一摞信，托他寄走。没过多长时间就有消息说，将有50名埃及朝觐者要住在他那里，并委托他作向导。他没去过埃及，这些人是怎么知道他的呢？埃及朝觐者到了，他们都是由一个不知名的人介绍到他这里来的，每人手里都有一张介绍卡。原来是那位姑娘给她在埃及护照司工作的叔叔寄去了很多介绍卡，让她叔叔每当有人办理朝觐护照时，就将介绍卡连同护照一起交给朝觐者，从而为这位男青年介绍来一大批客户，总共达4万名，使他赚了一大笔钱。小伙子从姑娘父亲的口中知道姑娘是开罗美国大学毕业生，也是个很虔诚的穆斯林，朝觐季节结束后，姑娘随父母回国，但没过多久，就拍电报给小伙子，告诉他要随父母到吉达旅行的消息。小伙子赶到吉达迎接了姑娘全家，和他们在一起度过了一段非常愉快的时光。姑娘回埃及后，很快又给小伙子来信说，她有一句话要轻轻地在他的耳边说，希望他能来听。小伙子马上飞到了埃及。当他回到麦加时，那位埃及姑娘也跟他一起回来了。小伙子正式向他的父母宣布，这是他带回的新娘。

这篇小说对麦加朝觐向导的生活情景描绘得很生动，述说了他们的愿望和要求，显得很有笔力。唯一不足的是故事进展太顺利，过于理想化，缺少矛盾和起伏，也缺少必要的心理活动的描写，从而使整篇故事显得较平淡。

三、艾敏·萨利姆·鲁维

艾敏·萨利姆·鲁维1903年生于吉达，并在当地就学，毕业后一直在民航部门任职。鲁维写过大量小说，主要作品有短篇集《耳也在爱》《燃烧的手指》《渴望》等。

这位小说家的写作风格不同于其他作家，这里以他的《牺牲》为例加以说明：

夏克哈是一位美丽的牧羊姑娘，从小和哈姆丹一起放羊。两人青梅竹马，顺利订了婚。结婚前夕，哈姆丹的部落派他到一个很远的城市去采办食品，他是一个把本部落的传统和尊严看得重于一切的人，因此，毫不犹豫就告别夏克哈上路了。夏克哈天天想，夜夜盼，每天都跑到驼队必经的山头上去瞭望，总算把心上人盼回来了。结婚后，俩人很快就有了爱情的结晶：他们的儿子沙塔姆。孩子14岁时，父亲要为他举行割礼仪式，而母亲强调孩子还小，说什么也不同意。过了一些日子，夏克哈跟丈夫商量想把孩子送到城里医院做割礼手术，说那样既保险又安全。哈姆丹不能容忍这种公然破坏传统，不顾部落尊严的做法，发了火，狠狠打了夏克哈，并决定当天夜里就为孩子行割礼。夏克哈听到孩子凄惨的号叫，心都碎了，但她毫无办法。儿子缓过来后，忍痛问母亲：自己忍不住叫喊是不是显得太胆小，会被人看不起，以后还会不会有姑娘愿意嫁给他？会不会给部落带来耻辱？没过3天，儿子的伤口开始化脓，全身呈中毒症状，很快就死了。夏克哈在这巨大打击下，变成了疯子。

这小说把一个人间悲剧活生生地摆在读者面前，产生了强大的震撼力量。一对年轻的恩爱夫妻，在对待旧传统和旧观念的态度上站到了对立面。而具有进步思想的是女方而非男方，此类内容的作品在沙特这样传统势力很强的国家里是很耐人寻味的。艾敏·鲁维善于抓住沙特社会的某一侧面做文章，以引起读者的感叹和思考。在力图通过笔者去干预社会生活，批判现实方面，他明显地胜同行们一筹。

四、易卜拉欣·纳西尔

易卜拉欣·纳西尔1932年生于利雅得并在当地求学，后赴埃及留学，回国后一直在首都利雅得政府机关工作，同时发表小说。他的作品有小说集《母亲们的斗争》《无雨之地》《夜幕天窗》等。作品都发表在本国报刊上。易卜拉欣·纳西尔在写作风格上和艾敏·鲁维有相似之处。我们以他在《无雨之地》中的一篇名为《愚顽》的短篇为例作一介绍：

在一个偏僻的村子里，经常发生怪事。村民艾布·穆斯塔法向村里人和清真寺阿訇求救，说他天天夜里遇鬼，每天一到夜深人静时，鬼怪就向他的房子扔石头。阿訇劝他赶紧离开村子躲避。因为村民们都相信鬼神，他们认为鬼怪无处不在，或是害人，或是救人。那些隐藏在暗处的可恶鬼魂无时不在寻找机会伤害生灵。他们还相信，每天夜里都有一个妖怪扑向白昼、吞掉它，然后白昼又反过来吞掉妖怪，由此出现了昼夜交替。这一次当艾布·穆斯塔法慌慌张张地搬离村子后，本村的一个年轻人说，每天夜里向穆斯塔法家扔石头的就是他。因为他曾经向穆斯塔法借过很多钱，想用这种办法把他赶走以逃债。小说的故事情节简单，但主题却相当深刻，很像一个寓言，这就是易卜拉欣·纳西尔作品的风格。他是沙特很有声誉的乡土作家，善长描写小地方的人和故事以揭示深刻的道理，起到批判社会现实的作用。

总之，沙特50年代以后的小说创作较之前一时期确实有了长足进步。题材更加广泛，主题更加深刻，风格更加多样，更加贴近生活，接近现实，故事情节更加生动，人物有血有肉。小说彻底摆脱了英雄美女式或训诫说教式的束缚，但却没有放弃自己的社会使命，相反，其社会使命感表现得更为强烈。如果说，50年代前的沙特小说家写作的主要目的是为小说在社会上争得一席之地的话，那么这一时期他们确是完全站稳了脚跟，并不断扩大着阵地。当然，这一时期的小说家对于小说的创作原则和表现手法的理解是存在差异的。这表现在有些作品的情节平淡，缺少周折，对人物的处理表面化，缺少心理描写和思想起伏。这是这一时期沙特小说创作上的不足之处。

五、硕　果

在50年代后的沙特作家群中，涌现出一位出类拔萃的佼佼者，他就是哈米德·达曼胡里。他在小说创作上，明显地高出他的同行们。他以自己的小说创作成就，毫无愧色地成为沙特公认的现代小说旗手。

哈米德·达曼胡里，1921年生于麦加，1939年到埃及求学，进入法鲁克大学（亚历山大大学的前身）文学院，两年后获文学士学位回国。他精通英文，开始在麦加和塔伊夫做中学教师，后进入教育部，曾任教育部副大臣。他在文学创作上，开始以诗歌创作为主，后转向写小说，1965年逝世。

哈米德·达曼胡里性格内向，喜欢静观和沉思，轻易不开口说话。这种性格，曾使不了解他的人产生误解，甚至怀疑他是哑巴。其实，这正是他超出常人之处，是他善于观察分析事物，博学多才，思想成熟的表现。他一生只写过两部小说，都是长篇，即《牺牲的代价》（1959）和《岁月流逝》（1963），两部小说发表后，均引起社会轰动。直到今天，仍是沙特最受欢迎的作品。

《牺性的代价》：故事发生在麦加和开罗之间。小说主人公艾哈迈德是阿卜杜·拉赫曼的儿子，他有两个弟弟和一个妹妹。法蒂玛是第二号人物，她是艾哈迈德的叔叔阿卜杜·拉希姆的独生女。阿卜杜·拉赫曼和阿卜杜·拉希姆是亲兄弟，他俩的妻子是亲姐妹，同开一家店铺。兄弟俩亲密无间，相处和睦，日子过得很平静。艾哈迈德中学毕业后想到开罗去学医，父亲坚决不同意。艾哈迈德急出了病。父亲没办法，只好和兄弟商量后，同意艾哈迈德去埃及留学，他的病很快就好了。上路前，父亲和叔叔为他举行欢送会，并当着亲戚朋友的面，为他和法蒂玛订了婚，希望以此拴住他的心。艾哈迈德到开罗后，由于性格内向，只和两个埃及同学交了朋友，其中一个叫穆斯塔法·鲁特非。在穆斯塔法家里，他认识了穆斯塔法的妹妹法伊莎，一个脸庞白皙的16岁少女。艾哈迈德成了穆斯塔法家的常客，逐渐对法伊莎产生了爱慕之情，并开始注意自己的衣冠和发式，不知不觉地坠入爱河，但他的理智终于战胜了感情，决定疏远法伊莎，安心学习。毕业后，他终于回到麦加和法蒂玛完婚。

《牺牲的代价》有40多页的篇幅。作者向读者展示了希贾兹地区广阔的自然环境和风土民情，描绘了处在新旧交替时代的人民心态，既写了第二次世界大战前的情况，也写了战后出现的变化。作者尖锐地提出一个问题：接触到国外新鲜环境的留学生们如何被国外有文化的女人所吸引的问题。事实上，当时沙特的很多留学生出国后即抛弃了家乡没有文化的妻子或未婚妻，而和国外的有文化的女子组成了家庭。这实际上反映了沙特新旧两种文化的撞击，小说中的两位主要女性，即是两种文化的代表。主人公艾哈迈德虽然开始时对新文化充满着向往之情，急切地要求出国留学，但他最终在两者中选择了后者。他为维护传统而牺牲了自己的爱情，这种“牺牲的代价”是沉重的。故事结局无疑给读者留下了思考的余地。

这部小说还反映了老一代沙特人在社会变革中所经历的思想斗争。当时的沙特正处在千年沉睡后的猛醒阶段，出国潮冲击着每一个青年。艾哈迈德的追求正是那个时代沙特青年心理的普通写照，但是他的父亲和叔叔却在这场浪潮前感到手足无措。父亲明知道儿子学成归来会改善家庭的生活，但仍然对儿子的出国非常恐慌。他预感到旧家族的历史将结束，祖祖辈辈沿袭下来的生活方式将画上句号。他感到忧虑和空虚，以致儿子走后，他多年的起居和生活习惯都改变了。他不再像往常那样精心经营他的店铺，而是消沉地打发日子，既然祖传产业将在他手中完结，既然下一代将把家庭带上一条完全陌生之路，他还精心守着这份基业干什么呢？但那条陌生的路是什么样的，他不知道。作者深刻地剖示了二战后沙特两代人的内心世界。

作者对小说人物的刻画注意深入内心，自始至终充满了矛盾冲突。开始时，这种冲突表现在是出国还是留在国内，后来，又表现在留在埃及实现他的追求和爱情，还是回国向旧传统屈服。他和埃及姑娘法伊莎的恋爱是整篇故事的高潮。高潮步步推进，矛盾层层展开，人物的内心斗争越来越激烈，使读者有渐入佳境之感。遗憾的是，故事刚刚进入高潮，作者却紧急刹车，像变戏法似的，给主人公迅速安上一副“正人君子”的面目，让他理智地想起对家乡姑娘的承诺，果断地了结了他的浪漫生活，回到传统中去。本来艾哈迈德和法伊莎可以有更激烈的心灵撞击，更精彩的悲欢场面，从而使作品产生更强烈的感染力。但作者却让艾哈迈德做了一番自我反省后就草草收兵，这不免使读者感到失望。这种处理手法在作者的第二部长篇小说《岁月流逝》中同样有所表现。

《岁月流逝》是讲述一个商人的发家史及其恋爱经历的故事，一个寡母带着两个孩子艰难度日，大儿子伊斯梅尔体谅母亲的辛苦，毅然辍学，通过已故父亲与财政局长的关系，在财政局找到一份差事。他非常勤奋，很快就熟悉了业务，赢得了赞誉。后来财政局内部人员大调整，他竟鬼使神差地当了局长。但他并不满足，在业务交往中，他结识了纳比尔・陶菲格。纳比尔看准伊斯梅尔是一个当商人的好苗子，就说服他和他一起做拆车生意。伊斯梅尔被他说动了心，不惜放弃政府官员的稳定收入，做了纳比尔的合伙人。他们收购旧汽车，拆散卖零，越干越顺手，钱越赚越多，几年后，成了当地的富翁。

伊斯梅尔退学以前，曾经有一个叫凯迈尔的同学，是个富家子弟。凯迈尔有一个妹妹叫萨米拉，与他相爱。伊斯梅尔退学后曾向萨米拉求过婚，但遭其父亲拒绝，理由是因为他穷，这也是促使他决心埋头赚钱的原因之一。他和纳比尔离开麦加，来到吉达开办了一家大公司，扩展了业务。

在这期间他认识了纳比尔的女儿萨尔瓦。萨尔瓦从结识伊斯梅尔的第一天起，就暗暗地爱上了他，她也坚信伊斯梅尔爱她，因此，她拒绝了一个又一个求婚者，默默地等待伊斯梅尔。而她的父亲也了解女儿的心事，正因为这样，纳比尔才在各方面扶持、帮助伊斯梅尔，与他长期合作。但是伊斯梅尔却不明白这一切，他把精力都花在赚钱上了。他在吉达买了豪华住宅，雇了众多的仆人接母亲来住，又送弟弟曼苏尔去埃及留学，生活过得越来越满意。

又过了几年，弟弟从埃及学成归来到他的公司工作。他从弟弟的口中得知了他的初恋情人——萨米拉的不幸消息：萨米拉被嫌贫爱富的父亲许配给一个年纪比她大很多的富翁——他像个暴君，对她肆意虐待，最后抛弃了她。萨米拉的父亲得了重病，为给父亲看病，家里卖掉了店铺和房子，但仍然没能保住父亲的性命。她的哥哥凯迈尔不得不去找工作以养家糊口。伊斯梅尔听到这个消息并没产生同情之心，反而幸灾乐祸，因为他早已把情人萨米拉忘掉了。但他对萨尔瓦也并没表示出更多的主动。纳比尔不忍心耽误女儿的终身。一天，他来到伊斯梅尔的办公室，告诉他，他准备带全家回黎巴嫩，但半年后才能动身。并向伊斯梅尔暗示，如果他提出向萨尔瓦求婚，他会很高兴，而且越快越好，只等他开口。但不知为什么，他竟由于生意上的一件小事，把婚事置于脑后。几个星期过去了，纳比尔看伊斯梅尔没有任何表示，真的生气了，以为伊斯梅尔根本不爱自己的女儿，以前的种种举动只是在耍手腕，搞欺骗。他后悔看错了人，决定与之分手，带领全家返回了黎巴嫩。

伊斯梅尔这时才醒悟过来，开始一封接一封地往黎巴嫩发信，但始终未见回音。萨尔瓦回黎后不久就病倒了，总是默默地流泪。父母遍访名医，甚至带她到欧洲治疗也没见效。她不让父母把自己的情况告诉伊斯梅尔，也不准父母说任何责备他的话，最后默默地死去了。萨尔瓦死后，纳比尔按照女儿的遗嘱才写信把这一切告诉了伊斯梅尔。

在这个长篇里，达曼胡里成功地刻画了沙特的商人阶层，他们的心态，他们的情感，他们的生活追求。他们有冷酷的一面，又没有完全泯灭爱心。同时，我们也看到，二战后的沙特是如何迅速进入金钱社会的。伊斯梅尔正是因为将自己的爱转移到钱上才失去了自己的幸福。他虽然很有钱，但得到的却是终生的痛苦。这篇小说之所以感人，正是在于它强烈的现实主义思想内涵。

随着故事情节的推进，达曼胡里还对麦加和吉达的市容、环境，发生在两座城市的逸闻旧事做了详尽的叙述，同时还介绍了希贾兹地区的民情风俗及生活习惯。从人民的穿着、谈吐、起居到老年人的怀旧、感时，无一不使读者如身临其境。

达曼胡里是一位刻画人物的高手。全书人物众多，但情节脉络清晰，细节描写真实，人物个性突出。人物的穿着、谈吐都符合他们的身份。作者让伊斯梅尔的母亲在丈夫死后做裁缝来养活两个儿子，而没有让她去当女佣或女秘书，这很符合当时麦加地区的民情。萨米拉的父亲嫌贫爱富也是符合当地的婚嫁观念的。

《岁月流逝》的成功之处还在于它平静似水的叙事手法和很强的故事性，使读者一读上就被抓住，直到读完。和《牺牲的代价》一样，达曼胡里让主人公和主要角色自己说出内心的活动、想法、思虑，自我商量、自我斟酌，而不是由作者越俎代庖，从而使人物形象生动、亲切，有血有肉。小说的成功在于刻画人物，作者是把握住了这一点的，他超越别人的主要成就就在于此。而前辈作家或与他同辈的一些作家总是习惯于把主要注意力放在外部环境的描写上，不懂得或不会深入人物的内心世界。

达曼胡里的这两部小说在沙特拥有众多的读者，无论是大众读者，还是文学评论家、官方机构，都一致给予好评。沙特官方电台曾多次播放过这两部小说，直到现在仍在播放。哈米德·达曼胡里作为沙特现代文坛的旗手和沙特现代小说创作的奠基者，是当之无愧的。

[选自《阿拉伯世界》，1995年第1期。]

第二篇

《艾布·胡雷拉的心语》选译

[突尼斯]马哈茂德·马斯阿迪 著

复活之始

艾布·胡雷拉讲道：

有一天，我的一个朋友来看我，对我说："我想让你暂离红尘一日，你愿意吗？"

我问："脱离尘世的方法很多，你想为我选择哪一种呢？"

他说："选择最轻松、最容易的一种。"

我问："我怕离去后再回不来了，要好好准备一下，能否明示于我？"

他拍拍我的肩膀说："不行！"

我问："那么什么时候行呢？"

他说："明天。"

第二天，天还没亮，他就到我这里来了。我并没有叫他来这么早，便吃惊地问他："你从没像今天起这么早，干吗这么着急？"

"我们好早点儿出发啊！"他说。

"好吧！晨曦将显，咱们先做小净，再做晨礼，晨礼完了再动身。"我说。

"那我们就晚了，很多好事就看不到了！今天的晨礼就不做了，真主会宽恕你的。现在一定得走！"他说。

我没有办法，只好求真主宽恕，然后起床、更衣，跟他一起来到他家里，看到他家院子里已备好了两匹马。

"你骑这匹。"他说。

我骑上了其中一匹，他骑上了另一匹。我们从麦加出发，顺着驼商之路急驰而去，很快便进入了沙漠。马蹄轻盈，在沙堆里踩进踏出；我们则上下颠簸，从一座沙丘冲向另一座沙丘。

当来到一处洼地时，他说："咱们就在这儿下马！"

我巴不得听到这样的话，高兴地说："哎呀！我求之不得！这些柔和细软的沙子把我的魂儿都抓去了！"

我和他翻身下马，把马拴好，然后坐在沙子上。我用双脚踢打着沙子，在细沙里翻转着双手，那种触摸沙子的感觉就像是抚摸女人的乳房。但很快，我感觉到了夜晚沙地上的凉气，开始还有些疑惑，最后是确定无疑的了。但我的朋友不管这些，他躺在沙子上，很注意地听着什么，似乎是在等待什么。

约莫过了一个时辰，我的朋友打手势叫我登上沙丘。我一上到丘顶，就发现东面不远处的那个沙丘顶上出现了两个影像。影像映在白色的天幕之上，显得非常高大。

"看着，不要说话！"我的朋友提醒我。

我目不转睛地盯着影像看，终于看清那是两个人影：一个姑娘，一个小伙子；姑娘像夏娃，小伙子像亚当。人影肩并着肩，向着日出的方向延伸着身体。太阳就要升起，东方一片火红。

冉冉升起的朝阳播撒着万道霞光，阳光下，姑娘舒展身躯，站立起来，酷似一只尊贵的羚羊。她向着东方迈出了一步又退回来，然后向天空和太阳伸出双臂。远远望去，她柔软的手臂宛若微风吹动的枝条。忽然，她停下来了，但只一瞬间，她又重新舞动起来，恰如细沙组成的一条沙带，虚无缥缈，若隐若现。她边舞边歌，婉转悠扬的曲调随着双手、双乳、全身的动作发出轻柔悦耳的佩铃声。她唱道：

魂魄啊，你随意游荡吧！

光明啊，黎明啊，向你们致意！

她轻盈律动的舞姿和悦耳动听的美妙歌喉一直伴随那灿烂的满脸微笑。短暂停顿之后，她的双手向着喷薄涌出的太阳伸去，一只脚举向高空，似欲乘风飞去。我感觉自己也像要脱离地面，随她而飞。就在这时，一阵有力的笛声骤然而起，姑娘随之一震，舞姿立刻转入急速炽烈。小伙子吹着箫笛站立起来，身影映在火一样的天幕上，宛若一尊活雕像。姑娘一会儿旋转一会儿停止；一会儿飘升一会儿飞落，明明看到她做了一个跪拜的姿式，却旋即变成了直立；明明看到她向上飞起，却转瞬变成了屈膝弯腰。她像一缕轻烟、又宛若云中蜃景，更似轻盈飘逸的无形之气。笛声突然弱下来了，从激烈变为柔和，就好像获得了真主的启示，甚或是魔鬼的耳语。姑娘的舞速也跟着慢下来，从旋转变成了移步和扭腰，最后终于似一股轻风溶化在空气中。这种梦幻般的场景持续了近一个时辰，它的气势和美妙使我激动不已，差点儿忘掉了我的朋友，情不自禁地手舞足蹈起来。这时，随着一声敲击，一切都归于安静。只见那个小伙子跪到姑娘跟前，托住她的腰，把她高高举起。姑娘的身躯在小伙子的双手上伸展开来，两只胳膊连在了一起，一直延伸进入大海。太阳已高高升起，万道金光布满她的全身。小伙子把姑娘放到地上，俩人紧紧拥抱，然后跑向沙堆，又一起翩翩起舞，边舞边退，最后在沙堆后面悄然隐去。

这时，我才想起了我的朋友，扭头去看他。只见他正坐在地上号啕大哭。我惊异不已，对他说："真怪！这么精彩的场面，多叫人高兴啊！你怎么哭呢？"

他哽咽着对我说："你知道他们两个的故事吗？艾布·胡雷拉先生。"

我说："我不知道，但非常想听。"

他开始讲述道：

有一次，我的一匹最好的骆驼走失了，它是我的最爱之物，我必须出去寻找它。当时是清晨，它已经跑了很远，最后跌进了一汪水坑里，那水坑就在这些沙堆后面。我顺踪迹找到了那里，眼前一亮，发现那里长满了美食甜果，有葡萄、无花果。我在四周转了半天，也没看到一个人。最后沿着骆驼的蹄印走到了一个用椰枣叶搭成的小窝棚跟前，棚子近旁有一条小溪，溪水边也长满了无花果和葡萄。忽然，我在那里发现了人的踪迹，不只是一个人。正在我感到疑惑，猜想待在这没有住房的地方能是什么人的时候，耳边传来了悦耳的歌声。顺着声音望去，远处的沙堆上出现了两道斜坡，有两个人在那里边舞边唱边玩儿。他俩全身赤裸，我差一点儿把他们当成了鬼魂。他们也看到了我，其中的女鬼先向我走来，轻飘飘的恍若一阵风。她抓住我的手，把我从驼背上拉下来，同时，仍然不停地唱着歌。她的容貌把我惊呆了，我从来没见过像她那样的美颜玉体。看来，她并无恶意，却似有好感。她对我说："来吧！做一个帅哥，跟我们一起唱吧！"我笑了起来，说："怎么能这样呢？简直疯了，放开我吧！"一边说一边往后退想挣脱她，她终于撒开了手。但是并没有走开，而是在我身旁轻歌曼舞起来，那个年轻人也走上来和她一起唱。我站在旁边看着他们，越看越高兴，看得出来，他们是在问候和欢迎我。我的心情开始好起来，气越来越顺，心里说："我不走了，我要看看他们俩到底是什么人！"找牲口的事已经丢到脑后。就这样，我一直看到那两个似人若鬼的男女跳累了，终于坐下来休息了。

他们也让我坐下来，然后变戏法似的不知从哪里拿出了烤肉、椰枣、葡萄和无花果请我吃，热情地说："吃吧，祝你愉快！"我和他们开始交谈起来。我忽然发现，他们二人非常懂礼貌、有教养。他们俩和我谈论诗歌，谈论生活，并不时即席模仿出一些奇声妙音，简直是别出机杼，巧夺天工，闻所未闻。我试着询问他俩远离世人的原因，姑娘说："邀请他们来，他们都不来。邀请我们俩，我们就来了。"我又转身问那个小伙子，他也说："是的，这是人生的邀请，是大自然的邀请。你看这些树，这些水，这些阳光；你看看这个大自然、宇宙，多好啊！"

不一会儿，他们俩又离开我，走到一边载歌载舞起来，我也再次当起了观众、欣赏他们。就这样，又过了一个时辰，我才猛然想起了我自己的事情。那两个精灵用歌声为我送行，我永远也不能忘掉那美妙的歌声。正是那两个精灵夺去了我的骆驼，更夺走了我的心。骆驼真是丢得好，还有什么丢失比这种丢失更好呢？

从那天起，那两个精灵总是浮现在我的脑际，挥之不去。过了几天，我禁不住又偷偷跑到那个地方去找他们，听他们唱歌，看他们跳舞，一连持续了很多天。我的心中产生了一种强烈的渴望，一种想进入天堂的渴望。我憎恶和活死人在一起的生活。

我的朋友泪如雨下，哭得无法再继续说下去。直到他不哭了，我们才动身返回麦加。

回到家，我一整天都沉浸在这次奇遇中，琢磨那对精灵和我的朋友的事情。到了第二天，我终于下定了决心，谢绝朋友的邀请，重新回到礼拜中去，请求真主的宽恕。这次奇遇成为我和那位朋友之间的永别，从那以后，我就再也没有见过他。几天后，我向别人打听他，他们说他已经带着一位美丽的姑娘离家出走了，谁也不知道他上哪儿去了。

由于我的决心，这件事终于过去了，我获得了新生。

……

[选自时延春主编：《阿拉伯小说选集（第二卷）》，北京：世界知识出版社2004年版，第385—388页。]

再　生

艾布·胡雷拉的一位私交艾布·马达因向我们讲道：

有一天，艾布·胡雷拉来到我的店铺前，问我："今天，你又赚了吧？"

他每回到我这儿来都要问我这句话，我特别厌烦，没好气地说："你真不知羞耻，就不能问些别的话！我什么也没赚！"

他说："你应该欢迎我来。我是来买你的东西的。你有多少蜡烛？"

"60来支。"

"我全要了。"

我起来去给他取货，他接过去，说："至于货款，我一定交上！你放心，我会像多年礼拜那样守信。"

我一听就急了，叫起来："主啊！你是来买东西还是来抢夺的？"

"真主饶恕你，我当然是来买东西的。"

说完他就走了。我真气得火冒三丈，因为我这一天还没卖出一点东西。到了傍晚，我正准备关门回家，他又来了。我挖苦他说："欠债期限早到了。"

他哈哈一笑，说："你看，我不是来履行债务了吗？今天晚上请到我的庄子里去吃晚饭。"说完，他转身就走了。

一听这话，我的气马上消了，冲着他背影说："你别以为咱们的事儿就这么完了！"

* * *

天将擦黑，我骑上一匹善走夜路的好马到艾布·胡雷拉的庄子里去赴宴。他的庄子在内志，是个种什么不长什么的地方，只是山楂树很多，东一棵西一棵地散布四处。我赶到那个地方，放眼望去，黑洞洞的一点光亮都没有。我疑惑胡雷拉是在开我的玩笑，决定掉头回家。正在这时，有人喊我，循声而去，发现了一些人坐在地上，像是在一个深谷里，旁边有许多大石头。等到眼睛适应了黑暗，才看清是在一个山洞里。只听胡雷拉说：

“下马吧！”

我下了马，一个黑影走过来把马牵进了黑暗中。我冲着胡雷拉说：

“咱们的事儿还没完呢，你这是在干什么？”

“你好好听着，你就明白了！”

“这都是些什么人？”我问他。

“都是我的兄弟，是来与黑暗对话的。这是兰哈娜。”他指着旁边的一个黑影说。

我这才发现在他身旁的石头上有一个女人，做低头沉思状，像是在祷告，如同树上的一根枝条似的待在胡雷拉的身上。

我没别的办法，只好等着看他们想做什么。

时辰一点点地过去，周围万籁俱寂，没有任何人说话。忽然，从冥冥之中传来了兰哈娜的声音：“天地万物，欲重则重之。”

另一个人的声音也跟着传过来：“若造前不重，必不被造之。”

艾布·胡雷拉的话音也接着响起：“犹如奏前之音，不若现奏之曲。”

话音又消失了，又是一阵寂静。我疑惑自己是否误入了一群病人甚至醉鬼之中。又过去了很长时间，还是没有人说话，我简直有些受不了了。正在我的忍耐力快要崩溃之时，忽然，从远处传来了笛声。声音很轻柔，耳语般的，像是在唤起人们心底深处的记忆。笛声由弱渐强，越来越高，直到变成了震耳欲聋的轰鸣，似剑劈、似狂呼、似炸石；忽而又转为柔和、宛若微风轻拂；进而再强，无数竖琴、铃鼓加入其中；随之，有歌声出现。最后，雷鸣电闪般的群声合唱骤然而起。这时，我听到了兰哈娜的声音，只听她在领唱道：

阿萨夫和娜依拉，快快生起炭火吧！

阿萨夫和娜依拉，莫让我把泪水洒。

略微停顿后，笛子、竖琴又狂奏起来。无数的女声从庄子各处汇聚到一起，反复伴唱兰哈娜的唱词，直到兰哈娜又重新唱起来。女人们的伴唱和器乐的伴奏更强烈了，只听她们唱道：

我的热血飞翻花，皮肉展翅舞上下。
病弱之躯呼唤它，束手无策不能答。

阿萨夫和娜依拉，快快生起炭火吧！
阿萨夫和娜依拉，莫让我把泪水洒。

人间原本女儿家，无奈召来男儿娃，
只听遍地喘声起，从此岁月跨上马。

阿萨夫和娜依拉，快快生起炭火吧！
阿萨夫和娜依拉，莫让我把泪水洒。

快让热血涌流吧，快将坝石冲走吧！
深深煽起激情吧，电闪雷鸣撞火花。

阿萨夫和娜依拉，快快生起炭火吧！
阿萨夫和娜依拉，莫让我把泪水洒。

情感之魂已吞下，我们为爱去爆发，
只因害怕触摸它，情感变成阵风刮。

阿萨夫和娜依拉，快快生起炭火吧！
阿萨夫和娜依拉，莫让我把泪水洒。

胆怯只能招祸来，病上加病不堪压，
欲火无水可浇垮，正如我情走天涯，
心中确有月桂在，恰似群山夜幕下。

兰哈娜唱完此句后，一切又都归于寂静。

* * *

过了一会儿，五六十支火烛在众人面前排成一行，这其中就有胡雷拉从我店里拿走的蜡烛。二十多个女人走上前来，站成一行，然后有两个女人出列，来到一堆东西前面，把它点燃，原来是一堆准备好的干柴。点燃后，她俩围着火堆转了一圈儿，就像朝觐时我们围着天房转圈儿。当柴火烧得劈啪作响火光冲天时，她们两人热情奔放地跳起舞来，恍若人从火海中飞出，又回到火中。她们的舞姿似火舌飘动，把火焰衬托得更红更烈。我注意到她们的乳房一直在颤动，手中还一直在举着火烛。那火苗宛若一个害相思病的汉子，总想和举它的女人亲近。正在这时，兰哈娜喊叫起来。我扭头看去，只见她像害了热病似的抖动不止。胡雷拉赶紧拉开她，对她说："快把心火灭了，否则我就灭了你！"

说着，拉着她一齐奔向两位舞女。

这时，歌声又响起来了，这是第二轮"阿萨夫和娜依拉"情歌演唱。火堆以弧形排列燃烧着，我数了一下，总共在50至60之间。女人们在火堆后面站着舞，她们已和烈火融为一体，随着火焰上下飞舞，仿佛流淌着的血液。舞着舞着，一群汉子从黑暗中走到女人们中间，和她们一起跳起来。他们一会儿随着女人跳，一会儿环绕着女人转，如同狂风卷起的一条条沙带。他们都舞得狂热、粗犷，这是野性使然，因为他们都是男人。平日里的怒颜已不复存在，躯体和四肢已失去了协调，一个个舞得如醉如痴。他们的手足和躯干曾经是亲密无间的整体，现在却已四分五裂、各自为政，自取毁灭。疯够了的汉子们又跟上了女人们的舞步，优雅的歌声使他们结束了疯狂。歌声来自伴唱。汉子们开始变得文雅起来，狂暴的沙带变成了涓涓细流。

* * *

正当众人沉浸在轻歌曼舞的愉快之中时，天忽然扰动起来。一股邪风席卷而至，飞沙走石，差一点儿把舞女们卷上天空。紧接着，雷声炸响，震耳欲聋。风把火堆吹向四处，火苗舔着山楂树，树借着风势，迅速燃烧起来。很快，人们周围出现了一片火海，男人女人们鬼哭狼嚎一般，四散逃命。兰哈娜似从睡梦中惊醒，虫螫蛇咬般地尖叫着滚向大火。胡雷拉一跃而起，抱住了她，喊道："跟我学，要镇静！"说完，拉住她跑向了黑暗。我很快就听到了他的马蹄声，赶紧跑到自己的马旁。看着那些张皇失措的女人们和朋友们，我感到束手无策，只好上马飞奔而去，不顾耳边飘过的呼喊声、马嘶声和后背的灼烤，一口气跑回了家。

那是一个多么严峻、凶险的夜晚！

* * *

第二天早晨醒来，我的恐惧一下子变成了对胡雷拉的怨恨和对那些女人和朋友们的担心。我决定回到他家去看看情况。使我大吃一惊的是，他的房子已被火烧毁，变成了废墟，只剩下一堆焦骨似的黑石头还在冒着余烟，在嗖嗖的冷风中仿佛缕缕白雾。艾布·胡雷拉站在余烬前沉默不语，像在思考什么。我很友好地走上前去，关心地问他："大哉真主！火还在着吗？凭真主起誓，它肯定是真主对什么人的惩罚。"

说着说着，悲从心来，我竟落下泪来。艾布·胡雷拉反倒安慰我说："别哭了！记住我对你说过的话！"

他拉着我来到一块从倒塌的墙体中飞出去的石头旁，让我坐下，他也坐在我的旁边，笑着对我说："我还没见过那种灵魂在外，又能控制躯体的雕像。"

我不愿意听他讲那些高深莫测的胡话，故意避开他的话题，问他："你离开庄子后干什么去了？庄子的那些朋友们，那些女人们都上哪里去了？兰哈娜呢？家里怎么样？”

艾布·胡雷拉告诉我：

我制住了兰哈娜，把她带回麦加。我是趁黑夜走的，想让黑暗遮掩一下她的身体。刚一离开庄子，就下起了暴雨，电闪雷鸣，天昏地暗，山摇地动，树折草摧，路断道毁。暴雨形成的激流几乎要将马冲走，我们仿佛身陷魔鬼的地狱。兰哈娜哭喊道：“胡雷拉，我的火没有了！”身在暴雨狂风之中，我早已头昏目眩，根本没理解她的话。

我们回到了她原来的酒馆。我把她扔在那儿，就回家了。我在院子里把马解开，进了屋。只见我的女人正独对油灯，她多么需要亲热、温存啊！她一见到我，就说：“我一直盼你回家，盼得都快绝望了！好了，我盼望的夜晚总算来了！”

艾布·马达因讲道：“艾布·胡雷拉不喜欢他的女人。但那个女人喜欢他，曾说过‘我爱他，我的心已把他看作是我漂泊中的明灯’。”

艾布·胡雷拉接着说：我的女人当时站起来想到院子里去拴马。我对她说：“你别去，让伙计们去干！咱们来说说话。”让我吃惊的是，她一反常态，多年来我让她承受的顺从不见了，她用违拗回答了我。她不理会我的话，径直出了屋。也不知怎么那么巧，当她正站在院子中间的时候，一声霹雳击中了她，她一下子烧起来，瞬间就变成了火球。马惊叫着跳到一边去，我惊呆了。看到这个场景，我宁愿乌云也能燃起大火，把大地全烧干净。但乌云只因雷电而发光，并不燃烧。悲愤之中，我点着了我的房子。我茫然地看着雨中烧起来的房子；看着火中的水流。我女人的骨灰被我埋在残垣的灰烬中，她已变成我最亲近的、心中永存的天使。

停了一会儿，他又继续说：

真主怜悯她。我曾想把她也带到山上去，就像昨天我们见到的那样，让她和那些火中的冤魂相伴，像航船一样在生命的岁月中平安行驶。但我没有这样做。当我向她隐瞒我所干的事儿时，我已经杀死了她……说到这里，他已经痛哭失声。

对他的怜悯和同情也使我跟着哭起来。我把艾布·胡雷拉带回到我自己的家，让他住下来。过了一些天，他不辞而别。从那以后，再也没见到他。有人说，他和兰哈娜在一起……

……

[选自时延春主编:《阿拉伯小说选集(第二卷)》，北京:世界知识出版社2004年版，第392页。]

泥 土

艾布·胡雷拉讲述道：

我走出麦地那城，带着我的木棍，既用来拄着走路，也用来扛行李。朦胧中，看到一匹小骆驼在召唤我，我扔掉行李就奔它而去。一顿拳打脚踢后，它已经变成了一堆烂泥。头几天，我过得像个新郎似的。后来，我想找些水果吃，但无处可寻。我真希望能回到混沌初开时，我多么羡慕亚当夏娃啊！我孤立无援，黑夜和白天毫无意义地过去，没任何区别，就像慢慢腾腾的海浪，就像不变的永恒。

艾布·奥贝达说过，萨比特·基斯也说过同样的话，并且说得比他更多。他（艾布·奥贝达）讲道：

那时候，艾布·胡雷拉住在库拉·阿米姆。那是一处位于两圣地之间的一个沙谷。据说，那是个阴森森的妖魔出没的地方，一年里大部分时间都被乌云笼罩，不见太阳。艾布·胡雷拉是个任性、执拗的人，没有人敢接近他。见到他的人对我说——那个人说他是疯子——他有一次见他对着一处旧房子破口大骂，把史前蛮荒时代也骂了一遍。唾沫乱飞，简直像个魔鬼。骂完了，他用失神的眼光上下打量一遍房主，跑到一个地方睡觉去了。

萨比特讲道：我有一天把这件事讲给艾布·胡雷拉听，问他为什么那样做？他说："是的，有这事儿。那天我感到很烦，想开开心，就做挽歌祭吊亚当和夏娃。我请来几个住在本地的女人，叫她们唱哭丧曲。她们说：你真是个呆子，哪有这么冷清的哭丧！我说：你们说得对，我就叫她们走了，自己一个人唱丧歌。真是太冷清了！"

说着，他笑起来。

萨比特讲道：可能艾布·胡雷拉希望那些女人都是精灵；也可能他的这个

故事编得不太圆。总之，艾布·胡雷拉对他想辩解的事情是从不出错的。对了就对了；不对也要说对。他对公开内心的隐秘很反感，不愿让任何人知道。因为，他对人常存疑心。

萨比特说：我们曾问过艾布·胡雷拉："你为什么要去祭吊两位老人？"

他答道："因为他们二老差点儿就让我明白他们对人生和如何求生的无知。当我失去二老后，人生之路又重新指引我回到了从前。我原来希望老祖宗是一个没人碰过的处女，谁知她竟是个老淫妇。"

艾布·奥贝达讲道，萨比特没见过他。

艾布·胡雷拉说："有一天，我坐在那儿休息。我的粮食从昨天起就吃完了。正午的阳光火辣辣地烤着，但我挑了一个清凉的地方，有云遮，光不照。那是块洼地，沙子像起伏的波涛，带着你的目光翻转流动，它几乎就是透明的薄纱。我正坐在那里享受安宁，忽然，如同人们窃窃私语，一股风声吹进了耳朵。很快，风大起来，卷起了细沙；不一会儿，就开始呼呼作响，将一股股的沙浪像蛇芯子一样吹向天空。再过一会儿，更加厉害了，简直山呼海啸一般。正在这时，从风吹走的沙堆里露出了一处废墟，里面躺着一个人的骷髅。我的孤独感马上消失了，但也兴奋不起来，心里说：寻找孤独的人反倒被一处废墟弄醒了，好像它是我事先就知道似的。但我并不高兴，我决定离开它。我这次出来本来是想抹掉过去，现在发现它是很难被抹掉的。一时间心潮起伏，冒出很多想法。我赶紧回到住处，躺下来小睡一会儿。"

"一个我无论在呆傻或狂妄的时候都不曾见过的情景在睡梦中出现了。我梦见了一个奇怪的国家，那里的人一会儿像蚂蚁，一会儿又变成大象。他们在和泥盖房，把石头一块一块叠上去，压紧它，盖陵寝。其中一部分人一边干活一边唱着歌，在石头上打着拍子。他们唱道：

光有头脑死将至，只会思想病缠身。

光有灵魂常饥渴，精神虚妄无处寻。

只有勤奋保平安，只有劳动果常存。

努力干活盖神殿，从无到有梦成真。

然后，一位领唱者用哈姆扎[①]诵经调咏诵道：

“众人啊！我不知道除我以外谁是你们的王，快为我点火烧泥建神堂，让我去看穆萨王，我猜他是个假冒的郎。”

其他人都大声跟唱，吼声如雷，震得天摇地动：

他说谎，他顶撞，
我用计，他硬抗，
他招兵，他喊将，
他说我，是大王。

领唱者每唱一句，其他人就用听不懂的外族话跟一句，一直把我唱醒。

梦醒后，我立刻迁到阿拉伯人居住区去了，又在那儿住了两年。

艾布·奥贝达说道：

“艾布·胡雷拉没告诉我们他梦中的野蛮人唱的是什么意思。他有意把野蛮人的话避开了，那是魔鬼在梦中才能理解的话。”

……

[选自时延春主编：《阿拉伯小说选集（第二卷）》，北京：世界知识出版社2004年版，第407—409页。]

① 哈姆扎（700—773年），伊斯兰教古代著名的七大诵经学家之一。

狗

当时有一个流浪汉和强盗，叫库赫兰，他讲述道：

我是一个专门以抢劫为生的人。你看一个驼队像蜿蜒的蛇一样从远处爬过来了，仔细一观察，发现它已有了戒备，暂时下不了手，“等到夜里再说！”我拿定了主意，就走到驼队面前，装出一副可怜的样子说：“可怜可怜迷路的人吧！”然后，我就抱住碰到的第一个人，向他洒眼泪。见此情景，他们的心就会软下来，就会把吃的喝的拿出来给我。我吃饱喝足还能捎带上一大堆。然后，我继续和他们一起往前走，等时机到了，我就开杀，抢走他们的货物和牲口。有一年，我抢了一群路人。他们跑的跑，逃的逃，活的东西都像丧子的女人似的不知所措，慌不择路。那一次，我要抢的那支驼队晚上睡觉时有站岗放哨的。我就耐心地等着，一直等到放哨的也睡觉去了，我偷出一匹最好的骆驼，骑上马赶着它逃，一直逃到他们追不上为止。有一天，我想把偷来的骆驼赶到我最好的一个藏身地去，一刻不停地催着它赶路，从夜里一直走到大晌午，太阳火辣辣地烤着我，天就像一块火烧的铁板。

刚走到山上的隐蔽处，我忽然听到一声呼喊，紧接着是呻吟声。我心里想：这里是活的都得死；就是探险的也得转身回去，最后也得死。又一想：发一回慈悲，说不定能捞点什么好处呢！想到这儿，我循声而去，发现一个人躺在地上，太阳的烈焰正吞噬着他，就像吞食一个美女的洁体。我抢步向前，想扶起他，但那个人就像没看见我似的。我向他喊：“伸手，起来！”他毫无反应，连眼珠都没动一下。我几乎以为他死了，但他却忽然坐起来，冲我嚷道：“岁月就这样奸污了我的初愿！你走开，别管我！我途已止！”我试着想去背他，他却又躺倒在地上，自言自语，听起来如同一个垂死的人正在捌气：“别管我，你们这些所谓的‘人’！你们比深渊还深；比奴才还卑；比蚊子还贱！”一听这话，我气得如同一个冷天没穿衣服的人浑身直哆嗦。我对他说：“好心当成了驴肝肺，从没见过这样不领情的人！”

说完，我不再理他，找地方睡觉去了。

* * *

睡完觉，我继续走我的路。正走着，遇到了一伙马兹比德部族的人。他们正心急如焚地往前赶路，好像末日在后面追着他们。他们叫住了我：“你碰到一个迷路的人没有？”

我告诉了他们。他们说：“那一定是艾布·胡雷拉先生了！他在哪个方向？”

我以前听说过艾布·胡雷拉这个名字。人们常谈论他的故事，说他一年还是两年前曾讲过一个怪论。他说，死亡和忍耐不是人的本性，并举了好多例子来证明。人们都嘲笑他，小孩子们追着他后面扔石头。后来我听说他失踪了。

我马上说：“我带你们去，马上走吧！”

他们一共六个人，第七个是一条狗，伸着一根火一样的舌头。他们对我说：艾布·胡雷拉是他们的亲人，但已经和他们断了关系，他们现在是无所归的人。

我们紧赶慢赶，终于又找到了他。他仍然躺在原地，像一堆被人扔掉的破烂东西，眼里还剩最后一点余光。

“我们怎么办？”我问他们。

“把他抬到就近有水有阴凉的地方。”

听得出来，他们也有些不知所措。

我熟悉那里所有的水源，就说：“跟我走吧！”

我背起艾布·胡雷拉。他已经失去知觉，显得很轻，像是只剩下了他的魂儿。我让他骑在我的身后，招呼那些人跟住我，不一会儿，就来到了一个水井边。井里边有很多碎石头，我在它上边搭了一个棚子作为我的巢穴，同时也是我捕获物的贮藏地。我把艾布·胡雷拉背到棚子里，对他们说：“他可能快不行了。快喂他水，再给他弄点吃的。他像是几天没吃东西了。”

我吊下桶去，从井里打上一桶水来。赶快舀出一碗水，送到他的嘴边，叫他喝下去。他睁开了眼睛，我们又喂他吃了点东西，他一句话也不说。

他发起高烧来，一连烧了好几天，那条狗一直趴在他身边，喘着粗气。我们也一连守了他好几天。他每天中午都要说一阵胡话，有时说："法老还是真主？"有时说："比深谷还深……"然后重复那天我听到的那些话。那几个人都哭起来了，哭得像个女人似的。

"先生去了！"他们哭着说。

* * *

我请这几个人给我讲讲艾布·胡雷拉的事，他们说：

有一年大旱，天热得就像狗喘气。我们为了活命只好去抢，去杀人抢货，但其他部族的人也一样来抢我们。就这样，你抢我，我抢你，死的人越来越多，东西却越来越少。有一天，穆拉部族的人发现了我们。当时我们正躲在一个坑里，带着一个女人和两个孩子。我们把骆驼都杀死吃了，只剩下几匹马，只能和他们拼个死活了。我们主动发起攻击，把他们像砍大葱似的杀了个干净。杀完后，顾不上别的，急忙去翻他们的东西。我们马上就傻眼了，除了一些被吮吸多次的椰枣核外，什么都没翻着，好像我们抢的是死人。

我们就像拉磨盘的骡子在原地转着圈，不知怎么办好。就在这时候，艾布·胡雷拉带着他的狗和棍子走过来了。他先走到被我们打死的那几个人面前，为他们培上土。他的狗也学着他刨土，把尸体掩埋好，然后又站在尸体面前诵经祈祷哭丧。他的狗也跪在那儿。我们默默地看着他和狗的动作，谁也不说话，谁也不敢说话。送葬仪式做完后，他才走到我们面前，说："你们是否很喜欢死尸？它能散发香味，还是能让你们发财？你们知道自己干了什么事吗？"

说着，他示意我们跟着他走到一处死尸面前，把他身上的土扒开，一个女孩子的漂亮脸庞露了出来，宛若花朵。

“你们把她送进了黑暗！”他说。

他又重新为她培上土，又为她哭起来。

* * *

艾布·胡雷拉和我们畅谈起来，说到如何使我们的生活好起来。他指引我们来到美谷园，那是几处山间谷地。真没想到地上能有这样美好的地方，我们简直不敢相信自己的眼睛，宛若天堂降人间。我们在那里盘桓了好些日子，大采美果香花，饱餐葡萄、苹果、无花果、石榴……真是喜不自禁。

艾布·胡雷拉问我们：“不杀人也高兴吗？”

“是的！”我们高喊：“你是我们的主人！”

他又带我们到其他一些还在互相残杀的地方，想制止他们的杀戮。

艾布·胡雷拉向那些人演讲，他说：“你们之间的刀砍剑杀，惨烈如干石崩裂！它让你们面对无尽的苦难，让你们身陷无边的黑暗，如渡幽夜，如涉恶流。你们要是穆斯林而对此满意，那简直就是奇迹！恶狼用你们的鲜血作伪装，把兽性、饥渴转移到你们身上，让你们的嘴里长出獠牙，让你们互相残杀，互相吞噬。越杀越红眼，越杀越贪婪，这又算是个奇迹！你们破坏、摧毁真主所创造的一切，而你们自己并不明白到底想得到什么！你们只是充当了毁人的利斧！你们不害臊吗，还不思悔改吗？！”

有人高叫道：“你的话解决不了肚子问题！”

艾布·胡雷拉指指我们，我们高举手中的水果、椰枣、麦子、沉香、香草等物，来反驳他们。他们终于接受了艾布·胡雷拉，跪在他的面前请求宽恕。

艾布·胡雷拉对他们说：“你们是恶人，同时又是很软弱的人，这又是一个奇迹！”

我们也把他们带到了美谷园。

* * *

但是没过多久，住在美谷园里的人又开始互相嫉妒，攻讦，混乱状态再一次出现。有一天，艾布·胡雷拉晚上还在，到早晨就不见了。我们找了他很多天都没发现他的踪迹。过了几个月以后，他的狗跑回来了。我们让狗带路，跟着它去寻找，终于来到了他的面前。正像你现在所看到的。

他们又哭起来了。

* * *

库赫兰讲述道：

一连几天，我们守护在艾布·胡雷拉身边，他终于好转起来，病也轻了许多。他对那些人说：

“你们赶快回到美谷园去！你们的母亲，甚或是你们的敌人可能都在寻找你们。我一个人留在这儿没事的。”

一听这话，他们像掉了魂似的赶快走了。

等那些人走了后，艾布·胡雷拉又把那只狗叫过来，摸着它的头说：“你也去吧！离开这里。去了好！”

狗哀嗥着跑掉了。

我们现在每天夜里和每天清晨仍然会听到这只狗的叫声，一直到今天。它每天傍晚叫三声；每天清晨叫三声。从未间断，但从未有人再见到它。艾布·胡雷拉说：“它也和人一样，天命难违，因此悲嗥。它在哭诉命中注定的囚徒生活，既是病人的呻吟，又是抗命者的呐喊。”

我问他：“动物怎么能知道自己的命运呢？”

他回答：“可能它们有感应，能预感到它。或者就是它们因痛苦而哀鸣，我们无法确知，不能了解。”

……

[选自时延春主编：《阿拉伯小说选集（第二卷）》，北京：世界知识出版社2004年版，第410—414页。]

可望不可及之幽冥

马金·本·卡依曼·萨迪讲述道：

希夏姆·本·艾布·萨夫拉·哈兹里对我说过：

那时，珠尔玛·哈兹利娅是阿扎里修道院的一名修女。她父亲像那个时代的同龄人一样，很早就接受了洗礼，成为一名基督徒。珠尔玛就在这个基督教家庭里长大。她当时不太在意自己的美貌，甚至很反感自己的女儿身，处处装扮得像一个男孩子。当长到碧玉年华的时候，她做出了叛逆的举动，进阿扎里修道院做了修女。三年后，她遇到了艾布·胡雷拉。艾布·胡雷拉在修道院住了一段时间后，就和珠尔玛一同消失了。等珠尔玛再回到修道院时，已经变成了一个淫妇。但她的淫荡无论在目的和含义上都与一般的淫荡不同。她说，她卖淫完全是自觉自愿的。她相信肉体，否认灵魂。后来她年纪大了、老了，就买了一只公山羊。她说她喜欢听羊叫。

* * *

马金讲道：

希夏姆说：珠尔玛曾对我谈过，我第一次见到艾布·胡雷拉是当他造访修道院的时候。由于山险路难，能登山来到修道院的人是很少的。他当时站在一处陡峭的山阶上问我："你喜欢修道院吗？"

那个地方只有老鹰能飞到，修士们只能望洋兴叹。谁也不知道他是怎么登上那座山峰的，更不知道我是怎么登上去的。

珠尔玛说：我那时是门官，掌管大门钥匙。我为艾布·胡雷拉开了门，问他有什么要求。他说他是一只逃难的老鼠，我揣摩他是想来出家。他又指着他的影子说，他是从那里逃出来的。我以为他指的是自己的罪恶，就对他说，如果你想洗刷它，就请进吧！他进门后，我带他去见院长。

在通往院长室的走廊上，他见我老是手捻念珠闭目默诵，就问我：“你诵念多久才把眼睛弄瞎的？”我这才意识到，由于我太注重闭目诵经，几乎忘记了光明。听到他的话，我马上斜起眼睛看他，我一下子震惊了：他是我所见过的最清爽、最光彩照人、最帅的人。他眼中饱含着一种渴望见到别的眼睛无法见到的激情，炯炯有神，能使看他的人一下子兴奋起来。他脚步有些不稳，略显醉态或是疲倦。

“你怎么啦？”我问他。

“这正是我要问你的问题。”他说，“我想知道，谁是最真实的存在？是真主，还是魔鬼？”

我吓了一跳，马上叫他求主宽恕：“让主饶恕你吧，洗净你的心吧！”

他喊了起来：“你不要为我求主宽恕，我不想这样做！我只是想知道，是我造了神，还是神造了我？”

我不允许他说出这种叛教的话，他不干。我和他就这样争吵着来到了院长面前，把他的事告诉了院长。院长问他，他用一种奇异的眼光看着我们，不作回答。过了一会儿，他问院长：“僧侣们都是自己遗忘和死去的吗？”

院长回答他：“是的。耶稣远在我们之前就已忘掉自身了。如果你想为病求医，我们就是兄弟。”

院长把艾布·胡雷拉交给了我，让我对他进行驯服、教化。我带他去换掉世俗之装，他脱下的衣裳上发出一种乡土气味，触动了我的心。艾布·胡雷拉像是看出我的心思，说：“你是否想起了家乡的骆驼跑？你看，你的鼻子抽动了。”

他的话让我讨厌，不愿意回答他。

他穿上了僧袍，在修道院住了六个月。他修行很努力，我不带他，从不下山。

珠尔玛说：

从那以后，我每天夜里带他在我的修房里修行，以诚实之心教导他，用祈祷之术培训他。

有一天夜里，他一下子抓住我的手，对我说：“你是否觉得自己已经成为适宜怀孕生育之人？”

我甩掉他的手，气得浑身发抖。

他又说：“如果不是这样，那么祈祷就不如饮酒有用，你如何才能从肉体和精神中得到解脱？”

我说：“把肉体撕碎以忘掉痛苦，而精神的归宿在真主和耶稣，办法之一是折磨肉体直至毁灭。”

说着，我拿起了挂在墙上的鞭子。他马上双手推挡，说：“别用鞭子，用手！”

我对他说：“耶稣的血肉能洗涤孽徒的罪恶！”

他问：“能教我忘却之术吗？能教我悖谬之术吗？能教我生育和灵魂继承之术吗？为我吟唱吧！让我高兴吧！难道你们这里没有看到制造声音之人？此声音能显现神灵、打碎时间、传播有限！”

“主啊，怜悯他吧！”我说。

我只好教他夜祷。回到我的寝室，我哭了一夜。

第二天起来，我去晨祷，忽然发现艾布·胡雷拉用指甲在身上划出一道道的血沟，袍子上血污一片。他把自己关在修房内，拒不见人，一直关了两个月，室内不进一丝光亮。我给他送饭去，他也不开门，说：“放门口吧！”我放下了食物，等再返回来看时，他根本没吃。他斋戒了，两天、三天，一直不吃不喝。我害怕了，心里空落落的，只是偷偷地哭。我想不能这样下去，就一反常态，也把自己关在修房里。一连几天，我哭、我思念、我祷告、我担心、我诅咒魔鬼、我咒骂艾布·胡雷拉，狠狠地说：“不要想征服我！”但很快我的心就软下来了，哀怨那漫漫长夜，是它把艾布·胡雷拉带走的。我走出禁闭，趁着夜深人静，寻到艾布·胡雷拉的修房门前，窃听里面的动静。我听到他的呼吸声，轻若飘移不定的微风。我还听到了他的抽泣，一阵一阵恍似敲桶。我禁不住泪如雨下，心跳不止，再也无法入睡。

艾布·胡雷拉终于不再禁闭自己，走出了修房。他像是一个被人抢走了魂魄的人，每天闷声不响，不和任何人说话，也不过问任何事情，大部分时间默坐在修道院的墓地里发呆。我开始故意躲着他，后来终于忍不住了。有一天，我鼓起勇气向他走去。他看见我走过来了，终于说话了："你忘了我？"

"我不能。"

"你贪恋死亡。"

"不再想闭门独居了吧？"

他露出笑容，消瘦苍白的脸上浮现出纯洁的晨曦。

"我不知道。"他说，"可能是我忘了痛苦。至于快乐，我不知道。"

他的话似利箭直戳在我心上。我一个踉跄，差点儿面朝地跌下去。他伸手扶住了我，送我回到了我的修房。我被彻底击垮了，心理防线已荡然无存。当我迷迷糊糊地睁开眼睛时，看到他的脸正俯在我的头上。

"女人现在只剩下柔弱之身，再继续下去就要烧成灰烬了。"他说。

就这样，他和我在我的修房中住了几天。那些修士修女们都以为我们是在认真修行、诚心祈祷。他们哪里知道，我们是在做鬼。

艾布·胡雷拉说："现在我终于懂得了，你也懂得了，快乐的欲望是不可战胜的！"

"小时候就有这种要求吗？"我问他。

"是的，我有，你也有。"他回答。

"我曾经很厌恶这件事，因为它要向你们这样的人表示屈辱。"我说。

其实我很早就意识到了我的女性美和我细嫩的皮肤。我把它慷慨地贡献给男人们，顺从地仰在他们的身下。进了修道院后，我欺骗自己，假装已忘记了这件事，也不承认曾经有过这样的事。直到艾布·胡雷拉出现在我面前。

"人不会真正忘记自己的肉体，除非他陷入幻觉。"艾布·胡雷拉说："你在修行中感到满足，觉得充实吗？"他问我。

从那时起，我相信了我的人性观，我找到了以前没有得到的满足和充实，也提高了我的生活质量。而在这以前，我是一个空虚的、卑贱的、屈辱的、软弱的人。

这就是我们当时的生活。

* * *

这种生活没持续多久，他就开始冷落我了。除非想办法强迫他，他不进我的屋了。我伤心地哭起来，哭了很长时间。他却再一次把自己禁闭起来，好几天关在屋里不听、不看、不吃、不喝。院长把我叫去，对我说："珠尔玛，你应警惕，不要堕落！"

这更增强了我的孤独感和思念之情。

但是我对院长隐瞒了我的罪过，没有承认我误入歧途的事。我想考验自己，祈求主帮我重新做人，从罪孽中解脱出来。从此，我每天向主祷告，决心洗刷罪恶，独善其身，永远向主。我这样做的效果还不如一个漱石头的饿鬼。我感到空空落落的，似乎心中之主已离我而去，艾布·胡雷拉已缠附在我身上，溶进我的心里。每次祷告我的四肢都会颤抖，我明白，这是艾布·胡雷拉在颤抖。

他又一次走出禁室，一张憔悴毫无血色的脸；一副快要散了架的躯干；一脸精疲力竭、病入膏肓的面容。我大叫起来："怎么得到这样的报应！"

他把我拉到他的修房，对我说："珠尔玛，听我给你讲可望不可及之幽玄之事。"他的神情似狼，话语却如春风。

"珠尔玛，如果天国变得荒无人烟，就会翻转过来！"

"那么信仰又是什么呢？"我问他。

他沉思起来。那神情，犹如在寂静的、月光普照的夏夜倾听虫鸣之人。

* * *

艾布·胡雷拉对我说：

"是的，珠尔玛，我原来认为有信仰的人一个个都是心满意足、安逸舒神，犹如那些骆驼，一生无忧无虑、不卑不亢、平安度过生命之旅。我很羡慕它们，曾想像它们那样安度一生。我曾想像救助不结果的椰枣树那样去帮助方寸已乱、迷惑无措之人。我原来就是属于那些失去信仰、心无所属的人，别人看我也是个不虔不诚之徒，这就是我跑到这个修道院来的原因。我原来是希望能在这里驯化心灵、重建信仰的。

今天，我的努力结束了。我终于明白了，神灵一旦倒下就无法重立。”

* * *

珠尔玛接着说：

我问他：“他们怎么办？那些修行的人？”

“他们是些混合物体，类似流着肉汤的小河。”他说：“他们有些人是升天派，都是些随风倒的人。这些人崇拜虚无，生活在梦境中。他们幻想大地升到天上，真实变成虚幻，自我变成虚影。他们的人曾跟我谈过，对我说：‘你看天，那是灯；你看地，那是水；再看自己，那是光。’他们还把星星叫兄弟，把花草叫枕头，把太阳叫饭食。你吃过太阳吗？那个人说：‘我是飞鸟、是石头、是天上的云彩。’我问他：‘你梦醒了以后呢？’那个人说：‘我不知道落到哪个国家里了，我不是有意去的。’我要求和他一起做梦。那个人说，一旦进入梦境，就会杀净人间、一心向天，天下只有他自己。他的存在也仅为虚幻，而我是最讨厌虚幻的了。”

“他们中还有一些人是入地派，那些人总是咒骂天主为什么造人的时候没把他捏得和天主一个样。他们像对待羊的狼那样为自己狡辩，乞求天主道：‘主啊！我脱下我的泥身，你退出你的魂魄给我吧！我不喜欢什么都恢复原状的泥身。’”

“珠尔玛，他们中还有意志薄弱的瘸子，那些人喜欢十全十美，为之吹捧和崇拜。他们讨厌软弱无能，因此，妄图天主把力量借给他们。”

“他们中还有一些怀旧者，念念不忘过去的回忆，常为之窃窃私语。”

“珠尔玛，他们中还有的人是假教徒，就像你那样的人。他们的信仰是骗人的。他们曾竭力想把他们的信仰教给我。你看他们又跪又拜，一天到晚主不离口，时时仰望上天，显得很虔诚，但这丝毫掩盖不了他们的动摇心理。他们是在用怀疑者的心理去颂主，越是这样，越颂得比旁人更勤、更急。他们怕人看出不诚之心，舌头就更不敢停下来了。他们为自己制造了崇拜之物，去企求虚幻与幽玄。但他们并没得到自身之解脱，反而恰恰被鬼魂缠上，以怪疾而终。在他们眼里，人只是脱离尘世的睡眠者，只因灵魂膨胀笼罩其身才成形。他们的心和眼睛都已经迷失了方向，已经被印度婆罗门教所吸引。此教的信徒无论寒暑，终生静坐修行，不更衣、不运动。似乎他们的肉体和生命都已不存在，已进入全空无、全定神的状态。实际上并非如此。你看修道院的修士修女们就只有表面上的安静，而没有真正的神静。"

"我按他们的方法进行了修炼，不停地读祷词，做礼拜，赞颂我主。但等我这些都做完了后，我失去了自我，这使我很高兴，心里说：'灵魂已归我主'，我指的是真主。但当我呼唤它时，它又出现了，并没消失，只是改变了形式。我的魂述说着福音书的言论；我的意识排列着各种字母符号，我的心里一片黑暗，无限忧伤。我的舌头上自然也就挂满了恶言秽语，犹如被喂了麦草的饿鬼。"

"那些人虽然学派不同，但都干着欺骗自己的事。或许他们不知道自己在干什么。他们觉得自己在精神上比天使离神还近，窥视神的位置。他们竟说：'耶稣是在我们这里成神的。'虽然如此，他们仍然要去茅厕解便；仍然要鼓动上下颌骨吃食，犹如骆驼反刍；仍然要你骑我我骑你地发泄淫欲。我明白了。可耻啊！他们和猴子、驴子有什么两样！可耻啊！那些出家人都妄想神化，那怎么可能呢？真是狂妄之极，真可悲啊！"

"于是，我离开了他们，也离开了修行。"

珠尔玛说：

"我对艾布·胡雷拉说：'你也把我带出来了，使我脱离了苦海。我的躯体有了新的体验，我又恢复成人。'他没有说话，只是紧紧地抱住了我。"

然后，我们一起降落到大地上。

……

[选自时延春主编：《阿拉伯小说选集（第二卷）》，北京：世界知识出版社2004年版，第419—425页。]

智　者

艾布・胡雷拉讲述道：

在我一生中，我也迷茫过、困惑过。我曾漫无边际地四处乱闯，没有目标，没有希望。我曾茫无头绪，犹豫彷徨，刚做了一件事，没过多久，就觉得烦了，又想去干别的事。我总是这样见异思迁；刚对什么事情感兴趣，很快又觉得没意思了。心愿如飞絮，游移不定，难以集中。时间长了，想与不想，做与不做，总在脑中同时出现。总盼着明与暗、醒与梦、信与疑能和谐统一。我在这种状态下过了很长时间不知该怎么办，差点疯癫。最后，我的心态才平和起来，心想：

尘世何如？气息将除。

来世何如？尘世将除。

我知道该怎么做了。我做事一不为民、二不为神、三不为鬼；我既不叛教也不信教，既不行善也不作恶。我要求绝对的自我性。我不能忍受别人，也不会去追随别人，更反对别人阻碍我。光阴是我的光阴，决心也是我的决心。正如光明吞噬光明，蜡烛燃烧自身。我死后将不留任何痕迹，世人将不会找到我。力量催促我，真诚要求我。

* * *

我洗净污垢，来到海边。大海让我恐惧。

* * *

有一天，我正坐在突出海岸的一座山头上凝视，一个人走过来坐在我身边。看他的装束像是一位出家的隐士。开始时他沉默不语，有如静穆的天房。我仔细端详他，发现他长得虎背熊腰，魁梧威严，一副智者神态。坐了一会儿，他仍然不说话，我只好主动开口了："您好！您是隐士吗？"

"您好！我不是隐士。因何到海上来？"

"敬畏之心。"

"真主之奴皆如是，皆畏惧卑贱之海。咱们下海如何？"

我来了情绪，站起身来。他领着我，顺一条陡峭的山涧滑下去，涧似利剑，简直直上直下。我们径直滑进水里。此人若蛇。飞快潜下又上浮，然后，他以海为枕，侧身卧水，忽然又冲进波涛，翻腾自如。他是我所见过的最善泳者。他尽兴游完后，漂到我身边，问我："让我教你？"

"好的。我在水中气短，不能坚持。"

"不成问题。"他拍了拍我的胳膊，"这也没有问题。"然后又说："只要你爱海，海也喜欢你，你就会游泳。"

从那以后，他开始教我游泳。我学会了如何用力、如何呼吸、四肢如何谐调动作。我们一起上游下潜，畅游自如。

像他那样的人，信念是不会瘫痪的。

此人只带我游泳，闭口不谈他自己的事。直到秋天到了，我们的关系已经非常好了。

当我和他已亲如兄弟时，才开口问他："能否谈谈你自己，为什么住在海边？"

"有事若无事，有什么可问的。问从疾中出，无疾乃无问。想听故事吗？"

"想听。"

"能听懂吗？"

"不得而知。"

"是关于智者的故事，听我道来。"

* * *

“过去他们称呼我：艾布·鲁阿。现在我没有名字。”

一听此话，我马上问他：“我原来在塔伊夫[①]拜谒过一处墓地。有人告诉我，那是艾布·萨基夫的墓。艾布·萨基夫也叫艾布·鲁阿。”

他说：“是的，那就是我的墓地。主之使曾莅临它。当地的人说：你为我主，为主之后继。我便唤主说：‘主啊，请降我启示，他们让我为握绝权之王！’我等啊等啊，没等来启示，但我学到了智慧。”

“是谁教给你智慧？”我问。

“是一位妇人。在一风雨交加之日，她正好出门，被雨浇得浑身上下如同被河水灌注，就像伊甸园里的河。但她却在哈哈大笑。看似神经失常之人，却是个洞晓人生真途之人。教给我智慧的还有一个醉鬼，常于冬夜痛哭，常问：‘生命能终结吗？’每当他酒醒都要遭受屈辱，有如被逐出天堂的亚当。教给我智慧的还有那些经典，不是讲智慧的那些经典。当我有了智慧后，我就开始向那些人施虐，向他们课以重税，强暴他们的女人，最后给他们喝苦药，闷死他们，这是主对他们的惩罚。”

“你为什么要这样做？”我问他。

“因为启示没降临于我，我眼看着它飞走了。那些人说我疯了，他们竟敢指责我！我敲着他们的脑袋，对他们说：‘谁敢像我这样作恶，就杀死他们，捆住他们的手脚，否则就不是对人的怜悯。’从此以后，我毫不留情地凌辱那些病弱者和伤残者，我认为这样做是在治病救人。而他们也在我面前下跪，屈从于我。直到有一天，我睡到早晨也没能醒来，那是我的第一次死亡。

“我躺在希拉[②]的山洞里。我的罪孽忽然站起来，要向我自己施暴。我害怕自己虐杀了自己，只有走出山洞，去见我的臣民。

① 塔伊夫，现沙特阿拉伯古城，位于圣城麦加东100公里。

② 希拉山洞，伊斯兰教圣迹之一，位于麦加近郊，传说为教主穆罕默德获得天启的地方。

“我把他们中的贤人召集起来，当面向他们悔罪，请求他们接受我的忏悔。他们饶恕了我。我希望真主也能宽恕我。我对他们说：‘我们常以恶对善，又以善对恶，甚至善恶不分，这样会断子绝孙的！’

“他们说：‘你施恩让我们免死、不再施暴，清算的时候你会得到善报的！’

“我说：‘你们就像犹太人那样伪善，不知道清算里还有清算吗？’

“我命令他们都剃掉胡子和头发。他们的脑袋一个个都变成了洋葱头。然后我拿出酒来，说：‘请接受我的智慧。’

“他们喝了酒，然后，一阵风似的飘走了。我看着他们，狠狠地吐了一口痰。

“这时，我的族人来了，对我说：‘你断送了我们的安乐日子和统治权！他们会杀死你的！’

“我说：‘如果他们想那样做，那太好了！我得感谢他们，抬举他们！但是他们不敢那样做。他们是些贱民！’

“我决定给他们一周的时间，看看他们都在干什么。我就大声向他们喊道：‘我准许你们工作七个白天加七个夜晚，你们可以干任何愿意干的事情。’然后，我观察他们，发现有的人去耕地，有的人去经商，还有的人重操旧业去抢劫杀人，而贤人们则出卖他们的智慧换粮食充饥。祈祷的人仍然继续他们的祈祷，坏人仍然作恶，好人仍然行善，只有一个人孤零零地跑到大沙漠里。我心中一喜：这才是我的目标。我很热情地来到他面前，问他在干什么。他告诉我，他正在寻找一颗掉在他面前的星星，可能掉进土里去了。毫无疑问，他是个走投无路的疯子。我明白了，每个人在人生中都占据一个特定的位置，就是疯人也不例外。这就相当于句法分析：每个词在句子里都有它语法上的地位，语法先师西伯威[①]早就为它安排好了。”

---

① 西伯威（760—796年），阿拉伯中世纪最著名的语法学家，阿拉伯语法体系的奠基人。所著《西伯威书》为阿拉伯历史上第一部系统语法著作。

艾布·胡雷拉说道：

我问他那人是谁，他说是一个创造新文法的人。然后他接着说：“最后，我对世人的信任感全部丧失了。我向往孤独，心想，只有最纯的东西才是最好的。爱不能称其为爱，哪怕杀死你所爱之人；善也不称其为善，哪怕施予自己。我最后只能到我母亲那里去讨清白。她非常爱我，她也是我的最爱，她从未反对过我做的任何事。她曾说：“我请真主证明，你做的任何事都是正当的、正确的。”但当我拘禁她于那里时，我要求见她，她却不理解我。她死在我的心中，我离开家，我也死了。这是我第二次死亡。

“我来到这片大海和大山之中。你看这些山头，除了石头还是石头，从山顶落下来，你压着我，我压着你。我不知道我现在的状态：我存在或者我不存在。从前，我的生活是丑恶的，扭曲的，因为我没有削平它的边边角角，也没有修补它的凸凸凹凹，更没有剥解互相抵触的东西。我向世人施辱，在心中把他们全部害死，让他们消失。我创造了一条自己走的路，没有坐骑、没有伴侣，甚至丢掉了自己的身影。你没看见吗？我是没有影子的。”

艾布·胡雷拉讲道：

我对他说，我没注意到。他接着说：“有一天，我停住了脚步，但我的影子还固执地往前走，就像一匹不听话的牲口，挣脱了你，自己走，像死人的气味似的。”

说到这里，艾布·鲁阿大声笑起来。他的笑声让我浑身发冷。他停住了笑，喘了口气，又接着说：“我的影子丢了后，我就奔向了大海，单独和我的智慧幽会去了，心想，我一定要从矛盾中走出来。灵魂与肉体有如鲸鱼与水，它俩并不统一，一个要吃掉另一个。像躯体和大海这样互相占有，互相控制，互相嬉戏的统一状态我还没找到第二例。海水支撑着躯体，并不加害于它；不像灵魂，它也同样支撑肉体，但同时却又摧残它、蔑视它、毁灭它。智慧是平衡的，它已经为我所有。”

艾布·胡雷拉讲道：

我问他：“什么叫平衡？”

他说：“就像鲸鱼、就像死亡，既不会老去忙于杀人，也不会毫无作为地使你获得健康、幸福。”

我又问他：“平衡里有什么呢？”

“你想看到吗？”

“想看。”

“把手伸过来！”

他拉住我的手，领我来到山顶上的大石头堆前。

“你看这些石头、它们悬垂于空中，不依靠任何东西。它克服了物体的引力，就像我通过海水克服大地的引力一样。”

“我什么也没看到啊！”

“你简直是个瞎子！石头上画的图案和画像你都没看出来？它原来是可能有的，但后来消失了。你看，这是上天孕育的东西，但它不满足，要脱离上天自己生育。人因生育而疾，地为子女所累，这些，你也看不见？它是实实在在的，不是影像；它是主体，不是属性。它是死亡的星辰，但它的光芒未断。它既是你，也是我，不可能是吧？这个也是，你看它谦恭的样子，就像眼睛上蒙了一层灰。你是一头没耳朵的驴，我只是想让你知道，你就是我，我也就是你。我们既是本人，又是别人，伊甸园就在你自己心中。正如你自己曾来自泥土，又变成了鸟在天上飞。所有这些都和我拘禁在我洞里的生灵一样。你想去看看吗？”

艾布·胡雷拉讲道：

他说这话的时候，眼中透出获得启示的先知的灵光。我不敢违抗他，怕他犯浑，赶紧回答道：“是的。”

他带着我向一个山洞走去，洞口幽暗狭窄，阴森可怕。走到洞门外，他对我说：“我的宫殿里有大批奴婢，她们都长得很标致。我一般不吃她们，只有在我精力枯竭时，才会挑出一个，杀死她，喝她的血，我又换来了新生，这是精神食粮。你会看到她们虽然带着枷锁，但一个个都像狮子似的。”

我随他走进门，又往前挪了几步，忽然看见一大群蝗虫，都用红带子拴着。

“多妙啊！”我叫起来。

他坐下来，抚摸着“她们”，对我说：“她们的血都寄存于测天者，只有通过第一物质之光落入智慧生物。如果允许多源出现，同时否定行为者、现实性、形态性和目的性，那么，精神和肉体的相接是通过疥癣和患疥之羊的相联来实现的。但是自体必然与他体互不相容，二者也不等同于自存性。这是由于必然性与自存性在其抽象层面、独创层面和操作层面都有很大的不同。抗拒条件正如可行条件，两条件之门宽似大海。”

艾布·胡雷拉讲道：

我心想，这是他又一次死亡了。就赶紧接住他的话头，说：“是啊，这是你的梦话，钓起了一条鱼，只吃了它的鱼钩。底格里斯河和幼发拉底河的灯火都烧起来了。”我这样说是为了跟上他的疯癫，迎合他的疯话。说完，我发出一串笑声，他也笑起来，笑得我们俩都倒在地上。止住笑后，他对我说：“你也疯了！”我警觉起来，随后开始惶恐不安，直到浑身颤抖不已。我害怕了，怕我真的也变成疯癫之人，今天或者明天。心想，快点结束吧！不能再待下去了。

我决定离开那个地方。艾布·鲁阿对我说：“你再多等一会儿，我要送你一件礼物。”说完，他消失在山中。过了不长时间，他又出现在我面前，手里拿着纸和笔，对我说：“不定哪一天，你会需要它，在纸上画上点点线线，圆圆圈圈。”

我接过了东西，离开了那里，心里和脑中都是一片黑暗。

[选自时延春主编：《阿拉伯小说选集（第二卷）》，北京：世界知识出版社2004年版，第425—431页。]

第三篇

世界经典名家散文选译

《我的回忆》

[苏丹] 艾哈迈德·塔依布·艾哈迈德

作者简介：艾哈迈德·塔伊布·艾哈迈德（1918—1962年），苏丹散文作家，文学史家。青年时代在戈登学院学习。后留学英国，研究阿拉伯戏剧，获博士学位。主要著作为散文集《声音、喉咙及其他》，由奥斯曼·艾哈迈德搜集和作序，于1975年出版。《我的回忆》一文即选自此书。

聚礼日

我们村子里有男人，当然也有女人，如果不是这样，也就不成其为村子了。村子里有很多好女人，还有很多怪男人——他们也都是好人。我要是能做到的话，我一定要让他们流芳百世，把他们每个人的事迹都告诉你们。比如，在我们村子里有一位不爱说话的老兄，但他爱笑、爱热闹。他的人缘特别好，没有不喜欢他的。其主要原因是这位老兄总是款待大伙儿。真主很照顾他，让他成了村里的富户。每到聚礼日，他就把他的七个孩子撒出去，让他们低声招呼村子里的每一个男人——不管是老的还是年轻的：

“我爸叫我告诉你，礼拜之后到我家来吃饭。”

“是吗？好的！真是个积德行善的人！”

一个个都坐不住了。礼拜一完，马上往这位不爱说话但爱热闹的仁兄家奔，然后就不客气地吃喝起来。在这个时候，总有一位盲歌手为大家助兴。他为大家咏唱、为大家讲述航海的故事。这些故事都是当年他的那些师兄们一点儿一点儿教给他的。因为大海自古就是既遥远又凶险的地方。他讲起一个真主保护瘦弱的盲首领的故事。只听他喊：

“这是什么意思？船掉头要出航了！……你们不傻，你们知道为什么！深渊！水手们……什么意思？你们都是孩子……”然后，他开始骂他们的娘，他们娘的娘，一直骂到老祖宗夏娃。

盲歌手继续讲他的故事，人们边吃边笑。我们这位爱笑的仁兄始终慷慨大方地陪着他们，让他们高兴，让他们满足。

我们村子里还有一些财主。任何村子里都有一些好财主。每个村子里的好财主都会在星期五聚礼日款待村民。他们或是从南方敛财拿到北方去花；或是从北方敛财到南方去花，买羊、资助盲人，资助歌手们。

在任何村子里，星期五这一天都是好日子，各村的活动和饭食也都大同小异。看来这乡俗不会很快消失。

艺人与吝人

村里人每天都在制造事件，有悲剧，也有喜剧；有无聊的，也有严肃的。在这个世界上，我的村庄并不特殊，村里什么样的人都有。我只说说我们村里两类人中的两个典型。其中一个典型是艺术家，他已经双目失明了，什么时候瞎的我可不知道。

我们的村子坐落在尼罗河北岸。我讲的这位老艺人已经有60岁了，他的父亲已经去世，他曾经饱尝死亡的痛苦，他很爱他的父亲。老艺人小时候不爱学习，虽然村子里《古兰经》的研习之火一直燃烧着，但他却不学。他父亲也不生气，随他去。后来，他跟我说，他爱海，迷人的海把他的魂都勾去了。他成了一名水手。那时，驾帆船是北方人的行当，他们是从南方的野蛮人那里学来的。他们运送玉米等粮食，还有别的货物。水手们都又蠢又傻。船上有上年纪的女佣为他们做饭，他们一边干活儿一边找女佣闲扯，解闷儿。活儿很重，也很艰苦。当星星和河水窃窃私语的时候，他们才能歇下来聊天，聊得最多的话题是美人鱼的故事。美人鱼不只希腊有，我们这儿也有。也不只在已故的诗人阿里·马哈茂德·塔哈[①]的诗中有。因为美人鱼们：

她使夜航的船长们心烦意乱，
黄昏与妖术让她们娇艳。

这位老艺人收集了很多美人鱼的故事，还收集了很多有关水手们的故事，码头的故事，码头女郎的故事。

我们村子里的人都很喜欢他。他醉心于玛纳绥尔部落文学。从他那里，我也积累了很多资料。我的一个很可爱很聪明的学生曾经为他写过专文。

我们村子里还有另一位典型人物，他很像《威尼斯商人》中的夏洛克，但我觉得夏洛克比他还显仁慈一些。夏洛克的吝啬源于仇恨与狡猾，我们这位人物的吝啬则完全是一种病态和愚蠢。贾希兹[②]笔下的吝啬鬼们绝对不会死光。我讲的这位悭吝人是我的一位伯父，算是我的近亲。他在村里有房地产，还有不少驴子。他把它高价卖给穷苦的乡亲，让他们借以谋生，养活那些可怜的孩子们。

我的这位伯父早年曾娶过一个漂亮的姑娘，但那位姑娘很快就受惊吓而死，只剩下他不停地敛财、守财。我确信，是他杀死了那个姑娘，这是我从他那两只干皮似的眼睛中射出的目光中判断出来的。过后不久，他又娶了那个姑娘的妹妹，那可是个体壮如牛的姑娘。她用父母的钱供养他，给他吃，给他喝。他有驴、有牛，都不少，但他从不放在心上。

我这位伯父把地里收的玉米、豆子都埋到地窖里，一埋好几年。更有甚者，他居然每天念经，做礼拜，参加集体聚礼，从来不生气。他经常到清真寺去见长老和他的兄弟们，和他们在一起吃饭从来不客气。

---

① 阿里·马哈茂德·塔哈（1902—1949年），埃及浪漫主义诗人。引诗为其诗中原句。
② 贾希兹（775—869年），阿拉伯散文和讽刺文学的奠基人。著述甚多。最著名的是长篇小说《吝啬鬼们》。

农村里类似他这样的人是很多的。想想你们的叔伯们，去问问任何一个村子里的人。真主说："去问我们曾在其中的那个村子吧！"就是指村民……农村中有很多艺人……艺人有些是四处流浪的；有些是盲人，他们中大部分人都很聪明。正如那些教心理学的学者们说的那样……想想你们曾经生活过的村子吧！村庄实际上是大千世界的缩影。

长老与椰枣树枝

这件事儿就发生在我们村子里。它坐落在尼罗河边，村子里遍地是沙子、石头和土。

每隔20年，洪水就要包围村子，水上漂着人和牲口的尸体，这些死尸都是从远处冲来的。女人们都拥进水中高喊，祈求洪水赐福。她们并不在意那些死尸，也不关心他们。她们认为，福气会从呼喊中得来……那次洪水是一年后来的。当时她还是个小女孩，只有13岁，而他，则已经50岁了。他们让他娶了她。在这以前，他已经有了三个老婆，但都没生育，而且都已绝经了。

就这样，她父亲让他娶了她。因为他们是亲戚，还因为他有钱，有羊，还有房产，有驴。

那时，小女孩还不懂结婚是怎么回事。夜里，圆房了。早起一看，孩子疯了。人们赶紧请了一位长老来。那位长老皮肤棕灰光润，穿一件白袍，是一位人知人敬的长老。他来到孩子身旁，孩子蒙着黑布、蜷缩着，就像一只小猫。长老坐在屋子里唯一的一把竹椅上，孩子的父亲、母亲和我坐在稍远一点的地方看着他们。这位长老用他那只棕灰光滑的手举起一根椰枣树树枝——树枝是绿的——轻轻地拍打那个小姑娘——我是指那只小猫——口里嘟嘟哝哝，好像念念有词。小姑娘浑身颤抖，像个小精灵。我捉摸这位长老可能过不了多久就会掉转屁股开溜。但他没这样做。

洪水卷来了死尸。洪水是从很远的地方涌过来的。村里的女人们呼喊着冲到水里，想沾洪水的光。

整整四个钟头，这位长老用绿椰枣树枝拍打那个小女孩。孩子随着他的拍打颤抖着，像个小精灵。我注意地看着长老，他并没逃跑。四个钟头过去后，他骑上毛驴，走了。

第二天，长老又来了。洪水已经开始退了。

他仍然用绿树枝拍打那个孩子，孩子仍旧颤抖着……

第三天，他又来了，拿着香料。孩子的家人送给他整整一两金子。他又走了，孩子还在颤抖……过了一年，两年、三年……过去了10年，小女孩变成了大女人，变成了四个孩子的母亲。棕色的、光滑的皮肤，胖胖的，很像长老的皮肤。唯一的区别是当她笑的时候，她整个嘴都张开，露出满嘴的白牙，眼睛也在笑。每年她都要去看望另一位长老，那位长老住得很远。她带着她的老男人，和她的孩子们去看他。

祈祷者

静夜中，他们的声音随风飘来，星辰为之动容。男女老幼都被它唤醒了。呼喊声伴随着鼓声和铃鼓声显得又甜润又悦耳："万物非主，唯有真主……"

声音越来越近，直到淹没了整个村子。鼓声令人激动，铃鼓抑扬。忽然，一下子全静下来了。过了一会儿，吟诵者开唱。他们一个接着一个，嘶哑的喉头里发出对长老的赞颂之词。又静下来了……又开始赞颂了……

我们村子里的男女老少都知道这是怎么回事，虽然他们还没起床。男人们要到长老那儿去吻他的双手，长老一个一个地询问他们的孩子，他们的亲属，询问下没下雨，询问牛羊长得如何。他的声音很低，每个人都能叫出他的名字：

"你好吗？你母亲怎么样？她有事找我吗？"

都问候完了，长老就回到他远远的房子里去吃饭，睡觉。

剩下的人在领祷人的带领下，围成一个大圆圈儿，领祷人站在中间。他前伸双手，弯腰鞠躬，头几乎要着地了，口中发出牛鸣般的吼声——大伙儿选他做领祷就是因为他的叫声如牛。颂主开始了；鼓声、铃鼓声响起来了；吟诵者唱起来了；其他人跟着一起吼起来了。有的人并不吼叫，只是跟着晃身子；还有的人，不吼也不晃，声音低得像羊叫。领祷人绕行于每个人面前，调动大伙儿的情绪。音乐声使得一部分人神魂颠倒，他们的情绪达到了高潮；一些人如醉如痴，一些人唾沫乱飞；一些人怪声怪调，而大部分人则叽叽咕咕，不知在说什么。

整整一个钟头过去了，声音逐渐轻下来。我们大家明白，他们有点顶不住了，他们都知道醉了。他们需要为新一轮祷祝重新积蓄力量。

[选自伊宏主编：《世界经典散文新编 · 非洲卷（思想的金字塔）》，北京：百花文艺出版社2001年版。]

《伍德·哈米德的棕榈》

[苏丹] 塔依卜·萨利赫

作者简介：塔依卜·萨利赫（1929—2009年），苏丹小说家，阿拉伯当代小说的代表人物之一。生于苏丹北方省依基亚部族一农民家庭。曾就读于喀土穆大学，后赴英国深造。在英广播公司工作多年。后回国在宣传部门任职。

他的前期作品多在国外写成，题材和背景多选自非洲故土。1953年他发表了第一篇短篇小说《溪边的椰枣树》。1968年发表小说《移居北方的季节》，轰动文坛，使他获得世界声誉。70年代推出长篇力作《班达尔·沙赫》（1971）和《马里尤德》（1977），仍显出旺盛的创作力。他的小说已译成世界多种文字，我国也有译本。

塔依卜·萨利赫的散文常以一位故乡人作故事叙述者，着力表现故土故人亲情。叙述平缓却具有极大的张力，带有作者自传的性质，尽管有时总是通过反射在其他一些人物身上的思想和经历来体现。

你是问，是谁种下的这棵棕榈？

孩子，没有谁种过它。你出生、长大的地方难道是人栽种出来的吗？你没看到，那个地方是一块高出河岸的平坦的石台，就像是一座雕像的基石。而河在它的下面流淌，形状多像一条古埃及的圣蛇啊！不对！孩子，没有人种过它。你先喝茶！你现在需要喝茶。很可能它是自己长出来的，但没有任何人能记得什么时候它跟现在不一样。从睁开第一眼起，人们就看见它高高地俯视着村子了。无论怎么往前回忆，哪怕回忆到不记事的时候，头脑中就有了这棵巨大的棕榈，再往前想就模糊不清了。它是我们记忆的界限，如同白天和黑夜的分界。它是黎明时的一束光，但它是黎明前射出的。孩子，你在听我说话吗？

这是我心中的感觉，但我说不出来。孩子，这种感觉你能感受到吗？每一代人出生后都能发现，这棵棕榈像是和他们一起出生的，和他们一起长大的。你去和村里人坐一块儿，去听听乡亲们怎样讲述他们的梦境。一个人醒来后跟他的邻居说，他梦见自己来到一片大沙漠，沙子像银子那样白。他在沙漠中走啊走啊，脚陷进沙子里，越陷越深，拔脚越来越困难。他感到又渴又饿，而沙漠却看不到尽头。这时，他发现了一个小山包，就往上爬。当他终于爬到山顶时，忽然发现远处有一片浓密的棕榈林，树林的中央有一棵最高的棕榈树。这棵树跟它周围的树相比就好像羊群中的骆驼。他冲下山头，一步一步挪到了那棵树下。他发现树下放着一只陶罐，里面装满了鲜奶，奶上集结着一层浓浓的泡沫，就像是刚挤出来似的。他痛痛快快地喝了一个够。喝饱之后发现，罐里的奶仍然满满的……邻居听完他的故事，对他说："你这可算是苦尽甘来，自己乐去吧！"

有一位妇女也跟她的同伴谈道："有一次，我恍恍惚惚觉得自己坐在一条船上，船正走在一条海缝中。这条海缝太窄了，窄得我伸出双手都能够到两边。我一会儿被抛到浪尖上，浪高得我能摸到云彩；过一会儿又把我甩到伸手不见五指的海底。我害怕极了，大声喊叫着。但声音却像是堵在喉咙里，根本听不到。忽然，我发现，水面在向外扩张。定睛向两岸望去，一棵光秃秃的黑树倏忽出现在眼前，树干上长满了鹰嘴似的大刺。突然，两岸又迅速合拢起来，那棵树冲我飞过来，我怕死了，又一次大声喊起来：'伍德·哈米德呀！'喊声刚过，一位相貌堂堂的男人蓦然显现在面前。他长着又长又密的白胡子，把胸脯都盖住了，披着一件雪白的长袍，手中拿着一串琥珀念珠。这个人把手放到我的额头上说：'不要害怕。'我马上就安定下来了。再抬眼去看海面，海面越来越宽，海水平静地流淌着。岸上是一片麦田，麦子正在成熟。水车在转，牛在吃草。这时，我看到了岸上有一棵高大的棕榈树。不一会儿，船就停在了树下，那个人先从船里走出来，把船拴好，再伸出手来拉着我走下船。然后，轻轻地用念珠拍打我的肩膀，又从地下拾起一个棕榈果放到我手里，然后就消失了。我四处寻找，也没看到他的影子……"听她讲完，她的女伴对她说：“这个人就是伍德·哈米德。你原来已经病得快死了，却忽然病好了。你应该到那棵棕榈树下去献祭感恩。”

就是这样，孩子。我们这个地方无论男女老少，人人都盼着夜里做梦能梦见伍德·哈米德棕榈。

你问我，它为什么叫伍德·哈米德棕榈？别着急！再喝一杯茶，听我说：

很早以前，有一个当官儿的来到这里，跟我们说，朝廷想在这儿修建一个码头。这个当官儿的说，朝廷想帮我们这地方发展。正当他滔滔不绝、眉飞色舞地谈着时，忽然发现站在他周围的听众毫无表情，没任何反应。孩子，你知道，我们这儿的人都很少出门。有时不得已有事要办，比如土地注册，打离婚官司，我们就一大早骑上毛驴走一上午到邻镇的码头去上船。我们都习惯了。为这个，家家都养着毛驴。知道了这个，这个当官儿的讲话得不到欢迎也就不奇怪了。看到这种情形，这个当官儿的一下子没了情绪，很狼狈，说话也开始颠三倒四了。当他说完了后，周围一片沉默。过了一会儿，才有一个人问他：“你这个码头打算建在哪儿？”当官儿的说，没有比建在那棵棕榈树那个地方更合适的了。假如你在这个时候把一个一丝不挂的女人带到大伙儿面前，大伙儿的惊讶程度也不会比听了这个当官儿的这句话更厉害。当官儿的这句话一落地，马上就有一个人对他说：“这儿的船都是礼拜三经过这里。如果你把码头建在那棵树那儿，船只能每礼拜三下午才能停靠。”当官儿的说：“计划船靠码头的时间是礼拜三下午四点钟。”“但是这个时间正是我们上坟的时候。我们要带着女人、孩子到棕榈树下的伍德·哈米德陵那儿去摆供设祭，每礼拜四都要去一次。”你听那个当官儿的怎么回答？他大笑着说：“你们改一下上坟的日子不就行了！”我敢说，就是这个当官儿的此时骂大伙儿都是婊子养的，大伙儿的怒火也不会比听他刚才说的那句话要大！大伙儿不约而同地扑向他。如果不是我当时手疾眼快把他救出来，他早就被撕成碎片了。我把他抢出来，叫他骑上一只毛驴快跑。就这样，码头一直没建起来。我们有急事还是骑驴到邻镇去坐船，但我们很知足。只要能在每礼拜四带着女人、孩子去给伍德·哈米德上坟，就足够了。祖祖辈辈都是这样过来的。

孩子，等我一下！我做完昏礼后再接着对你讲。有人说，午后这段时间很奇怪，你如果赶不上很容易错过……主之善徒，我证万物非主，唯有真主，我证穆罕默德为主之奴，为主之使，祝永泰安康，永承天恩……

糟糕！一个礼拜以来我的背老觉得疼。孩子，你知道为什么疼吗？我知道，是因为年纪大了。但愿青春……我年轻时早饭能吃半只羊，晚饭能喝完五头母牛挤出的奶。我一只手就能把一口袋椰枣举起来！有人吹牛，说他和我摔过跤，把我摔倒了。这是胡说！那时，他们把我叫作“鳄鱼”。有一次，我在尼罗河一边游一边用胸口顶着一只装满小麦的大船，从这岸顶到那岸。那天天已经黑了，河对岸的人正在用水车打水，看到我顶着船冲他们来了，吓得扔下衣服就跑。我喊他们说：“喂！你们怕什么？真没出息！你们不知道我吗？我是鳄鱼。你们简直是魔鬼，连人都怕！”

孩子，你是不是问过我，我们生病了怎么办？

我觉得很可笑。我知道你脑子里想什么。你们是城里人，有一点不舒服都赶忙上医院。比如你们有人手指头受伤了，马上会慌慌张张去找大夫。大夫把它缠上绷带，吊在脖子上，一吊好几天也不见好。有一次我在地里干活，忽然觉得什么东西咬了我的手指头，就是这个小拇指。我马上站起来到草里去找，发现一条蛇，肯定是它咬的了。我向你发誓，这条蛇有一腕尺长。我抓住它的头，一使劲就把它的头捏碎了。然后我使劲咬那只伤指，把毒血吸出来，再从地上抓起一把土，把伤口擦干。

这些都是小事一桩，不值一提。那要碰到大病怎么办呢？我家邻居大妹子，有一次喉头肿起来了，一下子卧床了两个月。一天夜里，她发烧了，越烧越厉害。她从床上爬起来，那时天还没亮。她强撑着走出屋子，一步一步地终于走到了……是的，孩子……走到了那棵棕榈树前。她后来讲出了当时的情景：“我咬牙站在树前，硬撑着不倒下去。我用尽了力气喊道：‘伍德·哈米德呀！我来到您的面前，求您保佑！我是个受难的人。我将躺在您的陵前，睡在您的树下。您或者赐我死，或者让我活，不实现其中一项我不会离开！’我蜷屈在树下，在阵阵的恐惧中进入了梦境。在半睡半醒之间，我听到了诵读

《古兰经》的声音，一束强光像刀子一样射过来。我心惊胆战地向棕榈俯首叩拜。我的心在剧烈地跳动，好像随时都会从嘴里跳出来。我看到了一位威严的老者，白须白袍，微笑着向我走来。他来到我的面前，用念珠轻拍我的头顶，说道：‘起来吧！’我发誓，我一下子就能站起来了，但我却不知道我已经能站起来了，我也不知道是怎样回到的家。我是天亮时回到家的。我马上把我男人和儿女们都叫醒。我对我男人说：‘快生起火来，放上茶罐！’我对女儿们说：‘快打舌哨欢呼吧！’听见欢呼声，乡亲们都向我家拥来。我发誓，从那以后，我再没得过病，身体一直很好。”

是的，孩子，我们都是不知道上医院的人。小病小伤，比如骨折脱臼，发热、蝎咬，我们就卧床直到养好了为止；碰到大病，我们就去求棕榈。

孩子，我是继续给你讲伍德·哈米德的故事，还是你想去睡觉了？城里人不到深夜是不睡觉的。是他们自己说的。而我们乡下人，什么时候鸟回巢了，牛蝇不拢牛了，树叶不动了，母鸡用翅膀护住小鸡了，山羊侧卧下来开始反刍了，我们也就开始睡觉了。我们跟动物同醒同睡，同呼吸。

我父亲听我爷爷说：从前，伍德·哈米德是一个恶棍手下的奴隶。他信主，是信士之一。但他不敢公开自己的信仰，也不敢公开做礼拜，怕那个恶棍害他。实在没有办法，他请求真主拯救他。有一天，有人呼唤他，对他说：把礼拜毯铺于水边台上，拜完藏于台下。他的礼拜之地就是今天棕榈生长的地方。原来那是个荒凉的地方。伍德·哈米德白天一个人到那里去做祷告，夜里就有人给他送食物来，他吃完后继续祈祷直到天明。那时，还没有我们这个小村子，没有人烟。这些房子、水车、人口好像是一夜之间从地下冒出来的。有人说，他知道这个村的发展历史，说道：“这是说谎！你千万别信！别的地方可能是从小到大一点点发展起来的，但我们这个地方是一下子出现的，一出现就是现在这个样子。人口原来多少，现在还是多少；村容也从没改变。从有我们村的那天起，就有那棵棕榈。没有人知道村子是怎么出现的，更没有人知道棕榈是如何立在河边石台上的，就像一员卫士。”

当我带你参观村子的时候，孩子，你还记得环绕它的铁墙吧？你还记得耸立在石座上的大理石碑吧？碑上是不是刻着“伍德·哈米德棕榈”几个字？你是否记得陵墓上有一个装饰着很多镀金月牙的拱顶？这是自从真主造出这个地方后仅有的新东西。

现在，我该讲的都讲完了。

你明天走的时候——你明天是肯定要走的。你脸发肿，双眼发红——不要骂我们。你应该好好想想我今天晚上给你讲的故事，想想它的好处。你来看我们总归不是什么坏事。

你记得，几年以前，我们这里一下子涌来了很多政府议员和政党要员，乱了好一阵子。通向这里的每条路都塞满了往这里赶的生人。他们一拨一拨地涌向各家的门口，就像被阵阵海浪推来的乱草。这些人都是待一夜就走，没有待过两夜的。但他们却为我们带来了京都的消息：驱除殖民主义的政府已经被一个新政府所代替。我们问他们：“上台的是什么人？”他们不回答。自从我们拒绝了在这里修码头的事儿后，再没有人提过这事儿，从那以后过去了两年。我们也不知道那个政府是黑的还是白的。它的人来过一些，都是看一眼就走了，好在招待他们的东西还够。一直到四年前，也就是新政府上台的那一年。大概这个新政府的当官儿的想让人知道他们，就又派了一个当官儿的来。一天早晨，我们刚睁开眼睛，就看见一个小头小脸却戴着一顶大帽子的官儿带两个当兵的跑到棕榈树那儿去又量又算。我们问他们是干什么的，他们说，新政府想在这儿建一个新码头。我们说，这件事我们原来就没同意，你们以为这次就会同意吗？他们说，那届政府太软弱了，现在，情况变了！孩子，我不跟你细说了，反正最后我们抓起他们的脑袋瓜儿，把他们三个人都扔到水里去了。没想到，过了一个礼拜，来了一队人马，领头的正是那个大帽子底下扣着个小脸的那个人。他命令那些当兵的去抓这个，去抓那个，一共抓了20个人，我也是其中一个。把我们都关到监狱里了。过了一个月，有一天，抓我们的那些当兵的又把监狱的门打开，放我们出去了。我们问是怎么回事，他们谁也不说话。走到监狱外面，忽然看见了聚集着一大群人，他们一看见我们就欢呼起来。一些穿戴整洁的人物走上前来与我们拥抱，他们腕上的金表闪闪发光，头上散发出阵阵香水味。我们来到亲人们面前，人群排成长长的行列，看不到头尾，还有准备好的车马和骆驼。有人说：城里真是乱起来了！我们20个人被要求站成一行，大人物依次走过来与我们握手。先是总理，然后是参议院议长，接着是众议院议长，然后是某某部门的代表，再某某部门的代表……我们20个人你看看我，我看看你，谁也不知道发生了什么事，只觉得手都被握疼了。最后，欢迎的人群跟随我们一直来到棕榈和陵墓前。政府总理亲自为伍德·哈米德的塑像奠基。后来就竖起了塑像，修起拱顶，建起了铁墙，这些你都看到了。就像一阵风刮过，人群来了又都走了，没有人留下来过夜。那一年，我们这儿的牛蝇长得特别肥，它们一群一群地飞来又飞走了，没有哪一只在一个地方多待一会儿。

过后，这群人中的一个人又见到了我，才告诉我这场闹剧的原因：老百姓不满意新上台的政府，都知道它是靠贿赂议员上台的，都等待机会推翻它；下台的反对党也在千方百计寻找能点火的火星以图东山再起。棕榈事件是一颗绝好的火星。当你们被抓起来投入监狱时，报纸马上发了消息，被废黜的前总统马上在议会发表火星四溅的演说，说什么"当权政府的暴行已经达到了极点，它竟然干涉民众的传统信仰，破坏人民心中最神圣的东西！"前总统用一种充满感情的语调说："你们去问问我们尊贵的总理大人，问问他，伍德·哈米德棕榈是怎么回事？问问他是怎么派他的助手和士兵去践踏那块纯洁的圣地的？"这一下，全国所有人的心都被棕榈事件牵动了。所以会这样，可能是每个地方的人都有一面自己能在梦中看见的旗帜吧，就像伍德·哈米德棕榈。就这样，经过了一个月的愤激，呐喊，动乱，50名议员不得不撤回了他们对新政府的支持。因为选举他们当议员的各团体、各部门已经对他们提出了警告，如果他们不这样做，就罢免他们的议员资格。就这样，新政府垮台了，原来的旧政府重新上台。国家第一大报写文章说：伍德·哈米德棕榈已经变成了人民觉醒的象征。

从那以后，我们就再也感觉不到新政府的存在了。再没有什么人物到这儿来访问，好在跟他们这些人物握手已经叫我们厌烦了。我们的生活一切都恢复了原样，没有水泵，没有农业项目，没有船码头，只有我们的棕榈仍旧在下午用树荫遮住河南岸，而在上午，它的阴影可以伸展到田野屋舍，直到圣陵。河仍旧在它下面流淌，像一条神话中的圣蛇。但是，我们已经有了大理石塑像、铁围墙和装有镀金新月的拱顶。

他终于说完了。他看着我，嘴角上挂着神秘的微笑，那笑容就像是微弱的灯光。我问他，“那你们什么时候能有抽水机，农业项目和码头呢？”他低头想了一会儿，说：“等什么时候人们在睡梦中梦不到棕榈的时候。”我问：“什么时候才会这样呢？”他说：“我跟你说过，我儿子在城里念书。不是我让他去的，是他自己偷跑去的。我叫他回来，他不回来。当我儿子的儿子从学校毕业了，当外地来的年轻人多了，可能到那时我们会搞农业项目的。可能那时候也会有码头了，在伍德·哈米德棕榈树下。”

我问他：“棕榈树有一天会倒吗？”他盯住我看了好一会儿，好像是想通过他那两只惊愕的眼睛向我传送无法说出的话：“决不会放倒棕榈！没有这个必要，也不会清除陵园。相反它的地方会一点一点地扩大。棕榈树，圣陵，抽水机，码头，都将扩大范围。”他打住了话头。又用一种异样的眼神看着我。我不知道怎样描述这种眼神，它使我心中浮出一丝悲凉的感觉。那是一种对无法确定的、含混不清的事情的无奈。他最后说：“你明天是一定要离开这儿的。你走后，要记住我们的好，不要随便评判我们！”

[选自伊宏主编：《世界经典散文新编·非洲卷（思想的金字塔）》，北京：百花文艺出版社2001年版。]

第四篇

《圣裔的王冠——约旦王室》节选

风华少年

· 侯赛因在一片祈祷声中诞生

· “人应敢作敢为，不能当胆小鬼！”

· 一场争夺王位的斗争在悄悄地进行

· 塔拉勒加冕后，侯塞因成为约旦王储

阿克萨清真寺的枪声久久地在少年侯赛因的耳边鸣响着，也许，这是他毕生最难以忘怀的一阵枪声。

对侯赛因来说，枪声决不是什么陌生的东西。早在他还是个七八岁的孩子时，就已经扣动过枪的扳机。那是在他刚进入安曼小学后不久。一天课间，同学们正在操场上嬉戏玩耍。忽然，学校附近的一片灌木丛中传来了一阵震耳的枪声。孩子们全吓呆了，吱吱呀呀地惊叫着，慌乱地向屋内跑去。

有几个胆大些的，跑到树丛那边去察看究竟。另有几个则飞也似的去报告了老师。老师也已经听到了枪声，脸色苍白地怔在那里。这时，那几个胆大的学生，拉着两个孩子来到老师面前，其中一个的手里便拿着一支手枪！

“他俩在课间偷偷跑外面玩枪去了！”学生报告道。

老师的脸色气得由白转红，怒冲冲地责问：

“这枪是哪儿来的？”

“是我父亲的……”一个孩子答道。

“怎么会在你手里？”

“我从家里带来的……”

老师狠狠地训斥了他们一顿，毫不客气地没收了这支枪，并立即给孩子的家长打了个电话。这孩子不是别人，就是小侯赛因！

此后，练习枪法，便成了他最喜欢的游戏之一。侯赛因似乎天生便是一个军人，少年时，祖父阿卜杜拉便将他封为阿拉伯军团荣誉陆军上尉，时常让他穿上一身使他显得十分英俊的军装，并佩带上那枚令他后来免受于难的荣誉徽章……

侯赛因似乎自幼便向往当一名真正的军人，因为，他是在听着祖父讲述阿拉伯大起义中种种英勇战斗的故事中长大的，是看着自己父亲塔拉勒在接受军事训练中长大的，是随祖父和父亲经常去参观军事演习中长大的。枪声，对他来说，一点也不陌生。

或许，侯赛因有可能听到，但却并未意识到的第一阵枪声，是1935年11月14日在安曼的上空鸣响的。那是他在母亲扎茵的卧室里呱呱落地的日子。外约旦埃米尔阿卜杜拉的长孙，先知穆罕默德的第39代嫡系传人诞生了，哈希姆家族后继有人了！

消息不胫而走，很快传遍了安曼的大街小巷以至约旦全国各地。安曼的上空，响起了一阵阵欢庆的枪声。宫外，鼓乐齐鸣，歌声缭绕。人们纷纷涌上街头，翩翩起舞。

除侯赛因的父母外，对这一消息最感欣慰的，莫过于祖父阿卜杜拉了。

“至高无上，万颂所归的主啊！您确是全知一切的，您确是万能的！”

阿卜杜拉立即吩咐备车，前往安曼清真寺去礼拜，以感谢真主的这一恩赐。一路上，他看着车窗外欢呼雀跃、载歌载舞的人群，脸上显露出十分自豪、踌躇满志的神色。从这一刻起，他的心已经跟这个小孙子再也分不开了；从这一刻起，他似乎才放心地觉得，自己的事业真正后继有人了。

本来，阿卜杜拉对自己的两个儿子，一直都不是那么满意和放心的。尤其是对长子，侯赛因的父亲塔拉勒，显得更少宠信。

塔拉勒是阿卜杜拉和他的第一位妻子于1909年所生的一个体质羸弱、性格内向的孩子。他长大后，又时时遭受着一种精神病痛的折磨。加上阿卜杜拉性格外露，见不得自己儿子整日里在他面前一副怯生生的样子，对他缺乏耐心的调教，使塔拉勒不仅无法在身心上得到健康的成长，反而在以后病情更加恶化。

1926年，塔拉勒刚满17岁，阿卜杜拉便将他送到英国去上牛津或剑桥大学。为了能顺利地通过入学考试，塔拉勒先上了一段补习班。但因为终究在安曼并未受过系统的现代化的中等基础教育，因此最后也未能进入大学学习，而是被送入了桑赫斯特的皇家军事学院。

阿卜杜拉对这一安排是满意的，他也希望自己这个温文尔雅的儿子最终能成为一个勇武的军人。但他对塔拉勒的生活费用抠得很紧，塔拉勒一个学期只能得到7先令6便士的零用钱。在皇家军事学院学习三年期间，只回过约旦一次。接着，塔拉勒又被送到伊拉克军事学院去学习了一段时间，只是到1931年为祖父侯塞因·本·阿里举行葬礼时，塔拉勒才最后回到了父亲身边。

1934年，塔拉勒与表妹扎茵结婚，次年生下侯赛因后，阿卜杜拉这才对他的这位长子的态度稍有好转。

1935年的外约旦，依然是一个沙漠王国。作为首府的安曼，是一座朴素无华的小城。当时，侯赛因的父亲塔拉勒，年收入不到1000英镑，他和妻子扎茵住在一座有五个卧室但十分简朴的房子里。这便是侯赛因出生和成长的地方。虽然他们是王室成员，但生活条件远不及安曼城内的那些富商。所以，侯赛因幼年时上课的同学和游玩的伴侣，都是一些平民百姓的子弟。

1941年的一天，安曼伊斯兰小学的门外突然响起了一阵汽车喇叭声。守门人往车内一瞧，顿时惊得目瞪口呆。他看见，里面坐着的分明便是王储塔拉勒和他的儿子侯赛因！那时，小侯赛因还不足6岁，穿着一身和普通人家孩子一样的服装，由父亲带着，送到这所学校来上学了。

在这之前，学校的巴尔格长老曾被塔拉勒聘为家庭教师，对侯赛因进行了一段启蒙教育。

"该正式送他上伊斯兰学校了！"十分重视长孙宗教教育的阿卜杜拉严厉地嘱咐儿子道。

于是，便出现了上面这一幕。

塔拉勒一只手搀着小侯赛因，一只手拿着根细长的木棍，对巴尔格道：

"长老，拿着这棍子，好好管教这孩子。让他成为一个用功的学生，一个真正的男子汉！”

在门外偷听的学生，一个个吓得心惊胆战，他们明白，王储的棍子不啻是一柄“上方宝剑”，倒不至于会抽到侯塞因的身上，但自己却免不了将尝到它的厉害了。只听巴尔格长老答道：

“请您放心，不用棍子他也能成为您所希望的那样的人！”

巴尔格执教是十分严厉的，绝不会因为侯赛因是位王室子弟而对他特别照顾，一天，这根棍子终于打到了侯赛因的身上。

那天，巴尔格正在巡视教室，检查纪律。只见侯赛因所在那班的黑板上明明白白地记着他和另外的两位同学的名字，便问：

“这三个同学怎么了？”

“他们一块儿来欺侮我！”班长毫不留情地告了一状。

“三人都站起来！有没有这回事？”

侯赛因低头站着，立即坦率地承认了。巴尔格举起手中的棍子，将这三个学生狠狠地每人重责了四下，这才让他们坐下。学生们都倒吸了一口冷气，见连侯赛因都难以幸免，别人以后就更不敢造次了。

但侯赛因不久却又犯了一次校规，那就是前面提到过的手枪事件！

侯赛因是十分好动的，他从12岁时便开始学开摩托车，到了15岁，已经会驾驶汽车了。学什么，他都有一股坚韧不拔、不畏艰险的劲头。自然，这一切都是瞒天过海，不能让祖父阿卜杜拉和父亲塔拉勒知道的。

一天课后，他拉着两个同学开车出去兜风。一上路，就紧踩油门，把车开得飞快。伙伴们说着笑着，忘掉了一天学习的疲劳，感到痛快无比。车正以飞快的速度向安曼山脚下驶去。突然，路上闪出一个人影，侯赛因一声惊叫一边打过方向盘，一边紧急刹车。车发出一声刺耳的声音，终于在不远处停下。回头看时，那人已倒在了地上……

三个孩子战战兢兢地爬下车来，走到了那人的身边。那是个上了年纪的老人，此时正一动不动地躺在地上。

“快跑！”一个同学喊道。另一个同学立即跟在他后面，拔腿便跑。只甩下侯赛因依然守着那位老人。

“人应敢作敢为，不能当胆小鬼！”侯赛因想。

正当他想把老人扶进车里，送医院去诊治时，那老人却自己站了起来，拍了拍身上的尘土，说：

“感谢真主，还好，没伤着。赞美真主，全世界唯一的主……”说着，竟头也不回地径自走了。

侯赛因长长地吐出了一口气，这时才觉得身上潮乎乎的，刚才吓出了一身冷汗，自己还不知道。

侯赛因也是十分好学的，他并不完全依仗自己的聪明，也的确付出了巨大的努力。上初三时，一次学校举行自然常识考试。为防止作弊，老师采取了让初三学生和高一学生混合编座安排考场的办法，使每个学生的前后左右都是另一个年级的学生。这样，你即使想偷看一下邻座，或想与前后座做些什么动作，因都是不同年级的学生，考题不同，自然便会是徒劳的了！

侯赛因很快就答完了自己的卷子。考试结束的铃声响了，学生们正待交卷离去时，一位老师匆匆走进教室，宣布说：

“这次考试作废，改日重考！”

同学们都愣住了，但立刻便醒悟过来，刚才戏剧性的一幕，肯定有哪位爱管闲事的学生去报告老师了。

原来，侯塞因答完自己的卷子后，因不准提前离开考场，便只得在那里闲坐着。他举目望去，见邻座的那位高一学生正在抓耳挠腮，为几个答不出来的题目苦苦思索着。当时，因已混合编座，故监考时不时便会离开考场片刻。趁监考不在之时，侯赛因凑过去，拿起那份高一的考题，便滔滔不绝地讲起解答的方法来……

那位老师，多年后在自己的回忆录中写道：

“一个初中的孩子，却能为高中生解题，足见他的智慧与勤奋！”

但是，侯塞因少年时的学习生涯，始终是动荡不定的。

外约旦埃米尔阿卜杜拉，从来也没有放弃过干预侯赛因的教育问题。因为，他把继承自己事业的希望全都寄托到了这个聪明干练的长孙身上了。

塔拉勒太孱弱，多年来一直疾病缠身，在一些对外政策上，又与自己持有明显不同的政见，令阿卜杜拉心中十分不快，甚至曾产生过要取消他王储资格的想法。一次，阿卜杜拉在与英国驻安曼大使的商谈中，就曾无意间流露出这一心态。

次子纳伊夫，是他与第二个妻子，一个土耳其籍的女子所生。纳伊夫聪明、乖巧，深得阿卜杜拉的欢心。但他性格外露，脾气火爆，倨傲无理，在亚历山大维多利亚学院学习时，被形容为是个“不可教育的学生”。纳伊夫的所作所为，常常使阿卜杜拉陷入窘境，深感震怒。

阿卜杜拉把自己所有的爱都给了侯赛因！

塔拉勒自然也是非常喜爱自己的这个长子的，他要按照自己的想法，把侯赛因培养成才。他希望侯赛因自小便能受到全面完整的教育，尤其是阿拉伯语语言、文学的正规教育。而阿卜杜拉则强调侯赛因必须自幼便接受正统的伊斯兰宗教教育。由于两人的想法不同，为侯赛因选择的学校自然也就各异。往往会发生这样一种情况，塔拉勒刚把儿子送进一所学校，一年后，阿卜杜拉便会将孙子转入另一所学校。就这样，侯赛因自小学至中学，共转过六所学校。使他刚熟悉一个环境，刚认识一批伙伴，便又转入了另一种环境，另一批伙伴中去。学习的重点，也在不断地变更着……

为此，塔拉勒难免要与父亲阿卜杜拉一次又一次地发生争吵。

羸弱的塔拉勒，怎么斗得过固执的父亲？侯赛因的教育问题，终于被祖父阿卜杜拉一手包办了！

阿卜杜拉不仅对侯赛因所上的学校有自己的选择，而且连侯赛因的暑期生活也作了严格的安排。他在自己的王宫里，专为侯赛因辟出一个书房，每逢暑期，便为他精心挑选一位家庭教师，来此授课。至于教授的内容，攻读的书本，也完全是阿卜杜拉亲自确定的。

每日清晨，侯赛因照例必须在书房内学习两个小时。阿卜杜拉则去办理自己的公务。公务完毕后，便回来检查侯赛因学习的效果。这种检查，照例是十分严格，一丝不苟的。

一天，当侯赛因正专心致志地在教师的指导下学习时，阿卜杜拉突然提前来到了书房，令师生两人都感到有些惊愕和措手不及。

“刚才老师在给你讲解什么？”阿卜杜拉一脸严肃地问。虽然他对这个孙儿疼爱备至，但在学习上，却很少给他一丝笑容。

“老师给我讲蒲绥里的《斗篷》，刚讲到第162节……”

“把157到160节背给我听听！”

侯塞因迟疑了一下，他还没来得及背呢！今天是怎么了，祖父的政事办得如此顺利，早早地便来考我了？但是，凭着他那过人的记忆能力，终于大胆地背诵起来：

“心啊！莫为有大过而绝望丧魂，

大小罪过，至上主都能宽容。

施舍恩泽，主确有区分，

唯视违拗的程度而有所不同。

主啊！莫令我的期盼落空，

莫使我的祈求化为泡影……”

第160节，侯赛因怎么也背不下去了。

阿卜杜拉狠狠地盯了那位在安曼十分有名望的老师一眼，自己接口吟道：

“请在两世把您的仆民怜悯，

仆自能忍，恐怖日召唤必定归真！”

其实，阿卜杜拉心中是十分满意的，学习这些内容，就把阿拉伯文学和他所十分重视的宗教教育结合起来了，就把侯赛因在学校课本上所学的东西进一步深化了。祖父的一番苦心，使侯赛因国王自少年时代便在知识的广阔海洋中得以纵情地遨游。

在每年最炎热的夏天，太阳都会把约旦的大漠烤灼得更加金黄，把滚烫的砂砾燃烧成刚从炼钢炉中喷出的火花，直到似姑娘秀发般乌黑的夜幕轻拂着大地时，才会为它泼下一丝丝凉意。经过那秀发一夜的飘动，终于换来一个凉爽宜人的黎明，一个使人人都会贪恋于残剩的甜蜜梦境中的清晨。这时，不管是死海旁一顶顶黑色的帐篷，还是安曼城一座座白色的砖房，都沉浸在一片寂静之中。而从阿卜杜拉王宫的一间书房里，却传出了琅琅的读书之声。

这便是侯赛因国王少年时代的生活，这便是他自幼就勤奋苦读的写真。他也多么想和其他正在成长之中、十分贪睡的孩子一样舒适地躺着啊，他也多么希望能在这美丽的早晨和少年伙伴一起去郊外的丛林中驱车漫游啊！但是，他知道，比他起得更早的祖父，沐浴礼拜已毕，正在另一间卧室虔诚地背诵着《古兰经》，自己又怎么能扔下慈祥的祖父每天规定的功课呢！

就这样，每一个暑假，侯赛因都是在苦读中度过的。

1949年，祖父终于决定将他送到埃及亚历山大的维多利亚学院去学习了，这对侯赛因来说，真是个莫大的喜讯！阿卜杜拉本想把孙儿送到温斯顿·丘吉尔的母校，英国的哈罗公学去深造的，但也许这样一来，孩子就会离开自己太远，便在最后又改变了主意。

维多利亚学院，是英国设在亚历山大的一所公立学校。这里既教授阿拉伯文，又教授英语，教学的内容和方法都十分新颖，令好学的侯赛因惊喜万分。再说，在这里他可以自由自在地生活，可以和由各地来的各种各样的男孩结伴游戏，又有祖父为他提供的足够的费用供他并不铺张地花费，那情景，恰似一只出笼的鸟儿，来到了广宽的蓝天之中。

不过，每逢阿拉伯国家长达三四个月的暑假，侯赛因照例还是要回到祖父身边，由祖父来为他安排独特的、越来越严格的课程。每逢约旦炎热的夏天，照例可以在清晨听到从他书房窗口中传出的琅琅的读书之声，与早起的鸟儿鸣唱和谐地融在一起，奏出一支十分动人的乐章。

对祖父阿卜杜拉，侯赛因毫无怨恨，并不畏惧，他心中只怀着热爱和崇敬、钦佩与顺从。每当他走进祖父的卧室，都会使他年轻的心灵肃然起敬。祖父的卧室里摆满了书架，书架上陈设着各类学科知识的书籍。桌子上除了办公用品外，竟还摆满了许多物理和化学的实验仪器，不知道的，会以为自己走进了一位科学家的实验室！

阿卜杜拉自己十分喜爱读书，十分愿意学习那些新的在他幼时曾祖母讲的故事中从未听说的事物。他常常觉得奇怪，《一千零一夜》故事里那股从瓶中冒出来的黑烟，现在居然也能从他办公桌上的玻璃瓶中冒出来了，只是未能化成一个能实现他三个愿望的恶魔而已。不过他已深信，科学的发展是能使一切梦想都变成现实的。

阿卜杜拉自然希望侯赛因也能像自己一样喜爱读书，成为一个有着广博知识的继承人。不过，阿卜杜拉心中也十分明白，治理一个国家的知识，光靠书本是学不来的；尤其是治理像约旦哈希姆王国这样的阿拉伯国家，不熟悉国情、民情，不了解与其他阿拉伯各国的关系和复杂的历史背景，不善于和英国那样一些西方大国周旋，更是不行的。

因此，他除了在学校的假期中抓紧侯赛因的学习外，还总是把他带在身边，让他和自己一起参与各种政治活动。他出外视察各部落时，让侯赛因也和自己一样，与在沙漠中游牧的贝杜因人一起生活。住帐篷，吃粗食，用手在同一个盘子里抓起十分简单的食物往嘴里送去，半蹲着和牧民们一起用餐，吃得也只有半饱。

“孩子，一个人只有在他的胃半空时，才会干得更好！”在这种场合，阿卜杜拉往往会当着众人教育侯赛因。

他还常让侯赛因与自己一起出席政府要员们的会议，让侯赛因听着他们议事和自己最后传布的指令。接见外宾时，虽然他自己完全能听得懂对方的英语，却还总要让学得并不太多，讲得还不太熟练的侯赛因在一旁担任翻译，以锻炼他的语言和外交能力。空余的时间，便为他讲解民情、国情、世情和约旦王室的历史、规矩、礼仪及做一个国王应负的责任。

“孩子，你要记住，人生最重要的是决心和毅力，是不管遇到何种艰难险阻都准备献出自己最美好一切的精神。只有这样，才能对得起真主，对得起自己的良心！”

1951年的暑期，侯赛因又从埃及亚历山大的维多利亚学院返回到祖父阿卜杜拉国王的身边。除每天坚持不断的早读外，侯赛因几乎始终不离左右地跟在祖父身边，陪他一起参加各种活动。

黎巴嫩来约旦访问的贵宾遇刺那天，父亲的旧病复发，正在瑞士的医院里就医。叔父纳伊夫则因为当时局势比较紧张，不知跑到哪儿去了，在阿卜杜拉身边的亲人，只有少年侯赛因一个。

阿卜杜拉在一阵狂怒平息之后，抚摸着侯赛因的肩头，悲痛地说：

“今天是我一生中最难过的一天，在这危急的时刻，一个儿子有病，还需我操心，另一个又不知跑到哪儿去了……”说着，只是把一双充满期望的眼睛久久地盯着眼前这个英俊的少年。侯赛因明白了祖父想要说的那句尚未出口的话，感受到了祖父那目光中所包含的分量，但他，一个此时还不足16岁的少年，却还远没有想到不久之后他的稚嫩的双肩将会压上一副怎样的重担！

“孩子，我希望你能懂得，可能在某一天，你就要担起重任。我只能依靠你去继续我的努力，去创造奇迹，不使我的努力付诸东流。我要依靠你去继续服务于我的人民……”

侯赛因当时并不明白，祖父为什么在那些日子里跟自己谈得那么多，那么深，那么满怀忧虑和期望。侯赛因更不明白，祖父在那些日子里为什么会常常提到一个“死”字。他理所当然地陪同祖父于1951年7月20日去阿克萨清真寺做聚礼，他非常顺从地按祖父的话穿上军装，佩戴徽章出席了这一十分庄严肃穆的宗教活动，他一步也没有离开祖父阿卜杜拉的左右。

于是，他听到了那一阵枪声，一阵他终生都难以忘却的枪声……

约旦阿拉伯军团空军部队副总指挥，那位名叫约克·达格利什的英国军官，用飞机把还未能完全从阿克萨清真寺激烈的枪声中回过神来的少年侯赛因从耶城送回了安曼。随后，空军指挥员比尔·菲希尔中校亲自驾驶的飞机也抵达了，运送的是约旦哈希姆王国国王阿卜杜拉·本·侯赛因的遗体。

约旦，沉浸在悲痛之中；王室，沉浸在悲痛之中；侯赛因，沉浸在悲痛之中……

在这些悲痛的日子里，侯赛因只知道，抓获了几名凶手的同谋犯，对四个被证明曾参与这项阴谋罪的人判处了死刑；同时，他被告知，这项阴谋有可能涉及埃及的某种势力，因此，他再也不能去亚历山大的维多利亚学院继续学习了。

侯赛因还未能清晰地感觉到的是，在这些日子里，宫廷内外，正笼罩着一片有关王位继承权的黑压压的政治乌云。

父亲塔拉勒这时还远在瑞士的一家医院里治病，叔父纳伊夫因“国不可一日无君”而被立即宣布为“摄政王”。显而易见，纳伊夫也是有他自己的支持者的。虽然他并不像塔拉勒那样受人喜爱和尊敬，但阿拉伯军团中的一些军官明显地站在他的一边。

纳伊夫紧锣密鼓地采取了一些措施。

部分王室成员和政府官员组织了反对塔拉勒的阴谋活动。他们以“按继承法，王位继承人应身心健康”为由，企图阻挠塔拉勒回国，并取消他继承王位的资格。

英国政府，因塔拉勒某些政见明显与其父阿卜杜拉不同而乘机加速与这位摄政王进行接触。

美国总统杜鲁门在这关键的时刻打电报给塔拉勒，问候他的病情，以此来明确表示他们承认塔拉勒为王位的合法继承人。

官员们一个个焦虑不安，私下在纷纷辩论：“塔拉勒到底是否是合适的人选？”

纳伊夫筹划着在哥哥返回以前尽快举行加冕典礼。

这时，侯赛因的母亲扎茵站出来说话了！

谢莉法·扎茵本来是一位十分聪明又美丽动人的女子，年轻时曾和父亲在开罗度过了几年十分开放、非常愉快的日子。她见过开罗上层社会那多姿多彩的生活，接触过许多英法和阿拉伯各国官员的家眷，对许多事情，自然是颇有见地的。

当时，公公阿卜杜拉向她父亲所作的阿拉伯传统提亲方式，曾使这位在一定程度上已有些欧化的少女感到十分惊讶。但十分贤淑的扎茵很快就成了一位贤妻良母，并因生下侯赛因而大受阿卜杜拉的宠爱。尽管如此，扎茵是从来不干预公公和丈夫的政事的。现在她却必须出来说话了。

“这会毁掉侯赛因继承王位的机会，会完全背离公公生前的愿望，会使我们这一家从此在王室中消失的……”扎茵想。

于是，扎茵坚决要求，把阿卜杜拉国王的葬礼，推迟到他的长子塔拉勒完成治疗以后！

显然，在未举行葬礼之前，是不能进行新国王的加冕典礼的。而由长子来出席葬礼仪式，自然完全是顺理成章的事。事有凑巧，塔拉勒的病情，正于此时得到了明显的好转。

侯赛因清楚地知道，父亲和蔼可亲，心地善良，为人正直。他还记得，自己小时候经常喜欢坐在父亲身边，听他讲许多动人的故事。宫廷里，上上下下，几乎没有人是不喜欢他的，若不是因为有病，父亲肯定会和祖父一样，成为一个非常称职的国王。

在下面议论纷纷的政客们也想起了一件往事，想起了阿卜杜拉国王对塔拉勒和侯赛因所寄予的厚望，使他们的政治天平，开始侧向了塔拉勒的一边。

那是1948年6月发生的一件事。

阿卜杜拉国王当时正准备赴国外去访问，临行前，把国事托付给塔拉勒，并当着许多大臣和要员，对塔拉勒说出了一番话来：

“孩子，托靠真主，明天我将先后去埃及、利雅得、巴格达进行访问。我祈求真主使这次访问成功，为阿拉伯人民和整个伊斯兰世界带来裨益。

“孩子，依照宪法，你将代理国王，你本来就是国王的帮手。前几天，我一直企盼着能见到你，就一些问题与你交换意见。但据说，你在宫中闭门不出，但愿这不是因为疾病的原因。

“孩子，你要知道，我希望每一天，每一时刻都能见到你。因为，你是我的左右手，我的宝贝。你是王储，是我的接班人。对我来说，没人比你更亲近，更珍贵。愿真主使你心地善良、聪明机智、意志坚强！

“孩子，我要将国家大事托付与你。但是，我也要明确地告诉你：生活就是战场，就是搏斗，充满艰难险阻；生活的道路上铺满荆棘，障碍重重。只有心胸开阔，性情温和，聪明机智，意志坚强，方能取得成功。

“孩子，我年事已高，可说阅历颇深。我经历过人间沧桑，承受过别人未曾承受的磨难艰辛。多少谎言责难，多少明枪暗箭，多少阴谋诡计，甚至会从亲朋好友中，一个个向我投来……

“孩子，你正处于一生中最精力旺盛的时期，处在年富力壮的时期，美好的未来在等待着你。你应该学会宽容、忍耐，遇事不惊，处之泰然……”

说到这里，阿卜杜拉停顿一下，喘了口气。在座的人，一个个噤若寒蝉，鸦雀无声。这时，激动万分的塔拉勒，离座而起，一下跪在父亲面前，抱住他的双膝，亲吻不止。两行泪水，噗噜噜地倾注在大厅的地毯上。阿卜杜拉立即起身将塔拉勒扶起。见此，大臣们一个个也都站了起来。只见阿卜杜拉一把将塔拉勒搂进怀里，热烈地亲吻着他的双颊，泪水也禁不住涌流而出。

面对此情此景，人人伤感，人人动容。

阿卜杜拉接着说道：

“孩子，你要沿着真主指引的道路走下去，沿着先辈开创的道路走下去！须知，你是圣裔家族的一员，你应坚定信念，履行职责，承受一切灾难，直至达到目的，实现愿望，为这个民族取得胜利与成功。愿真主佑助你！”

还有什么，能比阿卜杜拉的这番感人肺腑的谈话更能说明他对塔拉勒所寄予的厚望？还有什么，比塔拉勒在代理国王执行时兢兢业业的工作态度更能说明他完全可以担此重任？

约旦哈希姆王国的绝大多数爱国主义者和民族主义者都决定支持塔拉勒回国继承王位。约旦政府派出代表去瑞士与塔拉勒进行会谈，以取得他继续执行父亲与英国友好政策的保证，并商谈他回国继位的事宜。

与此同时，为保证局势的稳定，两个贝杜因团的部队，从扎尔卡开到了安曼！

纳伊夫闻讯，立即离开了约旦，直到1983年客死他乡，方将他的遗体运回，安葬在安曼北郊哈希姆家族的墓地里，并为他举行了王家葬礼。

1951年9月5日，约旦议会正式宣布，拥立塔拉勒为约旦哈希姆王国的国王。

9月6日，塔拉勒返回安曼，在参加了父亲阿卜杜拉的葬礼仪式后，立即举行隆重的加冕典礼。

9月9日，侯赛因・本・塔拉勒被正式宣布为约旦哈希姆王国的王储。

塔拉勒国王执政后，约旦的对外方针还是发生了虽不是根本性的却也是十分重要的变化。这并不违背他与政府代表在瑞士的医院里谈判时所作出的保证。因为，有些政策上的变化，在前国王阿卜杜拉当政的后期，已经在悄悄地进行了。例如，阿卜杜拉后来与叙利亚建立了外交关系，1951年5月5日和埃及签订了通商条约，并与美国签订了一系列的协定。凡此种种，都说明阿卜杜拉在晚年时，已开始试图逐渐改变单纯依靠英国的政策，而想要执行多极化外交了。

塔拉勒在即位后的两个星期，便批准了一份拒绝“建立伊拉克约旦联合方案”的备忘录。不久，又主动派代表去叙利亚，进一步改善叙约的双边关系。

1951年11月1日，约旦议会召开秋季例会，塔拉勒国王在开幕词中，对与阿拉伯各国的关系问题作了长篇的讲话。讲话指出，约旦政府支持阿拉伯各国民族独立的愿望，希望在阿盟章程的范围内加强与阿拉伯各国之间的合作。

11月3日，塔拉勒又派约旦首相陶菲格・艾布・胡达去访问叙利亚。陶菲格受到叙方热烈欢迎，双方签订了贸易、经济等多份协议。

11月10日至18日，塔拉勒国王亲自出访沙特，以表明约旦将对与其毗邻的阿拉伯国家，采取和解的政策。

1952年1月1日，塔拉勒国王由海路前往欧洲访问，途经亚历山大港时，与埃及国王法鲁克举行了会晤。此行往返都经过大马士革，叙利亚领导人予以盛情接待，塔拉勒也向叙利亚总统发出了访问约旦的邀请。

1952年3月19日，安曼披上了节日的盛装，竖立起彩色的拱门，热情非凡地欢迎叙利亚总统法齐·塞卢和总参谋长阿迪卜·施舍克里率领的官方代表团来这里进行正式访问。

当代表团路过叙约边境，看到那块立在边境线上的界碑时，施舍克里上校感慨地说：

“应该马上把这块界碑从两国的边境去掉，它令我们想起了丑恶的殖民主义所造成的分裂之苦！”

叙利亚总统接口道：

“叙约两国有今天如此亲密的关系，应归功于塔拉勒国王啊！

这次访问的结果，两国达成了几点共识：

1. 两国建立长期的友好关系。

2. 取消双方入境签证的手续。

3. 准备签署有关取消或调整两国关税的协定。

4. 统一两国教育大纲。

5. 两国在军事领域密切合作。

在两国的会谈中，还讨论了共同利用叶尔穆克河水的问题。

塔拉勒在遵守承诺，保持与英国政府的传统友好关系的同时，开展了多边外交。1952年，约旦与美国签订了一系列的经济协定。塔拉勒通过与美国接近，来进一步巩固自己国王的地位和国家的独立。

在对内政策上，塔拉勒也作了一些大胆的革新。他在重新审查约旦哈希姆王国基本法的基础上，于1952年1月6日颁布了约旦的一部新宪法。塔拉勒在这部新宪法中削减了自己作为国王的某些权力，给予下议院更多的实权，实行政府对议会负责的原则。若议会中有2/3的多数对政府投不信任票，则内阁应集体辞职。这样的宪法，如果没有得到首相及其他内阁大臣的支持，是根本不可能通过的。而在选举议长、审判长等方面，下议院的权力都相应地扩大了。自然，作为国王，仍然有较大的权力保留在塔拉勒手中。

总之，塔拉勒在位的几年，是约旦哈希姆王国在教育、社会、立法、外交等方面复兴与改革的开端。连英国的有关人士也不得不承认："塔拉勒在短暂的统治期间，显示出自己是一个思想解放、主张进步的统治者！"

但正当塔拉勒国王在全力复兴约旦的时候，他的病情却又突然恶化了……

[选自杨孝柏、赵培森、王德新：《圣裔的王冠——约旦王室》，北京：社会科学文献出版社1998年版，第13—153页。]

加冕典礼

·哈罗山下的沙漠王子

·“他将来会证实，自己是一个强有力的统治者！”

·侯赛因国王加冕，耳边响起母亲的教导……

侯赛因怎么也没有想到，从埃及亚历山大港维多利亚学院回到安曼来度过的1951年暑假，会发生这样一连串令他震惊得几乎喘不过气来的事件！

先是祖父阿卜杜拉遇害，并且连自己也差点丧命；后来又发生了宫廷变故，他十分热爱的母亲在那些天里变得意外地严肃起来，再后来便是父亲塔拉勒从瑞士回来，举行加冕典礼。而随之而来的，便是他，侯赛因·本·塔拉勒，于9月9日被宣布成为约旦哈希姆王国的王储！

这一切都来得太突然了。

是的，他早知道祖父阿卜杜拉国王一直对他寄托着莫大的希望，一直把他带在身边，要培养他成为自己事业的继承人，但他毕竟还是个孩子，还是个再过两个月才满16周岁的孩子。他可以顺从地按照祖父的安排在暑期里每天孜孜不倦地早读，他可以规矩地跟在祖父身边去参加各种政事甚至军事活动，但他也要和其他孩子一样，有自己可与随意谈笑的伙伴，有自己十分醉心的游戏。

哦，维多利亚学院！他多么希望能尽快回到那五彩缤纷的天地中去啊！在那里，除阿拉伯文外，还有令他感到十分新鲜的英语课程；在那里，除阿拉伯学生外，还有来自各个国家的孩子，谁也不用问对方具有什么身份，谁也受不到各种烦琐规章的拘束，他仿佛畅游在亚历山大的海滨，畅游在一个自由自在的天地里。

但他已经再也不能返回维多利亚学院了，且不说祖父遇刺的事件传闻与埃及的某种势力有联系，为了安全，父母不可能再让他返回那里，就是他这王储的身份，也使他不便在一个为公众开放的学校里学习了。

是的，他现在已经是约旦哈希姆王国的王储，一个少年英俊的沙漠王子，一个未来的国王。千百双眼睛在盯着他，烦琐的礼仪在约束着他，新闻媒体在注视着他，不管他愿意不愿意，只要在公开场合一露面，他的一举一动，便立即摄入了众人的眼里，他的一言一行，便立即印入了人们的脑海。

侯赛因终于开始懂得，作为约旦王室的一个成员，作为约旦王国的一位王储，隐姓埋名已不可能，随意行动也成空想。也许，不知哪一位摄影师，会从不知哪个角度，把他不知哪种神态摄入镜头，披露于报端：也许，不知哪一位记者，会从不知哪个场合，记下他不知在何种前提下说出的片言只语，刊登于版面。他要像成千上万普普通通的同龄孩子一样健康活泼地成长，慈祥的父亲塔拉勒和母亲扎茵也希望他能像一般的少年那样自由自在地成长，但一切已不可能，他必须远行，必须暂时地离开这个地方！

父母为他选择了英国的哈罗公学！

那是一所当初祖父阿卜杜拉本想让他去就读的著名学校，是温斯顿·丘吉尔爵士的母校，是一所据说专门造就名流的贵族学校。在那里，侯赛因将会十分安全，而且将会为他日后继承王位打下坚实的基础。

可是，维多利亚学院虽然也是一所英国人开办的学院，但毕竟设在埃及，设在一块阿拉伯国家的土地上。而哈罗公学却不同，它远在伦敦附近的那座哈罗山上。那里有奇特的风情和截然不同的文化传统，他能入乡随俗吗？那里严格的规章制度和别具一格的饮食习惯，他能适应得了吗？那里所开设的，肯定有别于维多利亚学院的课程，他能衔接得上吗？

1951年9月下旬，侯赛因怀着一颗忐忑的心，和与他年龄相仿的堂兄，伊拉克王储费萨尔一起跨进了哈罗公学的大门。

美丽的哈罗山，在浓雾的缭绕中仿佛耸立在那里的一个身披薄纱的神女。山上那座建于中世纪的古老的圣玛丽教堂，不时传来一阵阵清脆悦耳的钟声。虽与安曼山下清真寺的尖塔上传出的宣礼声迥然不同，但给人一种同样神圣的感觉，让人同样会产生一种肃穆之情。

而学校里的同学，除他们两人外，几乎都长着同样的肤色。那么白皙，白里微透着淡淡的红。眼睛，有蓝的，有灰的，有褐色的；头发，有的金黄，有的深棕，有的银灰；而名字，不是叫杰克，就是叫艾伦，或者阿诺德什么的。像他们叫侯赛因、费萨尔这种在阿拉伯国家非常有名十分普遍的名字，这儿的孩子们却从来也没有听说过，而且也叫不出口。

侯赛因简直无法想象的是，连语言竟也是十分不同的！在维多利亚学院，侯赛因学习英语十分努力，成绩也十分优异。为祖父担任翻译时，虽也有些困难，但大致还可以串下个意思来。而在这里，同学们说英语时带着浓重的口音，讲话往往像发射连珠炮似的。连老师讲课，也滔滔不绝，速度奇快，侯赛因几乎连一句话也记录不下来。

尤其令他无法忍受的是，刚开始的几个星期，同学们对他和费萨尔都避而远之，态度冷漠。远远地站在一边，用一种猎奇的目光，把他们一遍遍从头到脚地打量着，甚至在暗中窃窃私语地议论着。却没有一个人过来和他们说话，连互相之间善意地或者恶意地起个外号，竟也没他俩的份！

圣裔先祖的血液在侯赛因的心中涌动着，不向逆境低头的性格开始引导他采取行动，他决定一切从头学起，一切从零开始。

当时刚第二次出任英国首相的温斯顿·丘吉尔，经常带着他的私人秘书约翰·考尔韦尔作为哈罗的两名老校友回这里来访问，还常常和孩子们一起放声歌唱那几首古老的校园歌曲。一次，当两人又来哈罗时，约翰·考尔韦尔把校长叫到一旁，问：

“两位阿拉伯王子在你这儿过得如何？”

校长沉吟片刻，款款答道：

“费萨尔是个十分规矩、文静的孩子，温和谦逊，从不惹事，会成为一个不错的立宪君主的。侯赛因的性格则非常活跃，很有主见，不受约束。他定会在困难中成长，困难定会将他的性格磨炼得更为鲜明。他将来会证实，自己是一个强有力的统治者！”

哈罗公学的校长，之所以能作出这番评价和判断，是因为，他的确看到了侯赛因在这所学校所作出的一切努力。

首先，侯赛因暂时忍痛放弃了自己所十分热爱的阿拉伯文，集中全部精力，利用一切时间，通过各种方法来狠补英语；其次，他尽量忘掉自己王储的身份，像一个普通少年一样，以十分热情友好的态度主动和身边的伙伴接近；最后，凡遇到学校的任何教师，任何职工，任何同学，他都彬彬有礼，不厌其烦地向他们道声："早安""午安""晚安"或"How are you！"……

事情在不知不觉中发生了变化。

侯赛因永远也忘不了那一天。正当他站在操场边痴痴地看着一群蓝眼睛、灰眼睛、褐眼睛玩球时，没想到那个抛来抛去的球一下却向他那黑色的双眼前投来。一句十分热情的喊话也随之飘到他的耳边：

"侯赛因，接球，It's your turn（该你了）！"

侯赛因用双手把球抱在胸前，热血一下从心中涌到脸上，兴奋得简直无法形容。同学们终于不再把他看作异类，终于用英语喊出了他那神圣的阿拉伯名字，终于接受他为这个著名的哈罗公学的一个普通成员了！

又过了几个星期，他身边已围集了许多好友，时常在一起谈笑。语言再也不能成为他们的隔阂，种族再也不能成为他们的嫌隙。而身份，早被大家抛之脑后。唯有他所住的帕克公寓的舍监斯蒂文森先生，还时时不能忘记他是一位"沙漠王子"，处处小心着唯恐发生什么意外。

是的，在哈罗学习期间，侯赛因住在帕克公寓里。房间虽小，但被他布置得非常整洁、明亮并富有阿拉伯的特色。在房间的一隅，他为自己辟出了一块做礼拜的地方，铺着从约旦特意带来的礼拜毯。虽然身在异乡，但一天五次礼拜，是笃信伊斯兰教的侯赛因必做的功课。在一面墙上，侯赛因端端正正地刻上了自己的名字和阿拉伯字母的缩写。每当看到这个名字，他就能想起自己的父亲、祖父和历代的先辈，他就能想起自己将要肩负的重任……

侯赛因的房间，一下便在哈罗公学中出了名，成了个模范宿舍。

在哈罗，侯赛因依然坚持在祖父影响下养成的每天早起、沐浴礼拜的习惯。他将房间整理得干干净净、一尘不染后，开始把衣服熨得没有一丝皱纹，把皮鞋擦得精光锃亮，这才去和同学一起用早餐、上课，他要和那些自小便十分讲究绅士风度的英国少年们竞争。他，这个从大漠椰林中来的贝杜因祖先的子孙事事都要超过他们！

“我非常喜欢竞争，尤其当竞争的结果与我十分有关的时候。”

侯赛因时常对已成为他最亲密的朋友、他的堂兄费萨尔这样说。

在哈罗公学学习的一年多时间里，侯赛因的剑术和汽车驾驶术也有了突飞猛进的提高。舞剑和驾车，是他最酷爱的两项运动。他认为，这两者最能体现一个人的胆略和敢于向困难挑战的精神。

祖父阿卜杜拉在侯赛因很小的时候就开始向他传授阿拉伯剑术了，并要求他坚持不懈地每日演练。阿卜杜拉深信，这是培养他阿拉伯人英雄气概，尚武精神的最好方法。而阿卜杜拉本身所具备的那种不屈不挠的精神，也确实通过每天剑术的演练，传入了他最宠爱的长孙侯赛因的血液之中。舞剑，已成了侯赛因每日生活中不可缺少的一部分。

在哈罗公学的课余时间，他每天都要站在操场上一个僻静的角落，旁若无人地舞动起他那柄阿拉伯的宝剑。剑光闪处，那种勇猛顽强，所向披靡的感觉就会油然而生。他好像又回到了贝杜因人的大漠之中；他好像又骑上单峰骆驼，穿过柳林，飞快地向前挺进；他好像参与了祖父阿卜杜拉所率领的起义部队，高喊着“安拉至大！”正向土耳其奥斯曼帝国的敌兵发起猛冲。他感到了一种只有阿拉伯人才能感到的无比的自豪，把在异国他乡所遇到的一切烦恼都抛入了哈罗山上的天空。

舞剑之外，便是开车。

在约旦，他偷偷地学会了开车。每当他想一试自己的车技，和小伙伴们出去兜风，便只能瞒着家人，跑外面借朋友的汽车，稍稍过一下瘾。自从那次差点把一位老者撞伤后，更是不敢随意驾车了。可在这里，再没有家人的监视。怎能不加紧练习车技呢？而且，就在此时，父亲塔拉勒在英国的一位好友送给他一辆蓝色“罗弗”牌小轿车。

按哈罗的校规，是严禁学生在学习期间有车、开车的，更不要说在学校里停放车辆了。这辆侯赛因爱不释手的蓝色宝车，是绝不能让帕克公寓的舍监斯蒂文森先生看见的。必须把它停放在学校附近一个靠得住的地方，以便在课余时间去练习他的驾驶技术。

约旦驻英国大使，不失时机地给这位王储帮了个忙，把离学校约一公里远的一位修车铺主莫里斯·雷诺介绍给了侯赛因。于是，他那心爱的“蓝精灵”便有了自己的窝——莫里斯·雷诺的车库。

“侯赛因真是个出色的学生！”经过一段时间的相处，雷诺喜爱上了这个把车存在他那里，并经常虚心向他讨教驾车技术的少年。雷诺甚至帮他拿下了英国的驾驶执照。

“雷诺一生的爱好就是汽车！”侯赛因发现，雷诺不仅是个熟练的汽车修理工，而且对各种各样的汽车，近乎呵护自己孩子般地爱好。

一个从阿拉伯大漠来的王子和一个汽车修理铺铺主兼工人的普通英国公民在哈罗山畔结下了深厚的友情。

数年后，当侯赛因国王正式执政后，他把雷诺一家接到安曼，聘任他为王宫各种汽车的总管。侯赛因国王还经常偷闲悄悄只身来到雷诺那安静和睦的家里，以暂时摆脱宫廷中那些繁重的政事，轻松地和雷诺一起品尝他妻子所烹调的英国式晚餐，回忆哈罗山下纵情驱车的一件件往事……

约旦驻伦敦大使法齐·穆尔基对王储的关怀与照顾自然不会仅限于为他找到一个存车的地方，他似乎只要有可能便来帕克公寓关心一下侯赛因的生活，以致舍监斯蒂文森先生开始抱怨他打破了公寓的章程。

伦敦离哈罗山并不遥远，但那里的周末却总有许多令人目眩的晚会、舞会等社交活动。法齐·穆尔基往往会把侯赛因接去参加，使他得到了在学校所无法想象的另一种乐趣。

约旦驻伦敦使馆的各种政治性活动，大使自然也尽量要让这位王储去出席的。每逢这种场合，侯赛因往往会被法齐·穆尔基那种十分强烈的民族主义精神所感染，使他一次又一次清晰地感觉到自己是哈希姆家族的继承人，一次又一次回顾起自己的家族在阿拉伯人民摆脱奥斯曼帝国统治中所起的作用。

在哈罗的日子，变得越来越丰富多彩，令人惬意。侯赛因早已适应了公学里那些清规戒律和严格的管理制度，他在这里学到了许多知识，积累了许多阅历。和知己密友伊拉克王储费萨尔——也是他堂兄——聚坐在自己屋里那块波斯地毯上时，他可以追忆沙漠的生活；和大使及使馆官员一起出席那些社交活动时，他可以感受民族的荣耀；和英国的少男少女在一起游戏、跳舞时，他会被自己终于赢得的友情、尊敬和热爱而感到陶醉。

在哈罗的日子是有益的，侯赛因终于认识到，像哈罗公学这样的学校“可以使同学们根据自己的情况来约束自己，并为他们提供了迅速成长的机会。”

但这种有益而又惬意的哈罗生活，却很快就要结束了。这是侯赛因怎么也没有想到的。

1952年暑期，侯赛因和他的弟弟哈桑，受到母亲的召唤，来到瑞士日内瓦度假。侯赛因所日夜思念的母亲，在他的心目中“是一位令人钦佩的女人，不仅美丽，而且聪颖”。侯赛因曾说：“母亲的教导、鼓励和劝告，对我起了决定性的影响作用。”

在日内瓦美丽的莱芒湖（即日内瓦湖）畔，侯赛因终于又见到了分别近一年的母亲和弟妹。他们在莱芒湖边华丽的布利法格旅馆里度过了几天十分愉快的假日，然后准备赴巴黎去探望于1952年5月便被送往那儿养病的父亲塔拉勒国王。

1952年8月12日下午，母亲带着弟妹们去近处闲步购物了，侯赛因独自一人静静地坐在旅馆门前的花廊里，眺望着莱芒湖一片碧蓝的湖水。远处，青葱的树丛中不时飞起几只洁白的鸟儿，俯身掠过水面，又立即向蓝天跃去。只留下一道道涟漪，在湖面上轻轻回荡。

突然，一位身穿深红上衣，黑色裤子的侍者，来到了他的身边。用戴着一副洁白手套的双手，托着个在阳光下发出耀眼闪光的银盘，恭恭敬敬地递到了他的面前。见是一位年轻清秀的侍者，侯赛因友善地微笑了一下。但当他的目光触及银盘中放着的那封信，看到信封上写着的那行字时，脸色一下变了！

“侯赛因国王陛下敬启。”信封上明明白白地这样写着。

侯赛因用微微发颤的手取过信，完全没察觉那侍者已悄悄离去。当他把信拆开后，眼中闪出了一丝泪光。

自己和母亲、弟妹即将去探望的父亲，但他的病情已经恶化，由两位外国名医组成的会诊小组，已作出塔拉勒不宜再继续治理国事的结论。三位约旦的医界高手，也确认了会诊小组的意见。1952年8月11日，约旦参议两院进行了长时间的讨论，终于以多数通过了终止塔拉勒王权的决议，并宣布由其长子、王储侯赛因继任王位。

侯赛因事后才知道，父亲十分有风度和涵养地接受了约旦政府的这一决定，对政府能为国家作出考虑得如此周到的决议表示感激，并祈求安拉保佑约旦，保佑他的孩子侯赛因，保佑约旦的人民大众。

塔拉勒后来去伊斯坦布尔休养并在那里去世，遗体运回安曼，安葬在哈希姆墓地。这是后话。

而当时，茫然地遥望着莱芒湖水的侯赛因，只觉得水和天已连成了一片，那样宽阔，那样渺无边际，而还不足17周岁的他，恰似空中的那只小鸟，不知该往何处飞去……

侯赛因和母亲、弟妹，接信后便登上了返回安曼的飞机。侯赛因一路都陷入沉思之中。

“我再也没有机会当学生了。会有些什么样的事情在等待着我？以后还能为自己安排生活吗？”

1952年8月中旬的一天下午，天气热得出奇，当飞机徐徐降落在安曼马夫拉克机场，机舱的门终于被打开时，一阵火一般的热气迎面扑来，令满怀忧伤的侯赛因更觉得焦躁不安。

机场上，举行了正规隆重的欢迎仪式，所有政府要员和社会名流都恭恭敬敬地列队站在那里欢迎这位年轻国王的驾到。仪仗队在军乐的伴奏下整齐地肃立着，等候他进行检阅。

一切礼仪终于执行完毕，首相陶菲格·艾布·胡达陪同他登上汽车，从机场驶往安曼的王宫。途中，首相只是毕恭毕敬地端坐着，一言不发，已完全不似侯赛因原来所熟悉的那样在他面前谈笑风生。

“从现在起，事情永远将这样了！”侯赛因想。

车窗外面，热风一阵阵逼来，车队急驶而过的路面上，扬起了黄色的尘沙。路两旁的树丛似乎也被晒得要冒出火来，枝叶无可奈何地下垂着。侯赛因心中更觉烦躁，只盼能快些回宫，可以避开众人，好好地静下来休息一下，思索一下。

谁知，车队刚驶入安曼市区，欢呼声便惊天动地地向侯赛因耳边传来。

“侯赛因国王万岁！”

“热烈欢迎侯赛因国王！”

安曼的男女老幼倾城而出了，车队被欢呼的人群挤得水泄不通，只能十分艰难缓慢地向前移动。武装部队组成的警戒线已被冲开，军人和市民们在一起歌舞欢庆。妇女们打着花舌发出欢叫声，如阵阵云雀的鸣唱在空中回荡。鼓乐声此起彼伏，不绝于耳。大街小巷已被彩旗飘带打扮得绚丽斑斓，仿佛又迎来了一个百花齐放的春天。

面对着这些热烈欢呼、激动无比的百姓，侯赛因的心被强烈地震动了。胸口仿佛被炎夏中的一阵凉风吹拂着，只觉得那样轻松，完全消除了原有的焦虑。

“一个人如果不能为自己作出承诺，并向真主作出承诺，他将为人民献出一切以不辜负人民的信任，是得不到这样的欢迎的。我希望人民能够了解，我是一个言而有信的人！”侯赛因国王激动地对身旁的首相说。

这时，侯赛因回想起来，祖父阿卜杜拉和父亲塔拉勒曾不止一次地向他描绘过，就在17年前，就在他于1935年降生的那天，安曼城里也出现过如此热烈的欢庆场面，莫非，这便是历史的巧合？不，安拉是万能的，独一无二的真主是全知一切的。

“主啊，保佑我的王国和人民吧！”侯赛因在心中默默祈祷着。

那天晚上，侯赛因在宫中睡得分外安稳，也许是因为白天从日内瓦赶回安曼经过了一日的劳累，也许是因为百姓的信任和拥护消除了他的不安。当他清晨醒来，觉得自己又恢复了一个17岁青年那充沛的精力，情绪十分饱满。

沐浴礼拜既毕，站在窗前，他想起了祖父阿卜杜拉的弟弟，伊拉克国王费萨尔一世曾对人们说过的一句话：

“我生活中的两大动力，就是工作和忧虑！”

那位国王的长孙，自己的堂兄费萨尔，在哈罗公学里也曾经常和自己提起过这句话。他俩当时便体会到，一旦登上王位，就意味着“工作和忧虑”。莫非，这两大所谓的“动力”，从今天起就要压在他仍稚嫩的肩上，不管他愿意不愿意，驱动他生活的车轮向前行进?

按照约旦的宪法，国王要满18岁方能加冕，行使王权。侯赛因离18岁还有一年多的时间。约旦政府决定，在这段时间里，成立以首相陶菲格·艾布·胡达为首的摄政委员会，代行国王的职务。

侯赛因高兴得几乎要跳起来了。这意味着他还有一年多的自由，还有一年多的时间来为日后的“工作和忧虑”做好更加充分的准备。主啊。您太英明了！

在舅舅谢里夫·纳赛尔和表兄扎伊德的陪同下，他先到全国各地去视察了三周，大致了解了一下全国各地的情况。所到之处，人们都被他那友善的风度、高贵的气质、英俊的外表深深吸引着；人人都祈求安拉佑助这位青年，把约旦建成一个更加美好的国家。

视察归来，便准备整装运行，去完成他最后一次学业。

这次他选择的是英国桑赫斯特军事学院！

他必须考虑一年后接管国家权力的需要，去接受十分严格的军事和纪律训练。他想起父亲曾对自己说过：

“一个人没有受过军事训练，是不可能统治一个国家的。而世上没有哪个地方，能像桑赫斯特军事学院那样授人以纪律！”

父亲的话是不会错的，他自己就是那里的毕业生。再说，一旦登上王位，就意味着同时成为约旦武装部队的最高统帅，必须对军事有着深切的了解。

侯赛因的决定立即得到了摄政委员会的支持和当时依然担任约旦阿拉伯军团总参谋长的英国格拉布将军的赞赏。格拉布致电英国国防部，为侯赛因再次赴英学习作好了一切安排。

1952年9月19日，侯赛因顺利地进入桑赫斯特皇家军事学院，接受为期约9个月的军事教育。这次他注册的正式身份，是“军官学员侯赛因国王”。

进校第一天，军事学院院长在自己的办公室里接见了这位“国王学员”，严肃地对他道：

“我将允许你进行选择。桑赫斯特是一个非常严酷和艰苦的地方，来这里的人都不得不付出比在任何其他地方都要更多的努力和辛劳。这里生活清苦，训练劳累，需要有全力以赴、坚韧不拔的精神。这样的条件，你能忍受吗？你是否想选择更优惠的条件，要求给予特殊照顾？如果你选择的是需要付出艰苦努力的学习计划，就将得到和其他学员同样的待遇！”

侯赛因毫不犹豫地选择了最艰苦的训练计划。

“将来的职位决定我必须这样做，我一定要取得最大的收获！”他斩钉截铁地说。

侯赛因所选择的，是由军事学院教官苏泽兰德少校从教学大纲中选出一些最有价值的课程而制定的浓缩成约9个月的强化训练计划。这一计划以军事训练为主，理论学习为辅，安排了较多的演习、行军和武器操作。

日常训练，侯赛因被分配在学院的英克尔曼连队里，成为这个连队的一名普通战士，和其他士兵们一样进行。英克尔曼连队的营房，设在一所破旧的建筑里。这里四面透风，寒冷阴森，还时时不知从哪里弥漫出一股股烂白菜和皮鞋油那令人窒息的气味。

侯赛因却不怕吃苦，不怕流汗，他和别人一起摸爬滚打，竭尽全力去掌握最基本的军事要领。他参加了无数次夜行军，进行过无数次使用各种武器的实弹演习，每次都表现得异常出色。侯赛因尤其热衷于射击训练，只要允许，他可以在射击场里一连待上几个小时。没多久，他已成为一名和他祖父阿卜杜拉一样的神枪手。

“侯赛因似乎并不十分醉心于教学大纲中的理论部分，而特别迷恋实际训练、战术和射击……”军事学院的另一名教官赫斯菲尔德少校这样说。

在学院里，侯赛因的品德也是有口皆碑的。一次，为他制订训练计划的苏泽兰德少校陪他去沃明斯特陆军学院进行访问。抵达时，苏泽兰德这边的车门怎么也无法打开。侯赛因下车后绕到那扇门前，用力一拉。不想，在里面紧推的这位少校却一下摔了出来，上衣翻过来蒙住了脑袋，惹得在门口欢迎的军士几乎笑出声来。侯赛因为此深感窘迫不安，总向苏泽兰德问候个不停。

“他是很体贴人的，这就是他的典型特点。”那位少校逢人便赞许道。

桑赫斯特的院长万万没有想到，这位年轻的国王竟能如此不畏艰辛、勤奋训练、谦逊好学。两个月后，院长又亲自接见了他，并当众给予表扬。这是这所皇家军事学院的学员十分难得的荣誉。

那些英国学员们既羡慕，又忌妒，年轻人好恶作剧的天性终于在这所纪律十分森严的学院里被悄悄释放了出来。

一天早晨，侯赛因正欲骑自行车赶去听一个十分重要的军事讲座，却发现自己的车胎被人放了气。在学院里，为了行动方便，学员们都备有单车。而侯赛因则除了这辆自行车外还拥有一辆摩托。可此时，车胎没气，摩托正巧又不在身边。侯赛因情急之下，只得拔腿飞奔去那个讲堂。但结果依然迟到了，受到讲课的教官投来令人十分难堪的目光。

怀有阿拉伯人强烈荣誉感的年轻好强的侯赛因，无法忍受这样的委屈，他决心找出肇事者，好好教训他一番。讲课结束，他努力搜索着各种蛛丝马迹，却一无所获。他无意去向主管纪律十分严厉的军士长洛德先生告状，决心自己来执行惩罚，他想出了一个孩子式的报复计划。

当天夜里，学员们全已沉入梦乡。侯赛因悄悄起床，不顾冰冷的地面，光着脚溜出营房，钻进了车棚。他先把自己的自行车放到一边，然后一个个拧开其他学员的自行车气门芯，一口气放瘪了十几辆车胎。听着那轻微的嗞嗞声，他心中方感到出了口怨气。

“即使会怀疑是我干的，也抓不着任何把柄。且看他们将如何动作！”

想象着第二天一个个学员无法骑车的狼狈相，侯赛因得意地笑了。待重新钻进被窝后，他竟睡得分外香甜。

没想到，那些查无实据的学员们不久又在另一件事情上狠狠地报复了他。

英克尔曼连队规定每两周由一名学员轮流担任全连的值日长。值日长在其任职的两周内，必须每天提前两小时起床，做好全连的生活服务工作，招呼学友们起床，并负责应付全天的各种临时杂务。谁也不愿接受这种当值日长的“荣誉”，因为，不仅每天要比别人少睡两小时，还整日里都不得休息。不知怎的，这件苦差使突然提前轮到了侯赛因的头上，连长通知他出任这两个星期的值日长。

侯赛因毫不计较，十分高兴地接受了这一任务。就在他任职的那天晚上，上面通知次日清晨的训练因故撤销，学员们均可晚起一小时。全连上下都获悉了这一通知，唯独把侯赛因一个人蒙在鼓里。

翌日早晨，侯赛因于5点钟便爬出了温暖的被窝。麻利地干完了值日长应做的一切例行公务，并于6点45分，像清真寺宣礼员呼唤穆斯林们起来礼拜那样，大声地叫喊着让学友们起床。不料，他即使走到学友的床前去喊叫，也没有一人予以理睬，反换来一阵恶骂。伴随骂声，一件件早准备好的脏物向他劈头盖脸地扔来，令他无法招架，狼狈不堪地逃出了营房。

这些毕竟都是年轻人的恶作剧，侯赛因正直、善良，再没有把这些事放在心上。而他在另外一个事件上所表现出的热爱同伴大公无私的精神，却深深打动了他的全体学友，连院长及所有教官也都为他伸出大拇指，赞不绝口。

一个星期五的晚上，侯赛因有事外出。不知哪个学员有意无意地弄响了火警装置。学院里警铃震响，乱成一片。不多久，消防车载着全副武装的消防队员，呼啸着开进了校园，一阵忙乱，却并未发现有任何火源。正常的秩序完全被打破了，这是这所全英闻名的军事学院从未发生过的重大事故。

院方当然要追查肇事者，但直至星期六下午，也没人主动出来承认。院长当即宣布，星期日取消休假，所有人员，包括事件发生时并不在校的人员，一律都不准外出，以便继续追查。

为一个人可能是无意中的失误，却殃及了全体。侯赛因决定把事情揽到自己的身上，以解脱大部分当时并不在校的同伴。

“那件事是我干的，是我触动了警报器。”他大声地向院长承认道。

“你当时并不在学校啊！”

“可当时还有很多学员都不在学院，您却决定要处罚所有的人！”侯赛因申辩道。

院长一下便明白了，立即宣布对当时不在学院的人取消禁令。侯赛因一下变成了学员心目中的英雄！

但侯赛因在桑赫斯特的生活并不总是这样紧张的，在周末和节假日，他还是可以到伦敦甚至巴黎各种胜地和娱乐场所去放松一番。约旦驻伦敦的大使法齐·穆尔基依然在任，依然会不失时机地把侯赛因请出来参加各种社交活动。大使馆里年轻的武官阿里·艾布·努瓦尔上校则更加殷勤，常常陪同侯赛因去参加那些十分诱人的娱乐生活。伦敦社交界的哪位姑娘不愿陪这位相貌英俊、举止文雅、慷慨大方的年轻国王一起跳舞、饮茶或共进晚餐呢?

恰似昼夜在不断更迭一般，在桑斯特皇家军事学院的生活，也于紧张艰苦和轻松愉悦的不断交替之中飞快地过去了。侯赛因约9个月的强化军事训练计划已经出色地完成，这意味着他最后的一段学习生涯又将结束。他已经长成了在各方面都日趋成熟的一位18岁的青年，学院正在为这批学员准备结业检阅典礼。侯赛因又紧张，又兴奋，结业后便将立即返回他那日思夜想的可爱的祖国，去迎接那无穷无尽的“工作和忧虑”的挑战了！

就在结业典礼即将举行的前夕，侯赛因却出了车祸！

他骑摩托外出办事，因想快些完成，车速过高，不幸摔倒了。好在人无大碍，只左臂有些擦伤，流血不止。此事若被校方知道，就会取消他参加结业检阅的资格。侯赛因咬着牙，自己用纱布紧紧把伤口缠住，不使它再流血，然后照样穿上军装，瞒过众人，忍痛把检阅典礼的一切活动都进行下来，竟无人发觉他稍有异样。

结业典礼一结束，侯赛因立即去找医生检查。大夫说是血管破裂，打针敷药后，又给他上了石膏夹板，嘱咐他静养一个月。

“这也过于夸张了！”性格十分倔强的侯赛因想。

刚一离开大夫，侯赛因立刻自己动手拆掉了夹板，只用绑带缠好，外面穿上军装，依然像没事人一样。

终于返回约旦了。1953年5月2日，就在他堂兄费萨尔于巴格达举行加冕典礼的同一天，年轻的约旦哈希姆王国国王侯赛因·本·塔拉勒·本·阿卜杜拉的加冕典礼在安曼隆重地举行了。安曼街头，再一次呈现出万众欢腾的景象。彩旗飞舞，鼓乐不断，人流如潮。欢庆的气氛，洋溢在整个约旦的上空。从约旦河岸，到死海之滨；从金黄大漠，至翠绿椰林；从洁白瓦房，到黑色帐篷，每个人都在为这位年轻的国王向安拉祈祷，祈祷真主为先知穆罕默德的这位后裔指引正道，祈祷主为这位国王虔诚的臣民普赐恩泽，祈祷主为约旦哈希姆王国遍降甘霖！

夜，依然像那些帐篷中阿拉伯姑娘瀑布般的秀发似的终于散落了开来。只是，如那些乌黑秀发上缀满的银饰似的星星，今晚却仿佛显得格外明亮。拥着那玉盘似的圆月，在向站在王宫窗前尚未入睡的侯赛因神秘地闪烁着眼睛。明天，又将会升起一个怎样的黎明？

侯赛因，不，侯赛因国王平静地躺下了。耳边还响着母亲扎茵对他谆谆教导的声音：

“绝莫让权力与责任，令你头晕智昏！”

[选自杨孝柏、赵培森、王德新：《圣裔的王冠——约旦王室》，北京：社会科学文献出版社1998年版，第154—170页。]

格拉布被解职

·“我要把服务于人民放在首位！”

·新闻：“格拉布将军被侯赛因国王解职……”

·约旦军队阿拉伯化大功告成

·侯赛因国王说：“立即撤走全部英军教官团！”

·400万英镑——中止《英约条约》的代价

年轻的侯赛因国王，在由摄政委员会代理国事，自己赴英国桑赫斯特军事学院受训约一年后，终于正式登上了约旦哈希姆王国的王位，成为这一王国的第三任国王。

在加冕典礼上，他以其特有的宽厚有力、充满朝气的标准阿拉伯语向王国的臣民们宣告道：

“王位的力量，首先来自于真主，其次来自于人民的热爱与信任！

“今天，这王位传给了我。我要把服务于人民放在首位，关心他们的利益，提高他们的地位，以获取人民更深的爱，更大的信任……”

他那一句句铿锵清朗、掷地有声的话语，在加冕典礼会场上空回响。人们无不为之感佩、赞叹，无不对在这刚满18岁、年轻有为的国王领导下的约旦的前景抱有无限的希望。

血气方刚的侯赛因国王本人，也对自己治国的能力充满了信心。在哈罗时的知己密友，堂兄费萨尔不也刚18岁吗？他不也在今日登上伊拉克的王位了吗？自己凭什么不能在治国上更胜一筹，把约旦王国建设得更加富强？

侯赛因国王生性倔强，祖父阿卜杜拉多年的心血，把他培养成了一位聪慧、勇敢、不屈不挠的青年。而如今这位青年，又登上了这个阿拉伯王国的宝座，怎能不使他想要像一只沙漠上空的雄鹰一样，翱翔于广阔的蓝天，搏击着变幻的风云，去一展宏图呢？

自登基的第一天起，侯赛因国王就立誓要继承祖辈的遗志，恢复哈希姆家族昔日的荣耀，把约旦王国这块由圣裔传人治理的地方建设好，使人民幸福，国家强盛。可也许，当时他尚未十分清楚地意识到，他已为自己刚开始壮实起来的肩膀上，放上了一付多么艰巨的重担！

侯赛因国王面临的，是一个贫穷落后、近傍强敌的国家。在决定由他继位至赴桑赫斯特军事学院受训的那些日子里，舅舅谢里夫·纳赛尔和表兄扎伊德曾陪他去全国各地作过一番巡游。在那次巡游中，他并未沉醉于处处受到的欢迎和百姓们投来的充满热爱的目光之中，而是看到了这种欢迎和热爱所包容的深深的期望。

是的，在他所到之处，沙漠连着沙漠，寸草不生，飞鸟无踪。只有在大漠中偶而奇迹般出现的几块绿洲上，长着一些柳树。贝杜因人便在这树下架起黑色的帐篷，燃起殷红的炭火，让那烟缕笔直地向上空升去，呈现出一片“大漠孤烟直”的奇妙景象。

那些纯朴的贝杜因人，彪悍、耿直、勇敢、虔诚，一般自己都备有狩猎的枪支、护身的短刀。每一个贝杜因部落，还都拥有由一批最杰出的年轻人组成的武装队伍。侯赛因国王看到，这约旦最基层的群体，是组成他日后要统治的王国的基础，也将是保卫这一王国及自己王权的基本力量。与此同时，他也不得不承认，这些对他充满热爱的臣民，此时尚是世界上最贫穷、最落后的游牧民之一。多么需要自己付出心血，为改善他们的生活而作出一切可能的努力啊！

只有当他到达约旦河谷地带时，才感到一些惬意。约旦河，这生命之泉，灌溉着河谷旁这一片约旦主要的农业地区。包括首都安曼在内的几个主要城市，都位于这条河谷的附近。约旦大多数居民，都在这里建起了他们临时或永久的家园。

但即使在这片充满绿色的地方，也好似枯枝败叶般地透露出许多贫困的景象。安曼，作为一个国家的首府，除几座皇家的宫室、富商的豪宅外，这个仅几万人口城市里的绝大多数居民，还都住在一幢幢低矮破旧的房屋里。和他曾就读过的埃及亚历山大港，和英国伦敦附近的哈罗，有着天壤之别！是的，自己之所以要去埃及，去英国求学，因为在约旦连像样的中小学也仅有几所，而大学则根本还没有。全国只有一家广播电台每天在播送着简短的新闻和大量的宗教节目，全国只发行了一份编辑得还比较粗糙的报纸，且读者有限，因大多数人都是文盲。

侯赛因国王还看到，在那漫长的与以色列接壤的边界线约旦这一侧，布满了巴勒斯坦难民的帐篷，他们的生活环境异常恶劣、悲惨，他们还要经常遭受来自边界那边的武装骚扰。他们的人数几乎超过了本地的居民，他们为约旦的经济和国防，带来了更大的难题。

在那次巡游中，侯赛因除了看到一张张热情的笑脸，听到一声声感人的欢呼外，还细心地察觉了这一切……

一年过去了，当他脱下桑赫斯特军院的制服，从摸爬滚打、真枪实弹的艰苦训练中强壮地走了过来，戴上王冠，在约旦权力金字塔塔尖所架设的宝座上春风得意地坐下来时，他发现，一年前他所看到，并时刻考虑要将之改变的状况，并未有丝毫的变化。金字塔底的基石，还是那么陈旧，还在继续被岁月无情地剥落和风化，有待他去加强。这需要他付出多大的努力啊！

同时他还发现，一年前那一张张向他微笑的脸，加冕时那一句句向他效忠的誓言，并不能代表他每一个臣民的心愿。第二次世界大战后，出现了两大阵营，要求进行社会改革的呼声高涨起来，废除皇权、实行共和的主张越来越深入人心。1952年7月23日纳赛尔领导埃及革命推翻法鲁克国王的胜利，在所有阿拉伯国家都产生了巨大的影响。这一思潮，也自然渗入了约旦，渗入了皇家军团的一些官兵心中，威胁着约旦王室的继续存在。

更令这位年轻的国王感到不安的是，他看到近在身边的以色列，在美国的大力支持下，已变得越来越强大。就在他加冕五个月之后，仿佛要给他一个下马威似的，以色列军队于1953年10月，以对巴勒斯坦人的袭击进行报复为由，将约旦河边的吉比亚村夷为了平地。

落后的经济，复杂的国情，强大的敌国，面对这一切，应该首先从何处入手？

侯赛因国王的家族血脉和久经训练的军人素质，使他那年轻的心中立即敏感地考虑到，首先要抓的，应是军事力量。如果没有一支由他亲自统帅、训练有素的军队来巩固国防、保卫王室、维持治安、稳定民心，那么，建设国家，发展经济，改善人民生活，便将都是一句空话！

机智果断的侯赛因国王在悄悄地行动中……

1955年12月14日，他施展了外交才能，在与各国进一步巩固关系后，使约旦哈希姆王国加入了联合国，使自己的国家在整个国际大家庭中有了个立足之地。

两个多月以后，他采取了一个大胆的行动，震惊了整个西方世界和所有阿拉伯国家，令约旦人民大为振奋。

那是1956年3月1日的凌晨，一场罕见的雷雨，紧随在满天乌云的后面，十分难得地光顾了约旦的首都安曼。空中，电闪雷鸣，大雨如注。刚被雷声惊醒的人们，称颂真主赐予的甘霖，又在对收成的期盼和大雨所带来的凉爽中甜蜜地睡去。而在被雨水冲洗得异常清洁的安曼机场上，却出现了一片紧张的气氛。

一群约旦士兵，在夜色的掩护下，早已把机场附近英国军官的驻地严密地包围起来，并切断了所有对外的电话线路。从驻地至机场的沿途及整个机场四周，也布满了约旦士兵。

临近拂晓时分，雨已渐渐停息下来。只见一辆黑色的轿车从英国军官驻地悄然开出，在沿途约旦士兵严密注视下，向机场驶去。车里坐着三个人：一位是约旦王国宫廷大臣巴赫捷特·塔尔霍尼，另一位是侯赛因国王的私人代表法拉赫，第三位就是在约旦工作了26年之久，身居约旦阿拉伯军团的要职，手掌约旦军事大权的英国将军格拉布。

车至机场，三人下了汽车。两位约旦要员一左一右神情肃穆地陪着格拉布朝停机坪上的一架飞机走去，几个士兵提着他的随身行李，紧紧跟在后面。来到舷梯口，格拉布将军由一位负责警戒机场的约旦军官跟随，拾级而上。到达机舱入口时，他突然转过身来，向刚被一缕晨曦微微照亮的约旦大地望了一眼，又对机场上的官兵们挥了挥手，随即便迅速走了进去。

一切都在静悄悄地进行着，谁也没有说一句话。

几分钟后，飞机的引擎发动起来，冲破了这黎明的寂静。当它滑过跑道，向上飞升，朝着塞浦路斯的方向驶去时，一轮红日已浮出了天际镶满金边的云波。

翌日，一条近乎爆炸性的新闻，在西方各家报纸及通讯社传播开来：

“格拉布将军被侯赛因国王解职，灰溜溜地离开了安曼……”

在约旦阿拉伯军团任职的英国军官们，一个个都受到了震动。英国驻约旦大使查尔斯·杜克被惊得目瞪口呆。英国首相安东尼·艾登则恼羞成怒，大发雷霆，歇斯底里地叫嚷道：

“这个家伙，怎么会让这种事情发生？”

在他看来，代表英国利益的格拉布将军，必须永远在约旦待下去，必须永远把约旦的军权牢牢地掌握在自己手里，必须永远左右着约旦的政局，使之虽然在名义上独立后，还将始终从属于大英帝国的势力范围。如今，一个年轻的约旦国王，上台刚几年，便敢于将这位老谋深算的英国将军解甲归田，而格拉布竟然只能听任一个小小沙漠王国国王的摆布，这样的事，对一个高居大英帝国相位的艾登来说，简直是不可思议的！

其实，解除格拉布的职务，在侯赛因国王的头脑中已酝酿了多时，只是直到这天才采取行动而已。因为，10年前，即1946年3月，英约双方所签订的为期25年的《友好同盟条约》，有一个军事附件。这一附件的条款使英方得以继续在约旦掌握军权。但附件的有效期仅为10年，于是，侯赛因国王在其有效期满后三月的第一天，便断然采取了这一行动。使艾登虽恼怒万分，却说不出一句话来。

与格拉布同时被解职的，还有情报部长，英国人库克·黑尔等人。同时决定，在约旦阿拉伯军团内所有英国军官的职务，均将逐步由约旦籍军官代替。只保留小部分人，组成军官教导团，专司约旦官兵培训之职。公安与警察系统，则脱离武装部队，由约旦自己独立组建。

这是侯赛因国王登基后所采取的一个重大决策，使约旦阿拉伯军团阿拉伯化的目的是十分明显的，即摆脱英国人对约旦军队的控制，使之真正成为由约旦人自己指挥的武装力量，进一步加强边界的防卫和社会的治安，以便使约旦国内的经济建设得以顺利地发展。

侯赛因国王事后也曾简单谈及了将格拉布解职的原因，他说：

“对两个原则问题的分歧，是格拉布将军被解职的主要原因，即阿拉伯军官在军队中的作用和我们的防御战略。作为国王，我的职责之一就是保障国家与人民的安全。他不离职，我便无法履行这一职责。”

一些年来，在约旦国内和国外的一些政界人士中，已流传着这样一种看法：

“这个国家的真正统治者，是格拉布！”

1954年12月，一位记者甚至公开这样报道：

“人们觉得，格拉布才是真正的国王。这种情况使人们甚为不满……”

其实，在第一次中东战争后，人们对身为阿拉伯军团总参谋长的格拉布便产生了严重的不满情绪，认为阿拉伯人在战争中败北与他不无关系。

对格拉布的过多干涉，侯赛因国王则有切身的体会。

侯赛因国王执政后，立即着手准备提拔阿拉伯军团中的一批约旦青年军官。这批军官数量可观，从军多年，但他们最高的职位却只到连长一级，连以上的职务全由英国军官担任。

根据约旦宪法，国王即为最高军事统帅，提拔与任命约旦阿拉伯军团各级职位，本应属国王权力范围之内的事。但侯赛因国王却发现自己无权这样做，他必须事事征得这位总参谋长，英国将军格拉布的首肯。

格拉布总能找出一些理由来否定侯赛因国王的提议。

“这些人的军事训练还没达到应有的标准呢！”

“哦，这些人还缺乏实践经验啊！”

格拉布往往会拉长了声调用英语或他那已相当娴熟的阿拉伯语对这位年轻的国王说，使他的意见显得已无可辩驳似的。

侯赛因国王于是正式向英国政府提出，要求对约旦的青年军官进行培训，使他们达到足以替代某些英国军官的水平。英国政府却不予考虑。只是在侯赛因国王多次坚决的要求下，英国政府才不得不勉强同意就此事进行谈判与磋商。

谈判是马拉松式的，整整拖延了几个月。最后，英方终于作出了一个承诺：

“考虑将来给予约旦军官更多的职务优惠……”

约旦人以为英方接受了侯赛因国王的要求，约旦在这场谈判中已成赢家。但侯赛因国王却意识到，这句话的措辞是含混不清的。当他要求英方对“将来”这个词进行明确的界定时，英方正式答复说：

“这仅指皇家机械部队有望在1985年任命约旦籍高级军官。”

也就是说，约旦人想当上高级军官，还要等30年，而且仅限于皇家机械部队！

侯赛因国王觉得，自己被愚弄了。他愤怒地责问道：

“莫非一个主权国家的政府，仅能拥有这点权力？莫非英国人以为，用让我们30年后再谈此事的许诺，便能扼杀我国人民的愿望？”

侯赛因国王决心采取行动！

在如何抗击以色列，保卫与之接壤的600多公里边界的问题上，侯赛因国王也与格拉布持有完全不同的见解。

侯赛因国王说：

“我认为，当战争爆发时，我们无论付出多大代价，甚至牺牲生命，也应确保边界的安全。把我们军队的目标仅仅定为单纯的防御，仅仅要求由这支军队来守卫全部边界，则无异于痴人说梦，自取灭亡。因为，我们的兵力不够，还不足以守卫这样漫长的边界……”

侯赛因国王主张，将人民武装起来。在没有战争的时候，以众多的民兵代替军队守卫边界，而军队则继续不断地进行训练。一旦战事发生，训练有素的军队便可去出击敌人。这种民众武装，约旦人便称为“国民自卫队”。

侯赛因国王还主张，应对以色列采取针锋相对的方针。只要以色列进攻约旦领土，约旦就应给予还击，迫其撤回，以免使以色列将其侵入地作永久性的占领。

格拉布的方针则完全不同。他主张，把为数有限的约旦部队都布置在边界线上，在600公里内全线拉开。并仅作单纯的防御，无论敌人如何骚扰，都不准出击。在以色列向西岸地区发起进攻的情况下，他主张把部队撤回东岸，另找合适时机进行反击。理由是，约旦部队的装备不及以色列，必须撤回以补充装备。这种方针，无异是对以色列侵占西岸的一种默认。

约旦军队的装备的确是不及以色列的。因为，1948年联合国通过的停火协定中规定，交战双方不得扩大各自的军事力量和武器装备。以色列并未理睬联合国这一决议，继续从美国和法国获得大量武器。而过去一直由英国供应武器的约旦，从此却再也没得到过什么。

侯赛因国王直截了当地问格拉布：

“为什么我们不能得到更多的武器？”

格拉布避而不答。

其实，格拉布心里十分清楚，1948年联合国决议宣布生效的那一天，有一艘满载武器的英国货轮已抵达亚喀巴港。正准备靠岸卸货时，突然接到英国政府的电令，命他们原船原货，立即返回。理由是要“无条件遵守联合国决议”，“维持阿拉伯国家和以色列之间的力量平衡。”

这件事，侯赛因国王也是知道的。见格拉布默不作声，侯赛因国王明白了，明知另一方在增加兵力的英国，却要求约旦作单纯的守御，这实际上便是对以色列的一种偏袒。把约旦和英国完全拴在一起，最终必然要吃亏。约旦必须寻找新的出路！

侯赛因国王事后说：

“我决心建设一支强大的，有空中保护的，足以与以色列抗衡的约旦军队。但只要有格拉布存在，就不可能实现这一点！”

也许，促使侯赛因国王当机立断，最后下决心与格拉布彻底分手的导火索，是关于英国军官达格利什的延聘问题。

1951年7月20日，侯赛因国王的祖父在耶路撒冷阿克萨清真寺被杀害后，就是这位达格利什亲自驾着飞机，把当时年仅16岁、心中悲痛万分的少年侯赛因接回了安曼。后来，他出任了阿拉伯军团空军副总指挥，并成了侯赛因国王一位亲密的私人朋友。

“你可以教我驾驶飞机吗？”

好学的侯赛因国王向这位朋友提出了要求。

当格拉布知道侯赛因国王有此要求后，表示坚决反对，并对达格利什下了禁令。达格利什还是不顾格拉布的禁令，偷偷向侯赛因国王传授了驾驶技术。1955年秋，达格利什在阿拉伯军团的服役期满了。格拉布乘机拒不延长他的聘期，命令他立即回国。甚至侯赛因国王亲自提出延聘的要求，也被格拉布断然拒绝了。

侯赛因国王大为恼怒，他再也无法忍受了。他，约旦军队的最高统帅，约旦哈希姆王国的国王，居然连聘任一个普通军官，而且是英国军官，都决定不了，这岂不证实人们关于格拉布是约旦的太上皇的传言了吗？侯赛因国王的自尊心受到了极大的伤害……

1956年2月底的一天早晨，侯赛因国王身穿军服，驾着自己那辆蓝色的卡迪拉克轿车，带着宫廷大臣塔尔霍尼，在卫队开道及护卫下，浩浩荡荡地向首相萨米尔·里法伊的官邸驶去。

一路上，侯赛因国王一言不发，神色凝重，令塔尔霍尼捉摸不透他在思考着什么。从这兴师动众的架式，严峻肃穆的气氛看，等待着他的，肯定是一件重要的国家大事。但他不敢向国王提问。

闻讯赶忙出来迎接的首相里法伊，也同样感到十分意外。一般情况下，国王若有要事，都是通知他到王宫见驾的。而这次，国王本人驱车，大驾光临，令他既受宠若惊，又忐忑不安。

首相将侯赛因国王及宫廷大臣迎进自己的办公室，问候致意一番之后，便只见国王从军服口袋中掏出一纸敕令，向自己递来。

侯赛因国王斩钉截铁地说：

“听着，我要求罢免这份名单中提到的所有人的职务。飞机已经备好，请他们立即离开约旦！”

首相迅速看了一下敕令，略一沉吟，便回答道：

“遵命，陛下！但我希望能宽限一些时间，以便召开内阁会议作出相应决议，并通知上述人等。”

侯赛因国王这时才让宫廷大臣塔尔霍尼阅读这一敕令，只见名单上的第一个人就是：

“总参谋长格拉布……”

国王指示塔尔霍尼留在首相府里参加内阁会议，待讨论后立即将决议送到王宫直接呈递给他。随后，国王便驾上轿车，在卫队的护送下扬长而去。

侯赛因国王清楚地知道，他的这一决断将会使他面对什么样的形势。这是他就任国王，正式行使宪法赋予他的权力以来首次单独作出的一个重大决定。他事先并未与任何人商议过，也并未完全按照法定程序行事。尽管由于民心所向，格拉布去留之事早已在约旦传得沸沸扬扬，但谁也不敢断定侯赛因国王是否及何时会作出这一明显将得罪英方的举动。内阁会议是否会慑于英国的威力而对此迟疑不决？或者，他们将对国王表现出极度的忠诚并顺应民意一致通过国王的决定？

内阁会议开得异常热烈。个别阁员一开始为国王如此大胆的举动感到震惊，而绝大多数阁员则对此早在意料之中，只是没想到这位年轻的国王会采取这种毫无退路突然袭击的方式来对待一位在约旦大权独掌的英国将领。对国王的这一壮举，他们所能说的只有“钦佩”二字！

敕令很快便被内阁全体通过，首相里法伊要求格拉布在两小时内离开约旦。后因时间过于仓促，经协商才同意他于次日早晨7时离去。

消息在约旦传开，人民兴高采烈，奔走相告。大街小巷上，充满了载歌载舞欢乐的人群。约旦人民深深懂得，他们国王将军队阿拉伯化，约旦化，是摆脱英国“保护”，走向真正独立自主的重要一步。

英国作家詹姆斯·伦特在他所著《约旦国王侯赛因》一书中，把这一事件定位为“抛弃良师益友”，对事情的起因作了一些不尽符合实际的猜测，并为格拉布大唱颂歌。

格拉布是有自知之明的。他在给英国《每日电讯报》写的一封公开信中称：“约旦国王撤换他的行动完全在他的权力范围之内。”

英国当局及其新闻媒体是虚情假意的。他们在满腔怒火、喋喋不休地嚷了一阵以后，除向格拉布授予一个骑士称号外，并未为他的解职付出任何补偿。对这位在英国军队中服役了几十年并代表英国利益在约旦工作了26年的中将，竟就此停发年金，甚至连退休金也分文不予。

侯赛因国王是豁达大度的。他对格拉布在约旦任职期间所作的一些有益工作做了充分的肯定，事后还多次邀请他重访约旦，并由约旦政府继续为这位在英国默默无闻地度过晚年的老人支付退职补贴，直至他离开人世。

侯赛因国王这一成功的行动，使他的威望一下如日中天，受到了约旦人民和所有阿拉伯国家及人民的欢呼。

但侯赛因国王明白，为彻底摆脱英国的控制，仅仅将格拉布等人解职是不够的，还必须进一步废除《英约友好合作条约》。如果说因为该条约的军事附件有效期仅10年，侯赛因国王的行动使英方无懈可击，那么，要废除为时25年的《英约友好合作条约》就不是轻而易举之事了。再说，根据该条约规定，约旦的财政来源、军费支出、武器装备等均由英方负责供应，废除条约，就意味着还需寻找其他方面对约旦的财政支持。

侯赛因国王借着将约旦军队阿拉伯化所产生的轰动效应，首先对各阿拉伯兄弟国家展开了积极的外交活动。他分别向阿拉伯各国领袖发函致意，表达与之建立友好关系的诚挚愿望，然后又亲自遍访各国，并特别访问了曾有过宿怨的沙特、埃及和叙利亚三国，与各国领袖进行了友好的会晤和坦诚的交谈。

侯赛因国王这一系列灵活、友好、主动的外交活动，获得了极大的成功。1956年10月25日，约旦和埃及、叙利亚缔结了《军事同盟条约》。1957年1月，又与沙特、埃及、叙利亚三国共同签署了《阿拉伯团结协定》。根据该协定，在七年之内，约旦可从上述三国每年获得按分配份额支付的共1250万英镑的财政补贴。虽然后来只有沙特一国履行了承诺，但已足以使约旦暂时渡过财政难关。

与此同时，美国主动将钱为侯赛因国王送上门来了。英约之间出现的裂痕使它大喜过望，觉得这是它扩大在中东地区势力的绝好机会，便迫不及待地提出，愿为约旦提供1000万美元的援助！

1956年7月26日，埃及总统纳赛尔宣布苏伊士运河收归国有，第二次中东战争爆发，英法飞机对埃及进行了狂轰滥炸。

侯赛因国王立即打电话给纳赛尔，表示坚决站在埃及一边，并愿提供军事支援。同时，为抗议英军入侵埃及，他召见了英驻安曼大使，冷冷地通知他：立即撤走全部英军教官团！

《英约友好合作条约》已名存实亡。侯赛因国王正在考虑以何种方式将其中止时，英国政府却提出了举行谈判的要求。在英方看来，约旦国内目前财政恶化，军费日增，侯赛因国王必不敢冒天下之大不韪去废除《英约友好合作条约》。须知，按该条约，约旦每年可从英国得到几千万英镑啊！难道侯赛因国王能毫不在意地眼睁睁丢掉这一大笔钱？

谈判一直延续至1957年初。英方在谈判中曾以中止条约相威胁，当发现这正中侯赛因国王的下怀，他们的估计完全错误时，又提出了赔款的要求。英方万万没有想到的是，侯赛因国王竟同意向英国支付400万英镑，作为中止条约的代价，令英方谈判代表只能饮下自己酿成的苦酒。

1957年3月13日，约英双方同时宣布：正式废除《英约友好合作条约》及其军事附件！

约旦举国上下，人心大快。人人都为这一历史性的决定感到万分自豪。约旦军官得到了全面提升，一大批中尉和上尉几乎一夜之间变成了少校和中校。国王的青年朋友，刚30岁出头的阿布·努瓦尔，荣升为少将，并接替了格拉布的位置。侯赛因国王没有想到，正是这一提升，他为自己埋下了一颗定时炸弹！

[选自杨孝柏、赵培森、王德新：《圣裔的王冠——约旦王室》，北京：社会科学文献出版社1998年版，第171—184页。]

较 量

- “扎尔卡——最后的回合！”
- 暗杀侯赛因国王的阴谋在一个个进行
- 鼻炎药中的强酸
- 约旦王室渡过难关

约旦军队的阿拉伯化，以及侯赛因国王与阿拉伯国家之间团结合作的加强，对巴勒斯坦事业竭尽全力的支持，使他受到了全国人民的爱戴，使他个人的威望大增。为进一步凝聚民心，了解下情，他又不辞辛劳，巡视全国，到最边远的牧区去和最贫困的贝杜因人促膝谈心；到最艰苦的营地去看望与慰问最下层的士兵。望着这先圣穆罕默德嫡系传人那年轻而又风度非凡的身影，虔诚的贝杜因们一个个争相去亲吻他的右手；看到这一身军装十分英武却平易近人的统帅，士兵们一个个肃立致敬，含泪的目光道不尽心中的无限感动。

“赞美真主，愿主保佑您，陛下！”

“陛下，我们宣誓，将永远向您效忠！”

到处都是爱戴的目光，到处都是拥护的声音。

为进一步推动国家的建设，进一步实现约旦的自由与民主，侯赛因国王决定，于1956年10月21日在约旦举行自祖父阿卜杜拉创建约旦哈希姆王国以来第一次真正的自由大选。

大选并未能在侯赛因国王所希望的气氛中进行。

投票前不久，以色列的军队越过停火线，对约旦河西岸的一些城镇进行了疯狂的报复性袭击。巴勒斯坦人激烈地要求约旦政府和以色列决一死战，埃及、叙利亚等国也同意为约旦提供军事援助。但侯赛因国王认为战机并未成熟，还需作进一步的准备。对此，约旦的巴勒斯坦人产生了不满情绪。

更为重要的是，在1952年7月纳赛尔领导的埃及革命成功后，苏联在埃及与叙利亚等国的影响逐渐扩大。约旦国内也出现了一股思潮，即以埃及为榜样，推翻帝制，建立共和国，和苏联等国站在一起，反对帝国主义、殖民主义和犹太复国主义。所以，在大选前，约旦整个社会的气氛，已开始悄然地发生了许多不利于王室的变化。

侯赛因国王亲任统帅，并由其亲密朋友阿里·艾布·努瓦尔任总参谋长的已经阿拉伯化的军队，也并非一池清水。侯赛因国王在给他任命时并不知道，努瓦尔是一个纳赛尔的狂热追随者。他早就想把约旦变成第二个埃及，使自己成为约旦的纳赛尔。他甚至在1954年就仿效当年纳赛尔的做法，在军队里秘密组织了自由军官组织。不想如今天从人愿，侯赛因国王竟让自己取代格拉布，掌握了整个约旦军队的指挥大权，怎能不加紧行动呢?

选举的结果公布了，以西岸地区苏莱曼·纳布鲁西为首的左派势力在选举中得胜。努瓦尔闻讯后笑逐颜开，因为，他早已和纳布鲁西联结在一起。

侯赛因国王十分坦然地接受了这次选举的结果。

当年父亲塔拉勒国王在任期间，曾为约旦制定了一部具有更大自由的宪法。宪法规定内阁可以对国会而不必直接对国王负责。因此，侯赛因国王允许纳布鲁西可以不经他的批准自己挑选内阁成员。

侯赛因国王说:

“我已决定，年轻有为的政治家和军官，均应有显示他们英雄气概的机会。我知道，他们中很多人是左派人物。但我感到，即便如此，他们中的大多数人对国家的未来还是有信心的。我也想看看，他是将怎样担负起他们的责任！”

于是，以纳布鲁西为首的左翼内阁诞生了。纳布鲁西本人除担任首相外，还兼任外交大臣。上台伊始，纳布鲁西立即显示了与侯赛因国王的愿望背道而驰的倾向。

1956年10月31日，在以色列侵占西奈半岛后的两天，英法飞机开始对埃及狂轰滥炸。侯赛因国王立即赶走了约旦的英军教官团，邀请叙利亚、沙特、伊拉克的军队进入约旦领土，并下令先遣部队从杰宁进入以色列，以此支持埃及军队在西奈对以军的战斗。

对国王的这些决策，内阁拒绝执行。纳布鲁西认为，这样做是荒谬的。国王不应邀请外国军队进入约旦，即使有必要邀请，那也该由政府发出，而不属于国王的权限范围。

随后，纳布鲁西又进行了一系列的政治改革。他首先宣布废除1953年制定的《反共产主义法》，恢复左派报纸《群众报》的发行，同意苏联官方通讯社塔斯社在安曼设立办事处，允许苏联及一些东欧国家的电影和出版物在约旦公开发行，随后便积极筹划与苏联正式建立外交关系。

在采取这一系列措施时，纳布鲁西十分自信，毫不顾忌侯赛因国王会有所反对。因为，他的政府得到了当时亲苏的纳赛尔总统的全力支持。更重要的是，超级大国苏联以直接的方式向纳布鲁西发出了信息。苏联认为，纳布鲁西的上台，为它在中东与美国争霸提供了新的机会。它急于把约旦纳入自己的势力范围，积极鼓励纳布鲁西效法纳赛尔，推翻约旦王室。甚至在一些场合公开表示：苏联政府将向纳布鲁西政府提供大量的财政援助，将满足约旦军队的武器需求，但这均将在侯赛因下台以后！

这一切，都被及时地报告给了侯赛因国王那里。侯赛因国王依然十分冷静沉着，不动声色。他只是对作为约旦王宫支柱约旦军队的动态，给予了密切的关注。

野心勃勃的努瓦尔在掌握了军权以后，立即对约旦军队进行了改编。他把军队重新划分，组成五个独立的步兵旅，置于他在安曼指挥总部的直接控制之下。又把自己的亲信眷属，自由军官运动秘密组织的成员和与自己持相同观点的人，安排在军队各级领导职位上。例如，他公开任命自己的堂弟阿里·希亚里为副总参谋长，协助自己把整个军队牢牢掌握在手里。

约旦主要的军事基地在离安曼11英里（1英里≈1.6093千米）的扎尔卡镇，那里驻有阿莉娅公主步兵旅、两个装甲团和一个坦克团。其中，步兵旅中的一个营及两个装甲团均由贝杜因战士组成。努瓦尔任命自己的另一位堂兄弟马桉，作为阿莉娅公主步兵旅旅长，并由他掌握扎卡尔重镇驻军的指挥大权。

努瓦尔的这些措施，使约旦军队内部开始产生裂痕。忠于王室的贝杜因人，对由非贝杜因人指挥他们的队伍十分不满。未能获得提升的有真才实学的军官，也对努瓦尔那种极具派系特色的任命持有非议。此外，关于努瓦尔和一些高级军官与苏联驻大马士革武官举行会谈，一些军官在贝鲁特过着与他们薪俸极不相称的奢华生活的传闻，也悄悄在约旦军队的内部散布着，影响了军队的稳定。

看来，努瓦尔正在越来越深地卷入政治之中，他已与纳布鲁西走到一起去了，这使侯赛因国王产生了忧虑。

1957年1月5日，美国艾森豪威尔总统向国会提交了一份动议，要求授权他派美国军队去中东对付苏联共产主义对该地区的威胁。侯赛因国王认为，苏联是一种新形式的殖民主义，因此，获知美方的意图后，于2月2日写了一封致纳布鲁西内阁的公开信。信中说：

"……世上两大阵营的冷战已给我们带来了与我们的传统格格不入的意识形态，一些外来的组织正在渗透到我们中间，若不加以制止，将会给我们民族的荣誉与威望造成危害。

"殖民主义在阿拉伯东方已走向失败，但一个新的殖民主义正在取而代之。我们若屈服于它的淫威，必将无法逃脱，更无以制胜。

"……一些人把自己伪装成阿拉伯民族主义者，实际上他们根本不懂什么是阿拉伯民族主义。这些人正在威胁我们的国家……我们决不能把我们的人民推人火坑！

"这就是我给你——一个国家公民和政府元首的忠告。我希望你及你的同事能为国家的利益采取行动……"

侯赛因国王在这封信中明确地表达了对纳布鲁西一系列措施的不满，明确表示了对苏联新殖民主义侵入的担忧与反对，坚决要求纳布鲁西政府立即对此采取果断的制止行动。他在最后写道：

“这个国家的现行法律和规章将为你提供采取行动的充分机会！”

侯赛因国王在将此信下达内阁的同时，决定将信见报，以唤起民众的警惕，所以立即把信的内容向新闻界作了透露。

纳布鲁西获信，大为不满。次日，携总参谋长努瓦尔及其忠实同僚来到王宫，要求会见国王。会见时，他们公然要求侯赛因国王收回此信，或进行修改，降低信中某些提法的调子。

侯赛因国王断然拒绝，他严厉地说：

“这是痴心妄想！我信中的话就是我对现政府的敕令。它不仅适用于现政府，也适用于以后的各届政府！”

纳布鲁西毫不罢休，在离开王宫后，立即把国王和大臣意见不合的事态透露给各国新闻界。一些内阁大臣公开发表声明，表示不能接受国王信中的观点。苏联的塔斯社、埃及的中东社和西方的某些媒体也立即予以传播。王室成员和支持国王的人也纷纷在报纸上发表文章，予以反击。一切激烈的论战在约旦展开，侯赛因国王准备和纳布鲁西内阁公开摊牌！

在争论的同时，侯赛因国王下令，禁止苏联的《每日新闻简报》在约旦发行，并勒令《群众报》停刊。一切亲苏的活动和宣传均受到禁止。

侯赛因国王清楚地知道，纳布鲁西们的活动是得到当时与苏联关系十分密切的埃及和叙利亚的大力支持的。于是，他先发制人，于1957年4月初分别给埃及总统纳赛尔和叙利亚总统库瓦特里去函，强调指出：

“所有阿拉伯国家有必要肩并肩地同威胁他们宗教的势力进行斗争！”

侯赛因国王所说的这种“势力”，显然是指埃叙的盟友苏联。

埃叙两国的总统被这位年轻国王信中所蕴含的指责激怒了。在他们的鼓动下，纳布鲁西在首都安曼组织了一个大规模的群众集会。在集会上，他发表了一篇与侯赛因国王这两个月来的言行针锋相对、措辞强硬的演说，集会群众随后便举行了示威游行。他们高呼：

“打倒帝国主义的走狗！”

“纳赛尔是阿拉伯人民的大救星！”

“向埃及学习！”

在一片激烈的口号声中，游行很快就转变成了动乱。安曼街头刀光剑影，打砸劫抢。而警察与治安部队却袖手旁观，任事态愈演愈烈。

1957年4月8日，努瓦尔命令第一装甲团，在通往安曼的几条路上设置关卡，使首都安曼的所有进出口全被封锁起来。侯赛因国王闻讯后，立即将努瓦尔召至王宫。责问道：

“为什么要这样做？我命你立即把部队撤走！”

努瓦尔面对侯赛因国王严峻的目光，不觉先感到几分心虚，又因时机尚未成熟，便撒谎道：

“这只是对进出安曼的车辆进行例行的检查，我将按陛下的命令让部队立即撤离……”

4月9日，第一装甲兵团设防的士兵们撤离了。这是一支绝对效忠于国王的精英兵团，官兵们此时尚不知首都究竟发生了何事，他们对总参谋长的调度产生了疑惑。

同日，侯赛因国王的舅舅谢里夫·纳赛尔和几名王室官员来见国王，告诉他目前的形势十分严重，军队已不完全可靠，警察毫不起作用，政敌们正准备采取进一步的行动。谢里夫·纳赛尔直率地问：

“陛下是准备坚持战斗，还是让我们全都撤离？”

侯赛因国王性格中最优秀的东西在这最关键的时刻闪现出了它的光辉，在祖父阿卜杜拉苦心调教下自小养成的坚忍、果敢、刚毅、无畏的个性使他下定了宁死也决不后退一步的决心。

“我决不走！不管结果如何，我决心战斗到底！”

他字字千钧地说。

4月10日清晨，侯赛因国王收到了一封截获的纳赛尔总统发给纳布鲁西的电报。电文说：“坚守岗位，切莫退却！”这时，宫廷大臣巴赫捷特·塔尔霍尼又来拜见，禀报道：

“陛下，昨日纳布鲁西首相已下令要我引退。”

侯赛因国王根本不知此事，他压住怒气，冷静地对塔尔霍尼道：

“不必。你去通知首相，我要求政府立即辞职！”

纳布鲁西闻讯，立即来找努瓦尔商议对策。努瓦尔以为，这正是自己夺取最高权力的良机，便对纳布鲁西说道：

“国王再也找不到敢出头的人了。过不了几天，就会请你再出来组阁的！”

纳布鲁西觉得有理，便宣布辞去首相职务。

侯赛因国王的确一时很难找到一位忠于王室的人选来组织新的政府，几个拟议中的人物都得不到应有的支持。努瓦尔在背后大肆活动，意欲左右新政府的组成。见国王难以定夺，他得意非凡，邀纳布鲁西及几位亲信，同饮咖啡，遐想着王室倒台后自己发号施令的辉煌景象……

4月13日，努瓦尔通过宫廷大臣塔尔霍尼转告国王：

“除非今晚9时前能组成一个得到人民和各政党拥护的新政府，否则我与我的同事们将无法对晚上可能发生的事情负责。”

侯赛因国王明白，这是努瓦尔向他发出了最后通牒，他必须立即采取措施。

在此之前，侯赛因国王曾收到过一封来自一群忠诚军官的信件。信中说，他们对上司下达的某些命令感到担忧和迷惑不解；他们听说某些部队要包围安曼；他们信不过某些高级军官等。侯赛因国王深信，军队中仍有对自己十分忠诚的官兵，但这些官兵究竟有多少？怎样才能有效地调动他们的力量呢？

正在此时，第一装甲团的军官阿卜杜·拉赫曼·萨比拉前来王宫求见，向国王报告道：

“我团已受命作好准备，一接到通知便向安曼进发。包围并占领王宫，捉拿陛下！”

侯赛因国王笑问：

“那你们团岂不是要背叛我了？”

萨比拉坚定地答道：

“到处都有叛徒，但第一装甲团没有。我团军官已秘密协商，宣誓效忠陛下。我们将假装服从上司的命令，同时与陛下保持密切联系！”

侯赛因国王热情地向他表示了王室的谢意，要他回团告诉官兵，不到关键时刻，切莫露出真情。

这时，侯赛因国王紧绷的心弦方稍得松弛。下午，又有朋友来探望，与他分析了整个形势，侯赛因国王的心里就更有底了，他准备好了一切应变的对策。

傍晚，阿里·艾布·努瓦尔求见。侯赛因国王心知，来者不善，他这是要来演一出“逼宫”了。侯赛因国王怒气冲冲地接待了他，开始对他发出一连串的责问。

努瓦尔正待回驳，电话铃却响了起来。侍从接过一听，对努瓦尔说：

“是您的。”

侯赛因国王心中惊疑，努瓦尔的电话，怎么居然接到王宫里来了？莫非他的同党知道此刻他正在这里？他们又要策划什么阴谋？再一看，只见努瓦尔的脸色已变得一片死白。拿着话筒的手在微微抖动，用发颤的声音向国王报告：电话是扎尔卡阿莉娅公主旅旅长马桉从那里打来的，扎尔卡驻军认为国王已死，或将于今晚死去。官兵们群情激奋，要立刻向安曼进军，以保卫国王。必须请国王立即亲临压阵，否则局势将不可挽回……

侯赛因国王听罢，一把夺过努瓦尔手中的话筒，大声对马桉道：

“告诉大家，我立刻就去！”

放下电话，侯赛因大步走出办公室，一方面命塔尔霍尼为自己备车，另一方面让王宫卫队侍卫官带他的两个侄子先行一步，去通知扎尔卡官兵国王安然无恙，请他们各回军营，国王今晚将亲赴慰问。

侯赛因国王穿上军服，由舅舅谢里夫·纳赛尔陪同登上汽车，并命努瓦尔坐在他的后面。这时的努瓦尔已呆若木鸡，不知所措，低头蜷缩在后座上。

在汽车驶往扎尔卡这长达11英里的路上，已到处布满了一队队贝杜因的士兵。他们正在向安曼的方向挺进，情绪十分激动，边走边向天空鸣枪。每遇到一支部队，侯赛因国王便立即下车去慰问，告诉他们自己还活着，感谢他们的忠心，要他们立即返回自己的兵营。

士兵们一拥而上，与国王亲吻拥抱，泪水流满了脸颊。在他们心中，真主是至高无上的，穆罕默德是主的使者，保卫圣裔家族的荣誉是他们责无旁贷的义务。他们将为侯赛因国王献出自己的一切，甚至生命，让他们的司令官见鬼去吧！他们高喊着：

“打倒卖国贼！”

“打倒叛徒！”

“处死阿里·艾布·努瓦尔！”

努瓦尔在车里坐不住了，他生怕官兵们将他认出，那自然必死无疑，贝杜因们会将他撕得粉碎。他向侯赛因国王求告，说自己家里还有妻儿老小，求他饶自己一命。

侯赛因国王截了一辆车，请人护送，轻蔑地把他打发走了，要他去王宫，等着自己从扎尔卡回来，再作处理。

车走走停停，一路上不断地接受拥抱和欢呼。还发现两位先行的侍卫官也被贝杜因官兵误作阴谋分子扣押起来，只是国王赶到后才被释放。就这样，到扎尔卡时，天已经一片漆黑了。

军营里依然灯火通明，官兵们以万分热烈的气氛迎接着侯赛因国王的到来。军营的一角，旅长马桉被持枪的几名彪悍强壮的贝杜因士兵严严地看守在那里，神色黯然。

侯赛因国王弄清了事情的始末：4月13日晨，马桉下令阿莉娅公主旅贝杜因团不带武器徒步向距扎尔卡40公里的沙漠地区行军。命令下达后，敏感的官兵意识到这可能是要解除他们的武装，为马桉配合努瓦尔于当晚率部攻打王宫扫除障碍，遂拒不执行命令。下午，有消息传来，国王已身处绝境，生死未卜。贝杜因官兵怒火中烧，与马桉指挥的炮兵部队发生火并，并把马桉囚禁在指挥部里。那个电话，便是马桉在枪口对准他头部的情况下向王宫打出的。

此时，一切已真相大白。但马桉坚持他的命令只是正常的军事演练，他并未参加政变阴谋。但侯赛因国王心明似镜，无论如何，努瓦尔再也无所作为了！

当努瓦尔回到安曼时，发现王宫已被装甲一团围住。以为是自己同党所为，心中一喜，精神又随之振奋。正待迎上前去，却见对准他的是一个黑洞洞的枪口。一位军官对他喝道：

“若不是因为这里是王宫，早就把你的脑袋砍下来了！”话音未落，只听士兵们的喊声又起：

“打倒卖国贼！”

“处死艾布·努瓦尔！”

努瓦尔像一团烂泥似的一下瘫倒在地上……

一场政变的阴谋终于以扎尔卡的兵变而宣告失败。因此，侯赛因国王称扎尔卡事件为：“扎尔卡——最后的回合！”侯赛因国王还说：

“人们很难相信，一场策划得如此周密的政变阴谋竟会以失败而告终。那些煽动者，那些企图把约旦推入火坑的人，忘记了一个最重要的因素：约旦人民！”

侯赛因国王以胜利者的姿态用这段话为挫败这次政变阴谋画上了句号。他在处理这一事件中表现出的胆略、勇气和智慧，不仅赢得了自己人民更深的爱戴，也赢得了世界各地普遍的赞赏。这一年，他还不满22岁！

政变给约旦全国造成了极大的破坏。侯赛因国王在任命易卜拉欣·哈希姆为首相，哈比斯·马贾利为武装部队总司令后，采取了一系列措施，终于恢复了国内秩序。美国由于在这次较量中战胜了苏联，遂慷慨解囊，解了约旦经济上的燃眉之急。

但约旦王室和侯赛因国王本人依然面临着一系列的威胁。

1958年2月1日，埃及与叙利亚宣布统一，成立阿拉伯联合共和国，明确表示反对君主制。为面对这一局面，1958年2月14日，约旦和伊拉克也宣告联合，成立阿拉伯联合王国，以保持力量的平衡。但同年7月14日，由卡赛姆领导的军事政变成功，费萨尔王朝被推翻。仅由于本计划在约旦同时进行的政变事先败露，侯赛因国王才又一次躲过杀身之祸。

伊拉克政变成功后，约旦王国在很长一段时间内都无法平静，随时可能发生类似事件的消息几乎每天都能传入侯赛因国王的耳中。阴谋分子被一个个抓获，甚至在贴身侍卫中也抓出了要杀国王的人。老百姓中，相信国王不久将遇害的人越来越多。一位外交官说：

“有好几个星期，人们以为一觉醒来便将听到国王遇害的消息。”

一位英国人说：

“当时，除英国使馆外，没有任何一位外国观察家相信约旦的君主制还能保存下来。”

1958年7月至9月，约旦人心惶惶，侯赛因国王似乎一直走在刀刃上。此后，局势才似乎渐渐平静下来。

1958年11月11日，侯赛因国王亲自驾驶飞机去度假。一年多来的生死磨难，使他迫切需要调整一下身心，好好休息一下。再过三天，他就满23周岁了，他想去瑞士和母亲一起过自己的生日。

担任副驾驶的是他驾机的启蒙教师，目前继续在约旦任职的英国军官达格利什。同行的还有舅舅谢里夫·纳赛尔和另外两名约旦皇家飞行员。

上午8点20分，侯赛因国王驾机朝东北方向飞去。他计划穿过黎巴嫩和叙利亚上空，经塞浦路斯，再飞往欧洲。按国际航空协定，他事先将飞行路线通知了贝鲁特航空站。起飞30分钟后，飞机又向大马士革航空站报告了自己的方位。后者要求他转向西北，将飞行高度降为8000英尺（1英尺≈0.3048米），朝大马士革继续飞行。

一切看来都十分顺利，侯赛因国王按地面站给予的信号平稳地在蓝天上翱翔。

待飞机距大马士革25公里，从云层中已可看到那座古老而美丽的都城的轮廓时，大马士革航空站突然传来信息：

“因你没得到飞越领空的许可，故应在大马士革降落。”

侯赛因国王觉察情况不对，便当机立断，立即掉转机头，向安曼方向折返。为避免追踪，他把这一情况通知安曼机场后，便关闭了无线通信系统。

为尽快逃离，老练的达格利什接过操纵杆，降低了飞行高度，飞机几乎在贴着地面飞行。这时，只见两架米格-17战斗机出现在他们上方，未发迫降信号，也未开火，只是直直地向他们俯冲下来。看来，这是要迫使国王的飞机在仓促中坠落，给人造成一种飞行事故的错觉。

达格利什驾机与追击的两架战斗机展开了一场智斗，一次次闪过了俯冲过来的飞机。幸而侯赛因国王的这架专机小巧灵活，性能极佳，达格利什的技术又特别娴熟，每当在眼看即将陷入险境时却又一闪而过，终于疾驶至约旦境内。只见那两架追击的飞机，无可奈何地掉头归去。

回到安曼，侯赛因国王发现自己再一次变成了公众心目中的英雄。人们已从消息灵通的电台广播中听到了国王遭到袭击的报道，纷纷涌向机场通往王宫的路边，向平安归来的侯赛因国王发出由衷的欢呼，齐声称颂万能的真主又一次保佑了他们的领袖。

但是，阴谋还在继续……

1959年初，接替努瓦尔任武装部队总参谋长的萨迪克少将联合另一些高级军官，准备利用侯赛因国王出访英美等国之机，在国王发动军事政变，一举推翻约旦王室。

王室保安机构侦破了这一阴谋，秘密地向国王作了呈报。经历了数次生死磨难的侯赛因国王，已有了对付政变的丰富经验。他决定不动声色，继续按原计划作出访准备，只是在出访名单中加上了萨迪克的名字。

萨迪克苦心孤诣，寻找种种借口，想出条条理由，想说明自己目前无法脱身，留在国内可能对工作更有利云云。国王只是一笑，坚持说，这次出访是少不了他的！

萨迪克无可奈何地上了飞机，侯赛因国王行前已作好了一切安排。代表团一飞离约旦，群龙无首的党羽们便会一个个落入早已严密布置好的网中。

萨迪克在国外听不到一点他期望听到的政变消息，恰似热锅上的蚂蚁，惶惶不可终日。代表团在芝加哥逗留期间，萨迪克一度失踪了几个小时。侯赛因国王以为，他或许已经叛逃。但后来，他却又回来了，只说是自己得了急病，颇感不适，请求国王允许他一到伦敦便住院就医。

国王却劝他还是回国诊治为好。萨迪克机关算尽，走投无路，只得听天由命，随团归国。一回安曼，萨迪克便立即遭到逮捕，送交军事法庭审判。

1960年8月29日，一颗威力巨大的定时炸弹在首相办公室爆炸，当场炸死了正在办公的继任首相马贾利等12名政府要员。20分钟后，第二颗炸弹又在另一间屋里爆炸。据抓获的两名首相府雇员交代，那第二颗定时炸弹是专为侯赛因国王安放的。因为他们熟知国王的工作作风，在发生事故后必亲临现场察看。未曾想，这次正当国王急步赶往首相府时，半路上被国防大臣坚决拦住了。

爆炸事件发生后没几天，王室保安机构又窃听到一段谈话：

“用不了多长时间，侯赛因也将遭到同样下场。我们已征募了他的一个内侍去干掉他，为时不会太远了。如果按他原有的习惯行事，几天前我们就已经得手了！”

侯赛因国王决定使自己的行踪更隐蔽些，他决定每晚换一个住地，只带几个亲属家人，到一个十分可靠的朋友家去借宿，以观察王宫里的种种变化。首先选择的，便是在哈罗公学时结识的英国朋友，目前举家迁来约旦为他管理王宫车辆的雷诺。

临睡前，他请雷诺夫人把随身带来的药箱里的鼻炎药水给他找来，准备在上床前按医嘱滴一下，以治疗他近日正犯的鼻炎。

雷诺夫人打开药箱，刚拿起一瓶，便见有些混浊，似不宜再用，她顺手将药水倒掉，准备挑一瓶未打开过的递给国王，以确保疗效。岂料药水一倒进水槽，留有积水的槽底便沸腾起来。少时，水槽的表层竟被腐蚀掉了。事后化验，这哪里是鼻炎药水，分明有人在药瓶中灌进了一种强酸，欲置侯赛因国王于死地！

第二天，保安部门对王室的全体侍从都一一进行了详细盘问，却未能查出一个疑犯，只得全部撤换。

没过多许，王宫中又发现了几只被毒死的野猫。经顺藤摸瓜，终于把线索追到了宫廷厨师的身上。他被人收买，打算在食物内用药，毒死国王。为确定毒药有效用量，便用野猫作了几次试验，不想却由此败露了他的阴谋。

暗杀的阴谋一次次向侯赛因国王袭来，侯赛因国王却能一次次逢凶化吉，遇难呈祥。虔诚的贝杜因人深信，作为穆圣后裔的这位国王，是有真主在暗中佑助的！

1975年，当时局相对稳定下来，推翻约旦王室的企图已屡遭失败后，侯赛因国王回忆起那些年里一次次九死一生的经历，不无感慨地自嘲说：

“一段时期里，我简直成了警匪小说中的主角！”

接着又分析道：

“所有暗杀阴谋，皆可分成两类：一类旨在推翻王国，摧毁国基，如扎尔卡事件。在这类动乱中，阴谋分子把消灭我个人也看得很重要，但这只是他们整个阴谋活动的一个步骤；另一类则仅为暗杀我本人，与政体无关。为这一目的制造阴谋的次数之所以大大超过公然推翻政体的阴谋，这是因为，在那些年里处心积虑制造动乱的人，已明白了一个道理：有我在，想搞动乱是不容易的……”

后来的许多事实证明，侯赛因国王个人的威望和智慧，为稳定约旦的局势起了很大的作用，是约旦王室，约旦的君主体制所以能继续保留下来的重要原因。

侯赛因国王终于可以腾出些时间来，体会一下家庭生活的温馨，并着手建设这个被战争和内乱扭曲了的国家。

[选自杨孝柏、赵培森、王德新：《圣裔的王冠——约旦王室》，北京：社会科学文献出版社1998年版，第185—200页。]

婚姻与家庭

·经过四次婚姻波折，侯赛因国王终于有了温馨的家。“妻子儿女，在我的生活中占有无可估量的地位。”

·约旦的经济在发展中

在处理繁忙国事的间歇，只要能有一种轻松的心情在清晨沐浴礼拜读罢经文后喝一杯红茶，抽一支淡淡的烟，对侯赛因国王来说，已经是生活中莫大的享受了。有时侯，他甚至希望自己能变成一个普普通通的平民百姓，像自己的朋友雷诺一家那样，远离世上的纷争，关起门来，过那种平凡却十分温馨的生活。若能这样，那该有何等的惬意！

为建立一个温馨的家庭，侯赛因国王经历了曲折的旅程……

1955年4月19日，刚20岁的年轻的侯赛因国王便和一个比他大7岁的女子迪娜结婚了。侯赛因是在哈罗公学读书时，在伦敦举行的一次舞会上认识她的。那时，迪娜正在剑桥大学就读。迪娜非常喜欢跳舞，她觉得，有这样一位年轻英俊的王子来作舞伴，简直是再妙也没有了。侯赛因那时初涉英国上流社会的交际场合，本来有些拘谨，但很快便受到迪娜热情的感染。因此，在周末舞会上，人们便总能看到这欢快的一对在翩翩起舞。

回国登基后，侯赛因国王有时回忆起在哈罗那些无忧无虑的日子，在与母亲的闲谈中，便提到了迪娜。但那只是年轻人对欢乐生活的一种美好感情。侯赛因国王并没有感受到比那种感情更深一层的爱恋。

母亲扎茵自然要比儿子想得更多一些。既然他已经登上王位，就应该尽早安定下来，成家封后。也许很快便能生下一个王储，自己便也可做祖母了。

阿拉伯人的婚姻，除门当户对外，还特别讲究宗亲关系，往往远房的堂兄妹或表兄妹才是最理想的人选，即所谓亲上加亲吧！而王室的婚姻，自然更一点马虎不得。推算起来，迪娜·阿卜杜·哈米德是侯赛因国王曾祖侯赛因·本·阿里的一位曾侄孙女，也就是说，是侯赛因国王远房的堂姐，是哈希姆家族里的一个大家闺秀。仅这，就符合母亲扎茵的条件了。再说，那姑娘长得端庄秀丽，又聪明好学，曾分别在开罗大学和英国的吉尔顿学院、剑桥大学读过书，文化修养自然是相当高的。

扎茵王后竭力催促侯赛因国王去向迪娜求婚。于是，侯赛因向还远在英国的迪娜写了一封热情洋溢的信，迪娜便答应了。婚后，侯赛因国王享受到了新婚的乐趣，两人生下一位公主，取名阿莉娅。但很快，两人在感情上便产生了裂痕。年龄的差别和兴趣的不同越来越无法用婚姻的红绳把他们系在一起，尤其是因为，迪娜抱有一种十分激进的政治思想，这是身为国王、具有敏锐的观察和思考能力、持有自己独到见解的侯赛因所无法接受的。

“必须和这位大姐分手了！”侯赛因国王想。

1956年秋，两人结婚一年多以后，正当迪娜在开罗休假之时，侯赛因国王宣布与她结束这段婚姻。

初次失败的尝试，使侯赛因国王的内心受到了创伤。在后来的五年中，他一直没有再考虑婚姻之事。

1961年春，约旦河畔弥漫着一片沁人的芳香。在碧蓝的死海之滨，侯赛因国王为几位英国朋友在自己的别墅里举行了一个舞会。来参加舞会的，有在约旦工作的英国高级工程师、使馆官员及他们的家属。

舞会上，一位美丽白皙的英国少女掠过了侯赛因国王的眼帘，他一下被吸引住了，目不转睛地看着。当那少女由人陪同前来向他致意，并面带羞涩地邀他跳舞时，侯赛因国王的心都颤抖了。他差点失去常态，几乎不知道自己是怎么迈的舞步，那音乐又是何时结束的。

这位引起年青国王怦然心动的娇美姑娘名叫安托瓦尔特·加德纳，小名托妮。当时才19岁，正值妙龄。父亲沃克·加德纳是一位水利工程师，本在约旦英军教官团任职。教官团被遣散后，他留了下来协助解决约旦的缺水问题。托尼小姐这是第一次来约旦，是来探望父母的。约旦极少有社交生活，听说国王举行舞会，出于好奇，便请父亲的一位同事带她来见识一下。

侯赛因国王的心被这位英国姑娘紧紧抓住，再也分不开了。此后便经常约她参加晚会，与她跳舞。甚至还带她出去赛车、游泳、骑马，几乎形影难离。

他发现，托妮是一个性格开朗、欢快活泼的女孩儿。身材与自己一般高，也非常喜欢各种户外活动。和她在一起，有一种说不出的愉快。而托妮小姐也被这位年轻国王的潇洒风度所深深迷住，两人很快就坠入了爱河。

国王爱上一位英国姑娘，并要跟她结合的消息在约旦国内引起了轩然大波。当时，在国内，实现了军队的阿拉伯化，赶走了英军教官团，废除了《英约条约》；在国外，第二次中东战争硝烟刚散，包括约旦在内的整个阿拉伯世界，充满了一股强烈的反英情绪。而国王却要在此时和一位英国人联姻，这让一般民众的心理，如何能够承受？

对于王室来说，这更是件不可思议之事。门第的观念，家族的传统，使王室成员无法接受由一个金发碧眼的女子来作为哈希姆家族传人的妻室，来作为约旦王国的王后这样一个事实。不，这是不可能的！一向虔诚正统的侯赛因国王这回是怎么了？

爱情的力量是无穷的，侯赛因国王的心这才是第一次为爱神之箭所射中。他决定自己作主，不听命于任何他人。他决定不顾一切，哪怕要作出某种牺牲。他决定与托妮结婚！

1961年5月1日，26岁的侯赛因国王和19岁的托妮小姐正式结为伉俪。但侯赛因国王毕竟是穆圣的后裔，他确实是虔诚正统的。崇高的爱情，还必须建立在更为崇高的基础上。侯赛因国王首先要求托妮皈依伊斯兰教，并同时改名为穆娜·侯赛因。婚后又让她学习阿拉伯语，使她逐渐阿拉伯化。而且，考虑到王宫的感情和民众的舆论，始终未正式册封她为约旦王国的王后。

侯赛因国王的苦心和穆娜王妃的品格产生了良好的效果，随着时间的推移，王室家族逐渐接受了这位完全阿拉伯化了的王妃。

穆娜既热情开朗，又宁静淡泊。她对侯赛因国王的爱情十分专注，并不在意后妃的名分之别。婚后，她静处内室，专心侍候丈夫，从不抛头露面。在王室成员面前，她举止优雅大方，穿着朴实无华，待人谦和诚恳，深获王宫上下的好感。

在国王焦虑的时候，她以动人的话语给予宽慰；在国王寂寞的时候，她以温柔的身影伴其左右；在国王劳累的时候，她以温暖的家庭使之得到身心的歇息。他俩婚后的生活，是十分美满的。

1962年2月，穆娜生下了第一个儿子。侯赛因国王大喜过望，以祖父阿卜杜拉的名字为其命名。此后，穆娜又为国王相继生下一个男孩，取名费萨尔，和一对孪生姐妹，取名扎茵和艾莎。

阿卜杜拉出生后的第二天，国王收到了一位并未署名的英国人寄来的贺信，并打趣地问：是否将来准备把他送到哈罗去学习？

侯赛因国王笑了。他当时想，可能会这样做的。但后来，两个儿子都是在美国上的学校。只是阿卜杜拉和父亲一样，在美国毕业后又进了英国桑赫斯特军事学院接受军事训练。连女儿艾莎也去这个学院学习了一段时间。费萨尔则像父亲的另一面，对飞行情有独钟，所以后来又去了克伦威尔皇家空军学院学习。1978年毕业时，费萨尔竟获得该校七项奖励中的五项。国王与迪娜所生的女儿阿莉娅，是和她的这些弟妹一起长大的，穆娜待她一如己出，毫无亲疏之分。

在侯赛因国王与穆娜婚后的很长一段时间里，国王感受到了真正的家庭生活的幸福。在那些年里，他一有时间，就带孩子们外出郊游。或去死海之滨，或赴亚喀巴海滩，或驾车兜风，或席地野餐。孩子们奔跑欢跳，他则用幸福的目光追逐着每个孩子快乐的笑脸，只觉得自己紧绷的神经一下便得到了无限的松弛。

这一美满的婚姻延续了11个年头。尽管正在长大的孩子们还留在侯赛因国王的身边，但穆娜却已悄然离去。1972年底，侯赛因国王和穆娜平静地分手了。离婚后，穆娜赴美国定居，只是每隔一段时间来约旦小住数日，看望一下她的这群孩子。

恰如11年前侯赛因国王决定同一位英国姑娘成婚令约旦民众难以接受一样，11年后，当穆娜已在约旦百姓心中树立起一个美好形象后，两人离异的消息，同样使他们觉得迷茫。

一些喜欢评论国事的人认为：国王此举，皆因屈服于政治压力，不得已而为之。在约旦的大批巴勒斯坦人，包括约旦本地居民，对支持以色列的英国人恨得咬牙切齿，甚至要喝其血、啖其肉而后快。国王为安定民心，抚慰官兵，不能再金屋藏娇，以英国女子为妃。必须忍痛割爱，避嫌去疑。恋小家而轻国政，非明君之善策。

一些热衷探索隐私的人传说：国王离异，总为二人缘分已尽，属好离好散之举。因离异之前，国王早已移情别恋，与一位约旦外交官的女儿阿拉娅·图康在相识不久之后便经常约会。穆娜深识大体，亦知感情之事无法勉强，便退出王室，悄然离去。国王之所以特许穆娜在离婚后仍保留王妃的全部特权，并可自由出入约旦，皆因其心觉理亏云云。

不管是出于何种原因，或者可能两种原因兼而有之，总之，1972年12月24日，侯赛因国王与阿拉娅·图康正式宣布结婚了！

阿拉娅是一位地地道道的约旦姑娘，出生于纳布卢斯的一个望族之家。靓丽清秀，聪明伶俐，受过良好的教育，讲得一口流利的英语。婚前，她在一家航空公司任空中小姐，飞遍世界各地，因而对东西方的社会都有所了解。与侯赛因国王相遇后，两人一见倾心，终于结为终生伴侣。结婚当日，便被正式册封为约旦哈希姆王国的王后。

约旦民众，王室上下，都轻松地舒了一口气，他们欣喜地看到，这个圣裔传人所统治的国家，这个荣耀万分的哈希姆家族王室，终于迎来了一位具有纯正的阿拉伯血统的王后！全国人民都热烈期盼，衷心祝愿国王与王后百年好合，白头偕老，子孙满堂。

阿拉娅不负众望，婚后为侯赛因国王相继生下了一子一女。子名阿里，女叫海雅。后来，侯赛因国王把自己最小的弟弟哈桑立为王储，并封阿里为第二王储。

然而，苍天不随人愿。侯赛因国王与阿拉娅两人用爱的金丝精心编织的充满幸福的鹊巢，在五个春秋以后，竟又被命运无情的双手撕碎了。

1977年2月初，阿拉娅王后在卫生大臣的陪同下赴南部地区视察。在视察完塔非拉镇最后一所医院后，于2月9日乘机返回安曼。一路风和日丽，只剩10公里这样一个对飞机来说仅需刹那间的时候，天气突变，所乘直升飞机被一股突然袭来的气流推撞到山上坠毁，王后不幸遇难。

噩耗传来，约旦举国上下一片悲哀。侯赛因国王悲痛欲绝，难以自持。隆重的国葬结束了，他却在一段很长的时间里还一直处于神情恍惚、魂迷心离的状态之中，面容十分憔悴，连举止都显得呆滞了。

一位国王的近臣事后说：

“陛下那时完全垮了。有一段时间，他几乎过着与世隔绝的生活。他似乎对生活已失去了兴趣，这使人们忧虑万分。因为，当时在我们身边，正发生着许多事件。我们曾竭尽全力想让他高兴，但均无效。幸运的是，他后来遇见了努尔王后并爱上了她。我们这才如释重负，大为欢喜……”

那位大臣所提到的努尔王后，就是侯赛因国王现在的妻子。努尔王后原名莉莎·哈拉比，出生于一个美籍阿拉伯人的家庭。父亲纳吉布·哈拉比原为叙利亚人，后移居美国，曾任美国泛美航空公司总裁。母亲为瑞典人。

莉莎·哈拉比于1976年25岁时来到约旦，应聘在约旦的皇家航空公司搞设计工作。1977年夏，她在一次集会上与侯赛因国王相识。1978年6月15日，两人完婚。婚后，国王为她更名为努尔·侯赛因，并封为王后。两人相亲相爱，直至最后。

努尔王后身材修长，肤色白皙，金发碧眼，清丽娇美，楚楚动人。她于1951年8月23日在美国华盛顿出生，1974年获美国普林斯顿大学建筑及城市规划专业学士学位。毕业后，曾在世界很多国家参加过城市规划设计工作。1977年，才辗转来约旦皇家航空公司工作，受聘为该公司规划设计部主任。

努尔王后是一位成熟的女性，她是在进行了十分严肃认真的思考之后，才同意嫁给侯赛因国王的。她很有主见，非常清楚自己将在这个国家中所处的地位。婚后，她首先让自己与约旦王后这一角色做到完全的认同：接受了丈夫为之更改的名字，皈依了丈夫虔信的伊斯兰教，学会了丈夫的母语——阿拉伯语。随后，她又为自己可能参与的活动划定了一个范围与准则：不违背约旦社会的传统习俗，不损害国王的形象，力所能及地发挥自己的作用。

她与穆娜王妃不同，是个不甘寂寞的人。但她不愿插手丈夫的政务，以免遭非议。她把自己的主要精力全放到与普通约旦人的生活息息相关的社会、文化、教育工作方面。

1980年，她创立了约旦皇家文化教育基金，1984年9月，又建立了努尔·侯赛因基金会。这两项基金的主要用途，是提高约旦普通民众的生活水平，资助约旦高等教育和文化艺术发展的需要，保护环境和历史古迹，开展社会公益事业，提高妇女社会地位，推动妇女儿童医疗保健事业的发展等。

努尔王后还利用这两项基金，每年资助一批品学兼优的大学生出国留学，发放奖学金。

在她的努力下，皇家文化中心得以建立，第一所约旦音乐学院和第一所男女同校的寄宿学校也成功建立。在她的倡议下，安曼美术博物馆成立，馆内收藏了大批约旦及阿拉伯各国的绘画、工艺品及伊斯兰艺术精品。

她又亲自发起举办杰拉什文化艺术节。现在，这一艺术节已变成每年定期举办的国际性文化盛会。来自阿拉伯各国和世界各地的优秀艺术家，每年8月都会聚集在这个古罗马时代遗留下来的圆形剧场内，切磋技艺，交流经验，大大提高了约旦在世界文化市场中的地位。

约旦皇家保护古建筑遗产委员会主席和环境保护最高委员会主席这两项职务，也是由努尔王后亲自担任的。她还筹划了努尔农村发展计划项目，以全面提高约旦农民的生活水平。

努尔王后是全体约旦残疾人的母亲。她出任全国聋哑人福利会名誉主席，并倡议建立了全国第一个孤残儿童模范村。她同时兼任国际S. O. S约旦儿童村管理委员会名誉主席，又是约旦全国儿童保健中心的主要推动者与决策人。

一年一度的阿拉伯文化交流计划的运作也是由努尔王后亲自推动的。这一计划，使约旦每年都会接待一大批来自阿拉伯各国的少年儿童，让他们通过对约旦的参观访问进一步增加阿拉伯民族的共同感情。

努尔王后也是约旦职业妇女和劳动妇女两个俱乐部的名誉主席。通过俱乐部的活动，鼓励约旦妇女更有效地参与国家的经济建设和社会的发展事业。

努尔王后和侯赛因国王一起，对约旦的航空事业倾注了极大的热情。她担任了努尔民用航空技术学会名誉会长。

和侯赛因国王一样，努尔王后也十分爱好体育，并且兴趣十分广泛。她喜欢游泳、滑冰、航海、骑马、网球等多项运动，主持着约旦体育竞技最高委员会的工作。

对于政治与外交活动，努尔王后也不是绝对不予涉足。只要国家需要，她也曾多次发挥过自己在外交上所具有的特长。比如，她曾受政府之托，赴英美执行重要的政治使命。她在哈佛、乔治敦、牛津等大学及许多大城市里就约旦在中东地区面临的诸多问题向英美广大听众发表过精彩的演说，并在创建与发展“美约委员会”的过程中起了举足轻重的作用。这个委员会里集中了大批美国社会名流，它的活动极大地增进了美国对约旦的了解。

努尔王后给先后失去了三位妻子的侯赛因国王带来了无比的温暖与幸福，他们各有各的工作，工作之余都能得到对方的关心与体贴，夫妻生活十分美满。

努尔王后在谈到她与国王的婚后生活时说：

“我们始终相敬如宾，生活是美满的。他既是我的丈夫，又是我的国王。在任何时候，任何情况下，我都把他置在高于一切的地位，这是国家最高利益之所在！”

努尔王后把她在美国养成的直率和在约旦学到的阿拉伯人的尊严和高尚传统很好地结合在了一起。她也是一位善良的慈母，为侯赛因国王生了两儿两女。哈姆扎王子生于1980年，哈希姆王子生于1981年，伊蔓公主生于1983年，拉雅公主生于1986年。同时，努尔王后又是阿里王子和海雅公主的养母，对他俩精心照料，关怀备至。

侯赛因国王现在共有五个儿子，六个女儿。在家庭里，他是一个称职的父亲。对所有的儿女，都一视同仁地倾注了他的父爱，时时关心着他们的健康、教育与成长。但他依然因为不能像一个普通人家的父亲一样有更多的时间和他们在一起，经常感到内疚万分。

大公主阿莉娅曾这样动情地谈起过她的父亲：

“他是一个非常慈祥的父亲，总是非常耐心地听我们向他讲述各种琐事，他希望我们都能感到幸福。有时，我甚至觉得他耐心得有些过分了！你有时或许以为他并未注意你，实际上他一直在非常用心地听你说话。

“父亲很喜欢以‘突然袭击’的方式闯进我们的房间里来，和我们聊天，对我们发问，查看我们的情况。每一次，他都会给我们一种突然的惊喜。

“他从不干涉我们的兴趣与爱好，但非常关心我们的学习成绩。每当发现谁的考试成绩不理想时，父亲都会把他叫到自己面前，又和蔼又耐心地鼓励他考得更好些。

“小时候，父亲在我睡前总要给我讲一个故事，直到我入睡为止。有一个关于小白兔的故事，到现在我还记得。我记得，上小学时，一次学校举行庆祝活动，邀请学生家长参加。我回家问他能不能去，他说太忙，可能去不了。没想到庆祝会开始前几分钟，他竟来了！同学们全都高兴极了。上大学后，父亲只要有空，总要亲自去送我，还常来大学里看我。他也经常去弟弟妹妹的学校里看望他们。

“父亲总是想方设法抽时间和母亲一起带我们出外郊游，在那里骑马、野餐，甚至去亚喀巴海边游泳，开游艇。有一次，我们把游艇一直开到了沙特边境，在那里玩了三天才回来。父亲非常喜欢自己开飞机。他说开飞机能让人集中精力，摆脱一切烦恼。有时出国访问，他都要自己开飞机。

“父亲特别喜欢家庭集会，喜欢把子女聚到一起联欢，尤其在节日里更是这样。每到这种时候，他总是尽量设法用更多的时间和我们在一起……”

三公主艾莎说：

“我16岁的时候，在父亲的鼓励下，跟大哥阿卜杜拉学习跳伞。一次练跳时，父亲来了。我发现，他像所有做父亲的那样，既对我加以鼓励，又为我紧张万分。他担心地注视着我的动作，见我成功后，自豪地笑了，马上鼓励我再跳一次，并亲自把伞兵标志戴在我的身上。那是我最幸福的一天！”

四公主海雅说：

“父亲从不大声向我们叫喊，总是和颜悦色地和我们谈话。我自小从父亲那里得到的只有爱，而从没想过物质上的东西。在学校上学时，很多同学每天都从家里带来两三个第纳尔花，而父亲却每次只给我一个第纳尔。我从小在父亲的教导下就懂得节约的道理，绝不乱花钱。父亲常说：‘人不应该仅从物质价值的角度去衡量礼物的轻重，最好的礼物是自己亲手制作的东西！’

“我喜欢写诗，一次给父亲祝寿，我决定写一首小诗作为送给他的生日礼物，因为它是我的心声。父亲读了非常高兴。

“小时候，我做了扁桃腺手术，手术后吃东西很困难。父亲便亲自去买冰激淋，一口口地喂我吃。事情虽小，但我深深感受到了他的父爱。有一次，我突然想吃比萨饼，父亲便立刻开车带我去比萨饼店。店里顾客很多，父亲和他们亲切地交谈，随后还固执地要送给店里每个人一盘饼……”

孩子们的片言只语，深刻地描绘出了侯赛因国王的慈父形象。但他自己却经常自责，对妻儿总带有负疚感，觉得自己给予他们的爱还不够。一次，侯赛因国王向一位记者吐露了自己的衷肠：

“我认为，在这个世界上，想真正体验什么是幸福，是一件非常困难的事……可能只有极少人了解。甘苦的滋味，我全品尝过，而其中苦多于甘。我经历过最危险的时刻，遭遇过最严峻的困境，苦熬过最孤独的日子。我体验过服丧的时辰，理解那种欢寡愁殷、难能一笑的心情；我经受过人世的一切煎熬，经历过饥饿、焦渴、屈辱、失败、窘迫、愁苦、危险和不安。我的人民也和我一样，曾受过这种种煎熬……

“妻子儿女，在我的生活中占有无可估量的地位。我工作，既为我的人民，也同样为了他们。他们都是约旦的明天！

“我的家庭生活缺少规律，我渴望过温馨的家庭生活，但我的工作负担却使我和这人世间最珍贵的东西无缘。我不得不一次次让我的家人失望，哪怕是回家与他们共进午餐这一小小的愿望也无法实现。不是因为有哪位外宾来访，就是必须与哪位要人会晤。

“有时，要到下午四五点钟才能叫人送点三明治之类的东西来充饥，还得边吃边工作。经常要到晚上八九点钟才能回家。那时，孩子们都已睡了，只剩下妻子和大女儿还在等着我，以便能给我一点温馨。我是多么需要这样的温馨啊！”

侯赛因国王忘我的工作，辛勤的耕耘终于结出了丰盛的硕果。几十年来，约旦哈希姆王国在他的领导下，已从贫穷、落后、战乱不断的情况中摆脱出来，变成了一个富裕、强盛、国泰民安、具有相当国际影响的国家。在国际论坛上，约旦已赢得一席之地；在中东事务中，约旦更发挥着无可替代、举足轻重的作用。

今日的首都安曼，早不是当年沙漠城镇简陋的模样，已变成中东最繁华、最富活力的城市之一。很多跨国公司，都垂青于这块安稳的乐土，把经营中东地区业务的总部开设在这个地方。而随着外国资本的纷至沓来，许多豪华的建筑亦如雨后春笋般拔地而起，使人再难想象，这里曾搭满了黑色的帐篷……

几十年来，虽然国内局势一直处在动荡之中，但侯赛因国王始终没有忘记他在加冕典礼上所作的誓言，没有忘记他对约旦人民的许诺，只要局势略趋稳定，他都会把注意力转向国内经济的发展和物质文明的建设。终于，约旦的经济取得了长足的进步，社会的物质与文化生活有了明显的改善，国力迅速增强。

约旦经济建设的真正起步是从1964年开始的。在这一年里，政府制定了一个七年发展规划。其目标为：

1. 根本解决财政短缺状况，消除经济危机。

2. 采取各种措施，大力增加国民收入。

3. 扩大就业，尽量降低失业率。

七年发展规划，取得了令人满意的效果。在此期间，兴建了一大批厂矿企业。如水泥厂、炼油厂、大理石板材厂、磷酸盐公司、钾盐公司等。国家还开办了工业发展银行，向各厂矿企业提供贷款和技术资助。

在农业方面，初步开发了约旦河谷地，完成了东敖尔运河一期工程。引叶尔穆克河水浇灌河谷地区，扩大灌溉面积一百多万公顷。使约旦的粮食产量增长了三倍，蔬菜水果产量增长了五倍，实现了自给有余，并向国外出口。

在生产发展的基础上，对外贸易也发展起来。出口商品主要为农产品和磷酸盐两大类。七年规划期间，农产品出口量增长了一倍，达到550万第纳尔，磷酸盐的出口已占外贸总出口量的30%。

在此期间，文化教育和社会服务设施也有了很大发展。中小学已开设1000多所，城乡各地基本普及了义务中等教育。小学和初中教材全部免费，高中教材只收成本费。扫盲工作也取得了很大成绩。20世纪60年代初，全国文盲占人口总数70%，到70年代，已降至30%。

在普及中小学的基础上，约旦终于有了自己的大学。1962年，约旦大学于首都安曼建立。当时只有一个系——文学系，在校学生仅有男生167名，女生18名。到1980年，大学扩大到九个系，在校生达7000多人，其中女生占1/3。在各系任教的本国教授，也已占教授总数的80%。

1965年，约旦创建了自己的通讯社——约旦通讯社。1968年4月，约旦国家电视台正式建立。

七年规划期间，约旦还于1966年创建了第一所音乐学院和约旦国家民族歌舞团，并建成了一个包括三座剧场，共1400余座位的皇家文化中心和拥有现代化体育训练比赛设施的侯赛因青年城。1970年，又建立了第一所美术学院。

在医疗卫生方面，除于1958年建立肿瘤防治中心，1964年开办全国卫生接种中心外，还在全国各地陆续新建了10所医院和50多个医疗站。

在七年规划执行的第四年，即1967年，第三次中东战争爆发了。约旦经济遭到严重破坏，农业生产下降一半，工业生产下降幅度更大。但到1970年，七年规划的基本目标还是达到了。

第三次中东战争对约旦打击最大的是旅游业。旅游历来是约旦国民收入的支柱产业。因约旦拥有大量历史古迹、文物景观及耶路撒冷等一批历史名城，只要局势平静，每年都能吸引大批游客。1955年，来约旅游者达85000人，1966年，增至62万人，创收第纳尔1200余万。但经过1967年的战争，旅游年收入一下下降65%，仅为400余万第纳尔。

为尽快恢复经济，约旦政府开始执行1973—1975年新的三年发展规划。主要指标为:

1. 提供7万个就业机会。

2. 大力发展农业与沙漠地区的水电交通。

3. 国民收入增加8%。

4. 工矿企业增产40%。

5. 对外贸易增加56%。

6. 旅游收入增加150%。

7. 改善支付能力，降低贸易赤字。

到了1975年，约旦经济全面复苏，并开始了新的高速增长期。三年规划的指标胜利实现。

侯赛因国王抓住这一经济全面增长的势头，不停顿地紧接着制定了1975—1980年经济发展和社会进步五年规划，把约旦的经济和社会推向全面繁荣。

到1980年，约旦的国民总收入已达到50800万第纳尔，比1975年增长了75%。其中工业生产值占国民生产总值的40%，民族工业产值比原有的增加了115%，平均每年递增16.5%。

而农业总收入，也达到了4200万第纳尔，比1975年增加了40%。农产品的出口额从1972年的550万第纳尔增加到1979年的2100万第纳尔，增长了近三倍。

对外贸易除农产品外，磷酸盐的出口量继续增加。到1979年，已占总出口量31%。一些以前是外贸空白的商品，也挤入了出口产品的行列，占有了一席之地。如水泥、香烟、药品、纸张、纸板、蓄电池、毛织品等，出口份额已由1966年的15%上升到1979年的27%。整个外贸逆差，已由41.6%降至19.1%。

五年规划期间，国家对农业进行了重点投资，花大力修建了一系列水利工程，从而根本改善了约旦河谷地的灌溉条件，确保了这块约旦最富庶肥沃的粮仓和农产品出口基地的稳定发展。除继续完成东敖尔运河二期工程，延长并拓宽了水道外，还修建了扎格拉卜水坝、谢依卜水坝和卡发兰水坝。尤其是在修建了扎尔卡河上的塔拉勒国王水坝和叶尔穆克河上的穆卡兰水坝后，分别为地势高于东敖尔运河的6300公顷土地解除了旱情，为介于东敖尔运河和死海之间的15000公顷土地改善了灌溉条件。

在此期间，政府还完成了一大批邮电通信项目，实现了全国所有城镇电话、电报、电传网络，并实现了与国际卫星联网。

医疗服务方面取得的最大成绩是于1973年建成了“侯赛因医学城”。该城坐落于安曼郊区，占地29500公顷，医疗设备齐全，向国内外所有人士免费提供一切医疗保健服务。

在重点发展全民义务教育的基础上迅速发展高等教育，是侯赛因国王建设约旦的基本方针。在国王的亲自关怀下，20世纪到80年代初，约旦全国的中小学已达3000多所。从4岁开始入托的学龄前教育单位已开办15000余所。同时，又于伊尔比德城新建了叶尔穆克大学，于卡拉克城新建了穆塔大学。各大学都增设了研究生院和成人教育学院，为约旦培养了大批本国的硕士生和博士生。同时，还每年输送大批学生出国深造。

到1996年，约旦全国的高等院校已扩增至18所。其中包括10所公立大学，四所私立大学和四所专科大学。高等教育在侯赛因国王的亲自关注下正以前所未有的速度在迅速发展着。

早在1977年，侯赛因国王就公开表达了他对约旦莘莘学子们的无比关怀。那年6月29日，约旦大学举行应届学生毕业典礼。侯赛因国王亲自来参加并向学生发放毕业证书。随后，他向全校的青年学生发表了充满深情的讲话：

“……很久以来，总有一个愿望时时涌上我的心头。那就是，希望看到从我们自己的大学里，走出我们自己的莘莘学子。他们驾着科学的宝车，佩着知识的利剑，到现实的田野里去搏斗，去品尝生活的甘辛。他们将为塑造我国一代又一代精英，在广阔的天地里奉献出自身；他们将肩负使命，接受委托，担负起建国立业，弘扬国威的重任……”

侯赛因国王这时也许又想起加冕典礼时自己发出的誓言：“……我要把服务于人民放在首位！”他欣慰地看到，自己的心愿在逐渐变为现实，约旦国内的建设事业得到了长足的发展，一代新人正在成长起来。

但侯赛因国王也冷静地向年青一代提到了要到现实中去进行搏斗，去品尝生活的甘辛。因为他清楚地知道，虽然约旦有了很大变化，但毕竟依然是一个发展中的小国，国力依然十分有限。在面对外部世界的挑战中，约旦还缺乏足够的实力。

外面的世界确是十分精彩又十分无奈的。自他执政以来，面临着难解的巴勒斯坦—以色列问题，经历了多次中东战争及两伊、海湾等战争。而中东的和平进程，是那样漫长，那样曲折，使侯赛因国王为之耗尽心血。

[选自杨孝柏、赵培森、王德新：《圣裔的王冠——约旦王室》，北京：社会科学文献出版社1998年版，第201—217页。]

第五篇

《阿拉伯文化选读》节选

阿拉伯历史学家和地理学家

真正的阿拉伯历史学和地理学是从公元8世纪阿拔斯王朝时开始的。在那以前，阿拉伯人只有口头流传的历史故事，并没有真正意义的笔著历史。

阿拉伯的历史研究是伴随着对先知穆罕默德的生平事迹的考证和对伊斯兰教对外征服的胜迹的考证开始的。出生于麦地那，曾任阿拔斯王朝麦蒙哈（或译为马蒙）里发大法官的瓦基迪（747—822年），毕生致力于远征历史的研究和著述，写了28部著作，流传下来的有《圣战史》《叙利亚的征服》《埃及的征服》《波斯的征服》等，为阿拉伯历史留下了极其丰富的资料，被公认为伊斯兰第一位真正的历史学家。而在先知穆罕默德生平研究上最为著名的是出生于巴士拉，死于开罗的伊本·希沙姆（？—828年）。他根据前人伊本·伊斯哈格的《先知传》改写成资料更加翔实、系统、完备的《先知穆罕默德传》。这本书成为后代学者研究穆罕默德生平事迹的最重要的参考书。

阿拔斯王朝后期，波斯、希腊和印度的古典著作被大量译成阿拉伯文，穆斯林们有机会读到外族的古代史籍，从而开拓了眼界。同时，阿拉伯帝国幅员广袤，人口众多，商旅辐辏，交通网布各地，“学术旅行”蔚然成风，这也促进了穆斯林对各国历史地理的了解，使历史研究的领域更加广阔，而哈里发王朝为自己的政治目的也鼓励研究和编写历史。因此，到阿拔斯王朝后期，涌现出众多极有影响的历史学家，历史著作更是浩如烟海。其中最有影响的历史学家有塔巴里、马斯欧迪（或译为马苏第）、伊本·艾西尔、艾布·海退布、伊本·阿萨基尔、马格里基和伊本·赫勒敦等。他们的著作，如塔巴里的《历代先知与帝王史》、马斯欧迪的《黄金草原》、伊本·艾西尔的《历史全书》、伊本·海退布的《巴格达志》、伊本·阿萨基尔的《大马士革志》、马格里基的《埃及志》、伊本·赫勒敦的《阿拉伯、波斯、柏柏尔历史通鉴》等，都堪称传世名著。

阿拉伯地理学的研究和地理学家的出现，是和历史学的发展同步进行的。礼拜、封斋、朝觐的宗教需要，是促使穆斯林们关注地理的最初动力；商业的普及和穆斯林海外经商的风气，使研究地理成为他们的物质需要。10世纪后，穆斯林们的学术旅行盛极一时，这更为阿拉伯地理学研究注入了动力。最后，在百年翻译运动中，古希腊的地理学名著如托勒密的《地理学》，被多次译为阿拉伯文，穆斯林学者在此基础上，对世界地理进行了更深入的探讨，绘制了更为精确的地图。所有这些因素都极大地促进了阿拉伯地理学的发展。

和历史学家一样，阿拉伯的地理学家也为数甚多，其成就卓著者有雅古特（著有《国别词典》）、伊德里斯（著有《世界地志》）、伊本·霍盖勒（著有《各国地志》）、麦格迪西（著有《各国最佳分类图》）、伊斯塔赫里（著有《世界图志》）、商人苏莱曼（他是第一个有记载的到过中国的阿拉伯旅行家，著有《中印见闻录》）、伊本·白图泰（到过中国的阿拉伯著名旅行家，著有《珍观奇闻》，即《伊本·白图泰游记》）。

[选自王德新主编：《阿拉伯文化选读》，北京：北京大学出版社2012年版，第83页。]

伊斯兰教育

阿拉伯人非常重视教育事业，这主要是由于教祖穆罕默德的倡导。他在传教时，深感阿拉伯人缺少文化的弊端，在圣训中多次提到学问的重要，号召穆斯林努力学习文化知识。因此，穆斯林视接受教育为其宗教义务的一部分。

阿拉伯人的教育从一开始就与伊斯兰教和清真寺联系在一起。要履行宗教义务，就必须能背记《古兰经》，懂得有关的宗教知识和礼仪，这是促使穆斯林自觉学习的动力。学习主要是在清真寺里进行。对于穆斯林来说，清真寺不仅是神圣的礼拜场所，也是接受教育的地方。清真寺是阿拉伯人历史上最早的学校。

倭马亚王朝（或译为伍麦叶王朝）时代，教育活动得到进一步发展。第五任哈里发阿卜杜·马立克率先在宫中给众皇子聘请家庭教师，迈出了私人教育的第一步。8世纪初，库法城出现了阿拉伯历史上第一所私人学堂（私塾），但广大穆斯林仍主要在清真寺接受教育。

阿拔斯王朝时期，随着政治的稳定，经济的繁荣，文化教育事业迅猛发展，私人学堂已遍及帝国各地，并出现了私人书院。这些私人学堂和私人书院以及清真寺一起承担起教育穆斯林子弟的义务。它们的开办者主要是当时的一些知名学者，教授的课程以《古兰经》为核心，学习诵读、书法，后逐渐增加圣训、语法、算术、诗歌等课程，授课的主要方式是背诵，并实行体罚制度。

到9世纪时，很多清真寺已发展成为重要的文化教育中心。著名的学者、文人纷纷在寺内设座讲学，传授各种学科知识，为伊斯兰教和社会培养出大批学有专长的人才。清真寺教学的基本形式是“学习圈”，即教师站在或坐在讲坛上或柱子旁，学生在其面前围坐成半圆形，座次依资历或学识排列。一些有才学有毅力的学子，为增长学问，往往从一个“学习圈”转到另一个“学习圈”，直到听完各知名学者的讲课。这就是有名的“学术旅行”。它逐渐形成风气，并进而造就了一批著名的旅行家和历史、地理学家。

阿拔斯王朝时代是阿拉伯文化形成并迅速发展成鼎盛之势的时代。第五任哈里发哈伦·拉希德创建的“智慧宫”是当时第一所官办学术机构，也是当时世界上影响最大的书院。它培养出了大批精通数学、天文学、哲学和逻辑学等自然科学与社会科学的科学家、哲学家和翻译家，翻译了希腊、波斯、印度几乎全部已知的学术典籍。在“智慧宫”的影响下，帝国境内的各割据王朝也相继建立了类似的学术机构，如法蒂玛王朝在开罗建立的“科学馆”。许多知名人士还创办了很多私人图书馆，数量之多，藏书之丰富，都是当时历史上罕见的。

10世纪，位于安达卢西亚的后倭马亚王朝的缔造者阿卜杜·拉赫曼三世创办了科尔多瓦大学，除宗教学外，还设立了天文学系、数学系和医学系，吸引了大批来自欧亚非三大洲的学子。这可认为是阿拉伯高等教育的开端。紧随其后，法蒂玛王朝也在开罗建立了有名的艾资哈尔大学。11世纪，中亚地区也出现了高等学府——尼采米亚大学。这要归功于塞尔柱王朝首相尼采木·穆勒克，他一生提倡清真寺外的官办教育，他的名字后来成为阿拉伯官办学校的代名词。到12世纪末，高等教育已遍及阿拉伯帝国各地。

[选自王德新主编：《阿拉伯文化选读》，北京：北京大学出版社2012年版，第93页。]

阿拉伯的文化教育中心

阿拉伯人把建于公元前3世纪的亚历山大图书馆归于其最早的教育文化中心，其次就是建于9世纪巴格达的“智慧宫”，再其次就是一些著名的清真寺兼大学和一些寺外大学，其中最著名的就是艾资哈尔大学。

建于埃及开罗的艾资哈尔大学是继巴格达“智慧宫”后伊斯兰世界规模最大、地位最高、享有盛名的宗教高等学府，是首屈一指的世界伊斯兰宗教与文化中心。

艾资哈尔大学的前身是法蒂玛王朝将领昭海尔建于972年的开罗清真大寺。在法蒂玛王朝统治埃及的两百多年中，它曾是宣传什叶派教义思想和进行教育及学术活动的中心。1171年法蒂玛王朝瓦解后，取代它的阿尤布王朝苏丹萨拉丁将其确立为逊尼派的教育基地和阿拉伯学术中心，除了以讲授逊尼派四大教法学说为主外，还增添了医学、天文学、数学等方面的课程，吸引了各方著名学者、文豪和著作家前来讲学，使之进一步发展成具有较大规模的伊斯兰教育研究中心。到马穆鲁克王朝时期，由于巴格达失陷，穆斯林退出西班牙，开罗变成真正的伊斯兰世界最重要的文化学术中心。来自伊拉克、北非和西亚的学者云集艾资哈尔。到奥斯曼帝国时期，艾资哈尔教授的学科已扩大到算术、代数、三角、医学、天文、工程、动植物、解剖学等自然科学。19—20世纪，法英先后入侵埃及，推行殖民统治，艾资哈尔屡遭破坏，大量伊斯兰文物被毁，但它仍然保持了阿拉伯语言和伊斯兰文化的传统，成为埃及教育界反对侵略，争取民族独立的思想宣传阵地。19世纪后期，艾资哈尔长老穆罕默德·阿卜杜对其经院式的古老教育制度和教学方法进行了全面的改革，进一步增加了学科设置，使教学内容、方法和教学设施焕然一新。今天，它已成为自成独立教育体系的综合性伊斯兰大学。它共有36所学院，下属遍及埃及各地的中小学近1000所，有教授、副教授和讲师6000多人，在校学生超过12万人，外国留学生超过1.2万。

[选自王德新主编：《阿拉伯文化选读》，北京：北京大学出版社2012年版，第103页。]

阿拉伯数学

每当人们谈论阿拉伯文明时，首先想到的总是阿拉伯数字和十进位制，它在人类文明和科技发展中所起的作用是怎么评价都不过分的。

8世纪阿拔斯王朝时期，阿拉伯大数学家花拉子密在其关于印度运算法的著作中，首次介绍了印度数字及其诸多优点。阿拉伯人对印度数字进行了改进加工，增补了零。12世纪，欧洲人通过花拉子密的著作才知道了印度数码，故称之为阿拉伯数字。计算科学能有今日的发展，阿拉伯学者传播阿拉伯数字及零号功不可没。

古埃及人发明了十进位制，古巴比伦人发明了六十进位制。古埃及人和古巴比伦人在方程求解、几何测量、面积计算方面都取得了辉煌的成就。中世纪的阿拉伯数学家们进一步推动了数学的发展，使祖先的成就发扬光大，其中贡献最大的数学家当首推花拉子密。

花拉子密全名穆罕默德·伊本·穆萨·花拉子密，因出生于中亚花喇子模而得名。他是伊斯兰历史上最伟大的科学家之一。他在阿拔斯王朝麦蒙哈里发时期，在巴格达智慧宫所属的沙马西亚天文台工作，长期从事数学研究和天文观测，直至逝世。820年前后，他用阿拉伯文撰写了《还原与对消》一书，成为代数学的奠基著作。书中阐述了解一次和二次方程的基本方法及二次方程计算公式，明确提出了代数、已知数、未知数、根、移项、并项、无理数等一系列概念，并附有例题八百多道，构建了代数学的完整框架。从此，代数学发展成为一门与几何学相提并论的独立学科。代数（Algebra）一词即由此书标题的一个阿文词“还原”音译而来。还原与对消提出了两种解方程的基本方法：移项和合并同类项，直到今天，这仍是代数运算的基本手段。花拉子密以这两种方法来为自己的书命名，正体现了代数的真髓，因而被后人冠以“代数之父”的称号。

除代数学外，阿拉伯数学家还在算术、三角、几何方面做出了卓越的贡献。在计算方面，他们利用古代数学方法，解决了一系列复杂的计算问题，特别是天文计算问题。在三角学方面，他们发现了正弦、余弦、正切、余切、正割、余割以及正弦与余弦、正切与余切、正割与余割之间的函数关系，建立了若干三角公式，制定了很多三角函数表，使三角学脱离天文学而成为一门独立的学科。在几何学方面，他们研究了多边形的面积、体积，并把它们与代数方程式联系起来。他们还成功地计算出了具有十七位准确数字的圆周率值，打破了中国数学家祖冲之保持了一千年的纪录。

[选自王德新主编：《阿拉伯文化选读》，北京：北京大学出版社2012年版，第113页。]

阿拉伯医学

医学是阿拉伯人对世界贡献最大的一门科学。

在伊斯兰教产生前的蒙昧时期，阿拉伯人就很注意医药卫生。伊斯兰教诞生后，随着各民族科学文化的交融，加上伊斯兰学者们的独创性的努力，医学迅速发展起来。到阿拔斯王朝时期，由于王室的重视和大力提倡，大量古希腊、波斯和印度的医学典籍被介绍过来，医学成为一门最普及的学问，一大批名医和专家被造就出来，在理论和实践两方面都做出了杰出的贡献。他们的众多医学专著为整个中世纪世界医学的发展奠定了基础。

阿拔斯王朝在各地广建医院。各医院分科很细，除外科、内科、骨科、眼科外，还有专门的神经科和妇科，有些大医院还设有急救中心，各医院均附设药房。此外还根据需要建立了很多流动医院，以应付瘟疫和战争，或为交通不便的边远地区服务。

自10世纪以来，阿拉伯临床医疗技术已经达到了很高水平。阿拉伯医师首创伤口消毒技术和手术麻醉技术，最早认识到瘟疫可以通过人体接触或血液来传染，并成功制止过瘟疫的蔓延。他们对关节炎和脊椎结核的正确诊断早于西方七百多年。在产科方面，阿拉伯人创造了许多新器械和新方法。

阿拉伯医师是世界外科学的开创者，他们在10世纪已经能够做水平很高的外科手术，发明了用猫肠线缝合伤口和绑扎大动脉止血。

阿拉伯人在药物学方面也取得了突出的成就。他们是世界上最早开设药厂、创办药剂学校的人，也是最早实行对医师、药剂师进行考核、颁发行医执照的人。考试不合格者，一律不准行医。

阿拉伯的名医甚多，学者无数，其中最著名的有拉齐、伊本·西那、宰赫拉维、麦久西、伊本·贝塔尔、伊本·纳菲斯等人。拉齐著有堪称医学百科全书的《医学集成》和专论《天花和麻疹》，它们都曾被译成欧洲多种文字，成为西方医学不可或缺的参考书。伊本·西那继拉齐后著有另一部更全面更系统的，代表当时世界最高医学成就的医学百科全书《医典》。它一经出版便取代了其他医学著作，成为欧洲各大学的医学教科书。他因而被称为“世界医学之王”。宰赫拉维著有《医学宝鉴》，它是世界外科学的奠基之作。麦久西著有《皇家医书》，最先提出了毛细血管系统概念。伊本·纳菲斯早于西方三百多年发现了血液循环，而伊本·贝塔尔则是公认的继古希腊狄奥斯科里之后世界最伟大的药物学家，以其巨著《药物学集成》和《医方汇编》著称。

[选自王德新主编：《阿拉伯文化选读》，北京：北京大学出版社2012年版，第132页。]

阿拉伯人的服饰和饮食

阿拉伯服饰种类式样繁多。各阿拉伯国家穿着习惯虽各有不同，但传统的阿拉伯人在服饰上有其跨地域的一致性。

阿拉伯男子一般穿长袖长袍或东方敞袍，内穿长袖衬衫，头戴缠头巾。农民大都穿白色长袍，戴缠头巾，少数人穿斗篷。中上层妇女一般都穿各种颜色的用丝线或金银线绣花的长衫。衬衣宽肥，短袖，裤子肥大，下部扎腿，然后下垂地面，外面再穿贴身长至脚面的长袍，然后再套上两边开口的黑斗篷。阿拉伯妇女一般赤脚无袜。

阿拉伯人的长袍大都由棉、麻、毛或丝织成，袖子长而宽松，有的还绣上花边，装饰美观大方。男女款式基本相同，只是妇女的长袍比男子的更肥更长。夏季的袍子略薄，冬季的稍厚，以白色和黑色居多，棕黄色的多为男子外出放牧、耕种时穿用，黑色的则专为妇女穿用。保守的妇女外出时还要加盖头，罩面纱，以躲避男子的目光。

阿拉伯人喜欢全身装饰。男子腰间往往佩戴腰刀，妇女则喜欢穿金戴银、染发、涂指、四肢刺花。

阿拉伯人的饮食也别具特色。由于伊斯兰教的宗教禁忌，他们的食谱中绝没有用猪、驴、狗等肉做成的菜肴，他们还禁吃动物血以及非正式宰杀的自死的动物肉和内脏，水产品除鱼外皆不食，并禁喝酒类及一切酒精饮料。即使牛羊屠宰时，也必须由穆斯林诵“以大慈大悲真主之名”这句话，否则也不能食用。

阿拉伯人常食用的主食是发酵大饼，配上鲜西红柿丁、生洋葱、辣椒或青豆等。早餐一般为一块夹奶酪的大饼，外加牛奶或羊奶，或红茶或咖啡；午餐常吃一块长圆形的发酵饼，里面夹上烤肉和生黄瓜丁、生西红柿丁或半只烤鸡，配上几块泡菜。阿拉伯人没有炒菜、煮肉、蒸面食的习惯，主要的烹饪方法是烧烤。他们不吃白米饭，而是把黄油、葡萄干、烤肉等和米饭掺在一起。蔬菜一般生吃或做泡菜。

他们的名贵菜肴有油炸乳鸽、烤肉、烤鱼、烤全羊等。烤全羊是把一只肥嫩的羔羊宰杀后，去掉头、蹄和内脏，把用米饭、葡萄干、杏仁、橄榄、松子等配成的佐料塞进膛内，放在火上转动烘烤。烤熟的羔羊外焦里嫩、味美可口。

阿拉伯人自古习惯用手抓食，但只用右手，因为他们认为右手是洁净的。因此，与人握手时也只能使用右手，否则被认为是对人不恭。阿拉伯人酷爱红茶、咖啡和甜食，一日三餐，顿顿不离。大街小巷遍布咖啡馆，是阿拉伯人生活的一大特色。

[选自王德新主编：《阿拉伯文化选读》，北京：北京大学出版社2012年版，第187页。]

阿拉伯建筑

阿拉伯建筑艺术是世界建筑艺术的组成部分之一。它同印度建筑、中国建筑并称为东方三大建筑体系。它包括清真寺、伊斯兰学府、哈里发宫殿、陵墓以及各种民居等。它以阿拉伯民族传统的建筑形式为基础，借鉴吸收了周围各民族的建筑艺术精华，以其独特的风格和多样的型制，创造了一大批具有历史意义和艺术价值的建筑物。

清真寺是阿拉伯建筑的中心部分。它设计巧妙、手法新颖、装饰独特。阿拉伯的优秀建筑师们创造了一种朴素而庄严的清真寺建筑格调，以表达伊斯兰教的精神和教义。

先知穆罕默德在麦地那修建的极为朴素的清真寺成为后人修建清真寺的标本。这座清真寺实际上只是一个有棚的土坯庭院，用椰枣树干做柱，树枝和泥做屋顶，四周是土坯砌成的围墙，一棵椰枣树根固定在地上成为讲台。这座清真寺虽然简陋，但却包括了满足宗教活动需要的三个基本要素：宽敞的庭院、遮风避雨的房顶和宣讲台。

阿拉伯人在西亚和北非的胜利，使他们占有了许多精美雄伟的建筑物，尤其是掌握了被征服民族的高度发达的建筑技巧。其他民族的建筑艺术和阿拉伯固有的建筑技术相结合，最终形成了具有独特风格的阿拉伯—伊斯兰建筑艺术。

倭马亚王朝时期，国富民殷，阿拉伯人开始修建清真大寺。691年，第五任哈里发阿卜杜·马立克在耶路撒冷修建了岩石清真寺，这是伊斯兰教早期最著名的清真寺之一。整个建筑呈八角形，全部用石砌成，一圈大方石柱和圆柱撑起一个巨大的圆顶，圆顶表面及八角檐梁铺满彩色瓷砖，镶嵌装饰图案，并刻有精美的《古兰经》经文，圆顶下面放着“圣石”。整个大殿金碧辉煌，壮丽无比，世所罕见，被认为是保存至今的最古老的伊斯兰教遗迹。705年，第六任哈里发瓦立德在罗马神庙的基础上修建了大马士革清真寺。这座清真寺气势雄伟，正面为凯旋门似的拱形大门，门两旁是巨石圆柱，柱顶为皇冠形，圆柱大殿由三个本堂和一个袖廊组成。殿内墙壁和圆柱都用大理石和金银镶嵌装饰。正墙有四个精致的大理石圣龛和一个大理石宣讲台。全寺有三座宣礼塔，它成为后来清真寺宣礼塔的典范。大马士革清真寺被公认为倭马亚时代伊斯兰建筑艺术的代表，是中世纪的世界奇迹之一。

随着几个举世闻名的清真大寺的建成，阿拉伯—伊斯兰建筑艺术已经形成了自己的特色。正如同西方基督教精神产生了罗马和哥特式建筑风格一样，东方伊斯兰教精神产生了阿拉伯的建筑风格，即巍峨的圆顶和高耸入云的尖塔以及华丽精巧的拱廊，它既体现了伊斯兰教的威严，又反映了穆斯林们的轻松自信。

由于气候条件、建筑材料、建筑技术以及所占领土地原住民族的文化背景不同，阿拉伯各地的清真寺亦各有特色，逐渐形成了建筑艺术的不同流派：受希腊和罗马影响的叙利亚—埃及流派、受波斯和古巴比伦影响的伊拉克流派、受基督教影响的北非流派以及受中印影响的东亚流派。

[选自王德新主编：《阿拉伯文化选读》，北京：北京大学出版社2012年版，第166页。]

阿拉伯装饰艺术

阿拉伯人不仅在诗歌、音乐、书法方面达到了艺术上的高水平，为人类文化宝库增添了极有价值的艺术珍品，在装饰艺术和绘画艺术方面也取得了巨大的成就，形成了独特的民族风格。

阿拉伯的装饰绘画艺术是伊斯兰教精神的集中体现。它的风格和审美情趣形成了鲜明的宗教特色。它随着伊斯兰教的发展而发展，历经近一个世纪后逐渐定型。

阿拉伯的装饰艺术主要由三部分内容组成。

一、植物图案：它以植物的花、叶和枝茎形态为基本构图形式，使树叶、花卉、攀缘植物和藤蔓植物互相缠绕，创造出或工整对称、或夸张变形的连续不断的图案。

二、几何图案：它采用各种几何图形，如方形、矩形、圆形、椭圆形、菱形、圆锥形、半圆形、多边形、螺旋形和波纹形，或单用一种，或数种套用，或与植物图案结合使用，后来又在简单的几何图形基础上发展出涡卷形、星形和格子形。

三、文字图案：它以艺术化的阿拉伯字母作花边装饰。由于阿拉伯字母形状各异，加以夸张变形，就能变化出无数独具魅力的图案。以文字作图案装饰，是阿拉伯装饰艺术的一大特色。

随着装饰艺术的发展，阿拉伯人又将这三种图案互相组合搭配，使之融为一体，连绵不断，色彩纷呈。

由于伊斯兰教严禁偶像崇拜，不准以物配主，人和动物的形象是不能入画的。这也就是阿拉伯的装饰图案中没有人物鸟兽，只有花叶饰、几何饰和书法饰的原因，在阿拉伯地区也见不到伊斯兰时期的人物、动物浮雕和立体雕塑，这是阿拉伯装饰艺术最突出的特点。但在伊斯兰教初期，由于基督教的残余影响，人物入画仍然存在，这在今天仍残存的倭马亚王朝初期宫苑壁画上仍能见到。另外在文学作品插图方面，并不禁止人物入画。因此，在公元14、15世纪时出现了价值极高的文学绣像插图和类似于中国工笔画的巴格达细微画派所作的人物画。这一画派的杰出代表是叶海亚·本·马哈茂德。他于1237年为文学名著《玛卡梅骈文故事集》所作的99幅插图，无一雷同，堪称绝代佳作。

阿拉伯装饰艺术处处可见，最明显的是在清真寺里，其壁龛上刻着各种花纹和图案，地毯上编织着精美的花边图案，墙壁上镶着各种色彩的大理石或马赛克构成的图案，艺术化的文字饰带悬挂在大厅内，随风飘动，这一切都构成了一个美的世界。各种图案还被织进纺织品中，烧在陶器上，描绘在各种建筑物的墙壁和门窗上，雕刻在水晶和玻璃制品上，镶嵌在金银铜等金属工艺品上。尤其是那些精美的手工艺品，制作过程本身即是伊斯兰艺术的描绘表达，“工”和“艺”做到了完美结合，令人称奇。

[选自王德新主编：《阿拉伯文化选读》，北京：北京大学出版社2012年版，第177页。]

阿拉伯人的节日和婚丧习俗

阿拉伯民族是个能歌善舞的民族，自古喜聚庆游乐。他们善于把各种场合变成他们的喜庆之日，一年四季节日不断。

阿拉伯人的大部分节日是与宗教有关的，既有伊斯兰教的节日（它占据了节庆日的大部分），也有基督教的节日。在埃及，还有一些与尼罗河有关的节日。很多基督教的节日，穆斯林们也参与庆贺。

伊斯兰教的重大节日每年有三个，一是伊斯兰教历的十月一日为开斋节。每年伊历九月为穆斯林的斋月，在斋月中，每日黎明至日落禁饮食和房事，称为“把斋”，斋月最后一日看到新月后即可开斋。禁食一月，终于结束，喜悦之情，溢于言表，因此大开食欲，尽情吃喝，携带食品，走亲访友，互祝问候。家家户户，喜气洋洋，连日欢庆。

二是宰牲节，在伊历十二月十日。伊历十二月是穆斯林赴麦加朝觐的圣月，十二月十日正是大朝觐的最后一天，穆斯林们家家都要宰牲献祭。据传说，先知伊卜拉欣为表示对真主的忠诚，曾按真主之令欲宰杀其子易司马仪献祭。当其子俯首待杀时，真主又派天神改用绵羊代替。宰牲的习俗就是为纪念伊卜拉欣而沿袭下来的，成为伊斯兰教的重要节日。这一天，各地穆斯林都要在清真寺聚礼，宰牛、羊、驼互相赠送，家家张灯结彩，连续几天尽情游乐。

三是圣纪。伊历三月十二日为教主穆罕默德诞生纪念日，又是他逝世纪念日。该日，各地穆斯林在清真寺聚礼，赞忆先知穆罕默德的生平事迹，户户聚餐设宴，为先知祝福。

此外，伊斯兰教什叶派把伊历一月十日定为哀悼日，纪念阿里之子侯赛因于公元680年1月10日殉难于伊拉克卡尔巴拉。此即“阿舒拉”节。届时，在什叶派圣城库姆、开罗的侯赛因清真寺都要举行隆重的哀悼仪式和游行。自阿尤布王朝起，逊尼派穆斯林将此哀悼日变为喜庆节日。人们普遍在这一天吃一种甜食，此甜食即叫“阿舒拉”。

伊斯兰教的其他纪念日还有伊历新年，在每年伊历元月一日；先知登宵节，在每年伊历七月二十七日；白拉台夜，在每年伊历八月十五日；盖德尔夜，在每年伊历九月二十七日。这些节日都有相应的传说。在这些夜晚，阿拉伯各地灯火通明，人们纷纷制作各种动物造型的甜食，聚餐欢庆，逛街观灯，其乐融融。

在埃及，各地穆斯林也和信仰基督教的科普特人一起欢度传统的基督教节日，如内鲁兹节（科历元旦）、圣诞节、复活节、主显节等。

此外，埃及的阿拉伯人，不分穆斯林还是基督徒，每年8月下旬都要隆重庆祝尼罗河泛滥节。这一天人们倾城出动，大街小巷张灯结彩，尼罗河里彩船云集，鼓乐长鸣，笑语欢歌。每年4月15日，人们又都涌向尼罗河边，家家在河边椰树下、绿地上围坐聚餐，欣赏大好春光。这就是全民欢庆的闻风节。

阿拉伯人的传统婚俗比较落后，普遍实行早婚、近亲通婚和一夫多妻，并索要巨额彩礼。洞房之夜，新郎要先验明新娘是处女之身后才能圆房，丈夫可随意休妻，陋俗甚多。阿拉伯人的丧葬习俗相比婚俗较进步。他们实行土葬、简葬、速葬，不备专门的棺材，不搞随葬殉葬。

[选自王德新主编：《阿拉伯文化选读》，北京：北京大学出版社2012年版，第204页。]

阿拉伯音乐

阿拉伯音乐在世界音乐史上占据重要的地位。她被音乐史学家称为“世界最有影响力的三大音乐体系（欧洲、印度、阿拉伯）之一”或“东方五大音乐体系（中国、印度、南洋、日本、阿拉伯）之一”。

阿拉伯音乐源于阿拉伯半岛的原始音乐。古代阿拉伯人以游牧为生，与驼羊为伍，无限的荒漠和单调的生活使他们经常借助音乐去排遣生活的困扰，抒发内心的感受。据考证，最早的阿拉伯歌曲就是赶驼人按照骆驼行进的节奏吟唱的赶驼调，以后又出现了祭祀调、征战歌、哭丧曲等。这些曲调旋律简单、音域窄小、无限延长、随兴所至。

到了蒙昧时期，阿拉伯半岛成为周围地区必经的商业要道。随着经济的发展和民族交往的增多，文化交流日益频繁起来，音乐的形式和内容开始多样化。当时最为流行的是祭祀音乐和宗教歌曲，其次是商旅民谣和游吟歌谣，宫廷中出现了职业的乐师和歌姬。当时在麦加举行的一年一度的赛诗会同时也是歌咏比赛。很多波斯乐器也开始被引进阿拉伯半岛，增强了歌曲的表现力，吟唱的曲调也开始多样化，但是完整的音乐理论还没有出现。

伊斯兰教诞生后，在四大正统哈里发时期，出现了无伴奏、无乐谱、全靠口传的诵经调。到了倭马亚王朝时期，阿拉伯的音乐产生了质的飞跃。随着阿拉伯帝国版图不断扩展，阿拉伯半岛本土音乐开始与周围比她先进的波斯音乐、希腊音乐、罗马音乐、印度音乐进行真正的渗透和融合，这极大地促进了阿拉伯音乐的发展。这一时期出现了阿拉伯最早的音乐文献，如伊本·卡尔比的音乐专著《论旋律》。在麦地那城出现了最早的音乐学校，还出现了职业歌手和乐团，受到专门音乐教育的歌唱家和乐师大量涌现，如当时极负盛名的以马伯德为首的五人歌手兼乐手。在王室的重视和关心下，当时乐人们的地位也有了提高。

阿拉伯音乐在阿拔斯王朝时期达到了鼎盛。这一时期涌现了一批极有影响的音乐理论家和音乐史家，他们的乐理著述为阿拉伯—伊斯兰音乐体系的形成奠定了基础。据史书记载，在9—13世纪之间，阿拉伯音乐著述多达二百多种。巴格达音乐家伊斯哈格·穆绥里写了十几部音乐理论著作，总结了乐理和创作经验，论述了旋律和节奏的构成；大音乐家，同时也是大哲学家的肯迪写了《音谱论》《节奏论》《作曲法》等理论著作；音乐理论家，同时也是哲学家的法拉比写了《音乐大全》《节奏分类法》，深入探讨了音乐的结构、曲调和节奏；音乐史家艾布·法拉吉编撰的《歌坛纪》总结了阿拉伯音乐发展的历史，成为阿拉伯音乐史集大成之作和有关阿拉伯歌手、乐手、诗人资料的百科全书。阿拉伯学者把音乐看作是自然科学理论的一部分，是一门纯粹的理论，而不仅仅是用来消遣娱乐的。因此，阿拉伯的音乐理论家同时又是哲学家或数学家，这是阿拉伯音乐理论较早成型的原因之一。

阿拔斯王朝时期，无论是宫廷还是民间，音乐生活十分活跃，音乐创作也非常繁荣，歌舞吟唱已成为当时人们生活中不可缺少的一部分，著名的作曲家和歌唱家纷纷问世，演奏的乐器也得到了进一步的改进。后倭马亚王朝的音乐大师基亚卜将阿拉伯琵琶由四弦增至五弦，将拨弦器由木制改为鹰翅骨，使其音色更加优美。波斯乐器已全部被引进，弦乐、管乐和打击乐器种类已增至二十多种。

8世纪后，阿拉伯世界出现了两大音乐中心，东部中心是阿拔斯王朝的首都巴格达，西部中心是后倭马亚王朝的首都科尔多瓦，主导东部巴格达乐坛的是音乐大师穆绥里父子，主导西部科尔多瓦乐坛的是音乐大师基亚卜。

当阿拉伯音乐生活和音乐创作进入鼎盛时期时，中世纪的欧洲还沉睡在毫无生气的黑夜中，乐坛一片沉寂。有西方音乐史家认为，欧洲近代音乐是在阿拉伯音乐的影响下起步的，阿拉伯音乐理论研究为欧洲近代音乐的形成准备了条件。与此同时，阿拉伯音乐也极大影响了东亚的音乐发展。汉唐以来，从西域传进中国内地的很多乐器和曲调极大丰富和促进了中华民族音乐的发展。

[选自王德新主编：《阿拉伯文化选读》，北京：北京大学出版社2012年版，第153页。]

第六篇

文坛艺苑——阿拉伯小说选译

《诗坛记》节选

[古阿拉伯] 艾布·法拉吉·伊斯法哈尼

内容介绍：《诗坛记》是阿拉伯中世纪的文学，历史巨著，也是最权威的阿拉伯音乐史巨著。它由阿拉伯中世纪著名学者艾布·法拉吉·伊斯法哈尼（897—967年）用近50年时间搜集、汇编成册，共20卷。内容以阿拔斯王朝初期著名音乐家伊卜拉欣·穆绥里编辑的《百声》（百首歌曲）为基础，广泛搜集自蒙昧时代起至10世纪阿拉伯历朝历代的诗词歌赋汇编而成。对每首名诗名歌的作者、曲者、演唱者的生平事迹、生活逸事，以及其表达内容、创作背景、流传过程，甚至曲牌名称、调式特点、配乐形式都一一作了介绍。并穿插以征战故事、宫廷趣闻、爱情传说、语录名言等。全书以大量篇幅描绘了阿拉伯人和早期穆斯林社会的政治、经济、历史、文化、宗教和风俗习惯。它是研究阿拉伯中世纪社会生活、文学艺术和民俗民情的珍贵文献，为历代文史学家重视和推崇。但因其内容庞杂，头绪繁乱，引据术语赘滥，大大影响了它在社会上的流传。直到13世纪末，埃及阿尤布王朝的著名学者伊本·倭绥里·哈马维（1208—1298年）对其进行了细致的再编整理，删赘留精，重编成六大卷的精编本，才使其迅速扩大了影响力，成为阿拉伯人最具传抄、阅读、收藏价值的典籍之一，受到上自君王，下至文人的普遍誉评。直至现代，更得到了文学泰斗塔哈·侯赛因的肯定、赞誉和推荐。他认为此精编本是原著最好的一部权威删节本。因此，译者把它选为译本。所据是1963年由埃及解放书社重印的此精编本。

此书译名不统一。有《乐府诗集》，有《诗歌集成》等。译者以为，皆因望文生义而来。可能仅以书名而译，而没看过内容。因此译者以其内容大胆将其译成《诗坛记》。

作者介绍：《诗坛记》作者艾布·法拉吉·伊斯法哈尼，生于现伊朗伊斯法罕地区，在巴格达长大，为伍麦叶王朝末代哈里发麦尔旺二世苗裔，青年时代曾游学巴士拉、库法，后定居阿勒颇。曾在哈姆丹王朝苏丹塞弗·道莱宫廷中从事创作。通晓伊斯兰教义，哲学，历史，文学，诗歌，乐理，卒于巴格达。曾编选阿拔斯王朝著名诗人艾布·努瓦斯、布赫图里、艾布·泰玛姆等人诗集。他最富盛名的著作是历时50年编著成的《诗坛记》，以此成为阿拉伯中世纪最伟大的文史学家之一。《诗坛记》是一部百科全书性的文学史、音乐史、诗歌史集成，共20卷，全面记录了10世纪前阿拉伯伊斯兰的社会、历史、宗教、文学艺术、风俗习惯等各方面情况，是研究阿拉伯伊斯兰文化和社会生活的珍贵文献。他的其他著作还有《塔利卜人的殉难及其轶事》《图菲利派的传说》《传说与遗迹》《珍闻集》《求索者的战场》《阿拉伯人的日子》等。

马伯德

（公元？—743年，倭马亚王朝歌坛之王。生于麦地那，奴隶出身。）

马伯德全名马伯德·本·瓦哈布。有人说他叫伊本·卡塔尼。有人说他原来是阿斯·本·瓦尔萨·马赫祖米的家奴。另有人说，他原来是穆阿威叶·本·艾比·苏富扬的奴仆。

他的父亲为黑人。他是个黑白混血儿。高个子，斜眼。

伊本·胡尔达兹比赫[①]说：“他是倭马亚王朝的第一位歌手，一直活到阿拔斯王朝，老年偏瘫。当年，只要他开唱，就欢声一片。”

艾布·法拉吉言道：“伊本·胡尔达兹比赫所叙有误。事实是，他死于大

① 伊本·胡尔达兹比赫（约820—912年），本名艾布·卡西姆，阿拉伯著名地理学家，音乐家。名著《省道记》的作者。

马士革，是在瓦立德·本·叶齐德哈里发[1]在位时。他瘫痪后，浑身抖动，不能自制，已不能唱歌。至于说他活到阿拔斯王朝，只是伊本·胡尔达兹比赫一家之言，没有任何根据，妄语而已。”

柯达姆·本·马伯德说：“为父去世于瓦立德哈里发营帐，当时我在场。当人们往出抬为父尸床时，叶齐德·本·阿卜杜马立克[2]的一个歌女扶着床木哭丧，引得抬尸床的人都停住脚步看她哭。她当时哭唱道：

今夜尊兄走，吾成病痛身。
心语善解者，卧榻最近人。
四顾皆茫茫，不禁泪淋淋。
曾经形影随，先生今无寻。
不尽恭敬意，谨受莫责问。

柯达姆说：“当年叶齐德哈里发曾命为父教授此歌女音律。出丧那天，此歌女就是用为父教她的曲调唱的此歌。”

他说：“我看到哈里发和他的兄弟厄姆尔只穿衬衣和外套走在尸床前头，一直把尸床抬到墓地。”

马伯德是当时最优秀的歌手，也是最杰出的做歌人。他是麦地那歌坛之王。

马伯德说：“我刚到麦加时，有人告诉我，伊本·绍夫万已在众歌手中获奖，我马上赶到歌手家。门奴对我说，主人不允许任何人进入！我说，我就在门外唱歌，门奴说，随你便吧！我就在门外大声唱起歌来。屋里的人听见后齐声叫喊起来：是马伯德！马上为我开了门。那天我也得了奖。”

马伯德说：“我原来是马赫祖米家族卡塔因家的家奴。有一次在哈拉遇见一个羊贩子，我就给他当帮手，帮他卖羊。有一天夜里，我正靠在一块大石

---

① 瓦立德·本·叶齐德（707—744年），倭马亚王朝第十一任哈里发，诗人。
② 叶齐德·本·阿卜杜马立克（690—724年），倭马亚王朝第九任哈里发。

头上睡觉，朦胧中听到远处传来歌声，我就坐起来，模仿歌声的调子跟着唱起来。这是我唱歌的开始。”

据传，当时著名的歌唱家伊本·苏拉吉[①]和厄立德[②]久闻麦地那人好客，一起结伴到麦地那造访。他们二人在临近城垣时下驼步行去寻访一朋友家。不知不觉经过一处墓地，旁边有一洗衣池。就在洗衣池旁，他俩发现有一个小伙子用斗篷蒙着头，手中握着一个套索正在捕鸟，同时嘴里哼着歌：

椰林美苑围一宫，胜过吉门味无穷。

唱歌的小伙子就是马伯德。伊本·苏拉吉和厄立德觉得曲调特别好听，就叫小伙子再唱一遍，马伯德又唱了一遍。两人从没听过如此新奇的曲调，遂互相询问：你以前听过类似的调子吗？从来没有！你觉得呢？伊本·苏拉吉说：“一个捕鸟的孩子都唱得这么好，那城里的人就更不得了了！我要再不走，母亲就会找不到儿子了！”两人就此离开了麦地那城，没敢进去。

马伯德说：“有一次，汉志有几位酋长——他们都是有权势的人——派人请我到麦加去，我接受邀请，带着一个仆从上路了。那天，天很热，仆从落在了我的后面。我觉得干渴，就走到一座帐篷前想歇歇脚。我发现，帐篷里有一个水罐，装满了凉水，有一个黑人守着。我对他说：‘请给点水喝。’他说：‘不行。’我又说：‘那么，让我在帐篷里休息一会儿！’他还说：‘不行！’我只好放倒我的骆驼，坐在它的旁边，用它的身体遮荫。我心想，我要是唱唱歌，说不定他能让我进去。我也可以借此活动一下舌头，润润嗓子，解解渴。想到此，我即开口唱起来：

① 伊本·苏拉吉（640—716年），倭马亚王朝著名歌唱家，作曲家。生于麦加。他是引进波斯琵琶的第一人。

② 厄立德（？—714年），倭马亚王朝著名歌唱家。生于麦加，死于也门。

椰林美苑围一宫，胜过吉门味无穷。

“没想到，我刚一唱完。这个黑人马上跑出帐来致歉，请我进去歇凉，对我说：‘用凉水冲点麦面粥喝吧！’我对他说：‘有点水喝就够了，你刚才连这都不准。’他马上端水请我喝，直到我喝够了为止。这时，我的仆从也赶到了，就一起坐在帐中休息。等我们休息够了想走的时候，那个黑人说：‘天这么热，我也没照顾好您！这样吧，我背着水囊和你们一起走，您什么时候渴了随时都可以喝，但要给我唱歌听！’我说：‘就听你的！’我就边走边喝边唱，一直走到榻所。”

又有一次，马伯德有事到麦加去，走到布吞摩尔那个地方[①]，他听到有人唱歌，就循声找去。在一个水塘边，他发现一个人坐在那里，脸庞清秀，头发分开，身穿用番红花染的开襟敞袍。只听他唱道：

心底思念曾远去，忧伤烦恼相呼喝。
空帐不见姑娘影[②]，犹似长裾遮虚体。
呼叫旅友驻此地，希冀旷野闻回语。
淡忘情肠已激活，愁思难消成痼疾。

“你是伊本·苏拉吉？”马伯德问那人，“你是马伯德？”唱歌的反问他。“正是！”“天哪！我要是知道您会来，绝不敢在这唱！”

马伯德曾经教过汉志地方一个名叫卓菩娅的女奴学唱，使她成为歌女。她学成后，被伊拉克地方的一位男人买去，把她带到巴士拉，不久又卖掉了她。一位阿瓦士人[③]第二次买了她。此人非常痴迷她的歌喉，此歌女也非常认真地

① 布吞摩尔，阿拉伯半岛麦加附近一处谷地。
② 原诗此处为一姑娘的名字，萨勒玛。
③ 阿瓦士，两河流域古城，位于巴士拉东北。现为伊朗胡齐斯坦省会。

坚守马伯德所教的章法和规矩，不越雷池一步。但她和这个男人只生活了很短的时间就死了，死前把自己演唱的大部分歌曲都教给了此男人的其她女奴们。怀着对卓菩娅的爱怜和愧疚，这个阿瓦士人决心要找到她的师傅马伯德。他很执着地打听马伯德的信息，不加掩饰地推崇他在歌曲演唱和创作上的造诣。此事传得沸沸扬扬，尽人皆知，终于传到了马伯德的耳中。他随即从麦加出发赶往巴士拉。没想到，他赶到巴士拉时，那个人刚好登船返回阿瓦士。两个人谁也不认识谁。水手们看马伯德也要上船，就让他在船尾找个地方坐下来。当船航行至本拉河口①时，船上的人开始午餐，那个阿瓦士人命令歌女们演唱。马伯德静静地听着，因他身穿汉志地区普通百姓衣着，没人注意他。只听一位歌女唱起了纳比埃②的诗作。她唱道：

苏阿达走绳已断③，伊卓玛远下草原④。
巴拉姑娘勾魂魄⑤，心荡神移梦流连。

此歌女唱得不好，马伯德不由得向她喊起来："你没有唱准！"一听这话，她的主人，那个阿瓦士人生气了，反击他说："你懂得唱歌吗？还不住口！"马伯德只好忍住不说话了。那个歌女又唱了几首其他诗人的诗作，马伯德耐着性子听着。当听她又唱起阿卜杜拉赫曼·本·艾比·伯克尔⑥下面这首诗时，他忍不住了。她这样唱道：

---

① 本拉，镇名。位于通向巴士拉的底格里斯河河口。
② 纳比埃（？—604年），伊斯兰初期著名诗人。全名为齐亚德·本·穆阿威叶·本·萨阿比·本·朱布亚尼。纳比埃是他的号。
③ 苏阿达为一姑娘名字。
④ 伊卓玛，阿拉伯半岛红海沿岸谷地泛称。
⑤ 巴拉，也门地区一古老部落名。
⑥ 阿卜杜拉赫曼·本·艾比·伯克尔（？—673年），伊斯兰教史上第一位正统哈里发之子。先知妻兄。诗人。

艾兹德人女儿美[①]，神魂颠倒我心碎。
有人怨我情火旺，不知怨府为情鬼。
无爱除非身骨烂，情之奇妙不可绘。
让我为爱去献身，非难之人赎我罪。

她刚一唱完，马伯德就说：“姑娘，你糟蹋了这首诗！”那位阿瓦士人又申斥他：“真该死！你不懂歌，还爱多管闲事！”马伯德又不说话了。那些歌女们又接着唱起来，过了很长时间，直到其中一个歌女唱起了库西尔[②]的诗：

二位挚友请暂留，方便之后再分手。
旷野之下有自尊，不要让我扫污垢。
唤回旧情唤回爱，唤回泪水洒难收。
生活无趣今非昔，常忆远方度春秋。

她唱得平铺直叙，毫无变化。马伯德终于又开口了：“这位姑娘，你怎么一个调子唱到底？”那个阿瓦士人更生气了：“我说你这个人怎么这么爱管闲事？你要再这样，就把你从船上轰下去！”马伯德马上又收住口，一直等到歌女们都唱完了，安静下来后，他主动唱起来。刚唱完第一支歌，歌女们就惊叫起来：“唱得太好了！哎呀，再唱一遍吧！”马伯德说：“不敢，不客气！”又接着唱了第二支歌。听完后，歌女们对他们的主人说：“他是我们见到的唱得最好的人！请他教我们再唱一遍，哪怕一次呢！如果让他走了，再找不着第二个人了。”她们的主人说：“你们刚才唱的时候都听到了他对你们不好的评价，我担心他还这么想。我们已经用话伤了他，再等一等，缓和一下再说。”马伯德又继续唱了第三支歌。唱完后，简直像是发生了地震，全船都轰

① 艾兹德，也门地区最古老的阿拉伯人部落，后迁移至半岛各地，为阿拉伯族祖先。
② 库西尔（665—723年），生于麦地那，倭马亚王朝著名诗人。

动起来。阿瓦士人跳起来，冲到他的面前说：“先生，我们错怪了你！没想到你水平这么高！”马伯德说：“就算你不了解我，也应该先核实再说话。上来就说那样伤和气的话，不好！”那人说：“我错了！特向你道歉。请原谅！”阿瓦士人一直陪伴马伯德直到下船。阿瓦士人问他：“您是从谁那里学的歌？”“是从汉志的乡亲那里学的。”马伯德转而问他：“你的那些歌女们是跟谁学的？”阿瓦士人回答：“是跟我买的一个歌女那里。从麦加来的一个巴士拉人卖了她。她过去曾是马伯德的学生，学成了才走的。她曾经是我的心肝宝贝，但不幸去世了。现在的这些歌女都是从她手里学的。论唱歌，我直到今天也只崇拜马伯德一个人。我认为他胜过目前已知的全部歌手。他创作的所有歌曲我都喜欢！”马伯德说：“哦！你就是那个人哪！那么你认识我吗？”“不认识。”马伯德用双手拍拍他的头顶说：“我就是马伯德呀！我特意从汉志赶来找你，等赶到巴士拉，你正好上船回阿瓦士。谢天谢地！我没有放任你的歌女乱唱而不管。我会让她们中的每一个都能很好地接班。”一听这话，主仆们拥到他的面前亲吻她说：“整整一天，你把自己掩盖起来，让我们损你，伤你。先生啊！你是我们朝思暮想想见的人啊！”阿瓦士人随即更衣整容，正式拜师。他赠给了马伯德几套师袍，外加三百金币和香料、礼品。一路陪伴他直到阿瓦士城。马伯德在他那里认真授徒，直到那些歌女们都熟练地掌握了所有歌术、唱技，才返回汉志。

瓦立德·本·叶齐德哈里发恩宠马伯德，有一次想见他一面，就宣他到麦地那见驾。当得知他已赶到候驾时，命令修一水池，池里灌满用蔷薇、麝香和番红花浸泡的水。从室内通往水池的路上都铺上地毯。在水池对面专为马伯德修一处演唱台。接见时，除了侍从没有第三者在场。马伯德被带到池边演唱之地，他看见对面幔帐垂挂，遮住一人，不知如何是好。侍从提醒他：“马伯德，就在此地见驾，快向信士长[1]致意！”马伯德立刻向哈里发施礼致意，瓦立德哈里发在帐中答礼，然后问他：“马伯德，你可知为何宣你？”“这只有

① 信士长，即艾米穆厄米尼，穆斯林对哈里发的礼节称呼。

真主和陛下能知。”“为王想你，欲闻曲当面。”“欲闻草民自备之曲，抑或陛下钦点之曲？请陛下明示。”“欲闻此诗之音……”

痛惜年少伴羞丑，为所欲为岁月走。
猜忌疑惧时害人，互相残杀成世仇。
同胞对立泣无泪，犹如情侣哭分手。

马伯德就他的诗唱起来，刚一唱完，瓦立德的幔帐被掀开了。哈里发从帐中走出来，“扑通”一声跳进池塘里，潜游起来。游完上岸，侍从们马上为他换了一身新装束。然后开始饮酒，也命马伯德同饮。饮后，又对马伯德说：“再为王吟唱此诗”：

君子何故不应求，爱侣恋友来问候。
喜极而泣云落雨，破涕为笑面如秋。
倘若君知诚邀者，恸哭泣血情难收。

马伯德唱完后，哈里发又像刚才一样，走出幔帐，跳进水池，潜游水中。出水后，又换上第三套衣服，然后和马伯德饮酒作乐。酒过一巡，又吩咐道：“再为王吟唱一首！你听此诗”：

哀哉庭院今非昔，见我凭吊甚觉奇。
悲声戚戚久伫立，四顾茫茫皆废墟。
彼等故交悼何益？斯人不烦慢驼蹄。
每当垂问尚安否，皆言去家久逝矣！

马伯德就诗而唱。唱完后，瓦立德又一次跳进水池，出水后又更换新衣，又举酒狂饮。喝够了后问马伯德：“你说，何人为得到国王更多的恩宠而为之保守秘密？”马伯德回答：“当信士长需要草民的赞颂与忠谏。”哈里发随即命令侍从：“送一万金币到马伯德家，外加两千金币作路费！”侍从随之照办。

此故事有另一种说法：池塘里盛满了酒，瓦立德跳进池中去喝酒，喝够了才上来。

笔者言：本人从其他史料中发现，瓦立德在池中饮酒直饮到能看到酒面下降。

马伯德说：有一次，瓦立德·本·叶齐德哈里发派人宣我，我即动身前往。走到大马士革时，在一家浴室发现一个很威严的人带着两个小厮。浴室老板见他进门马上扔下其他客人去侍候他。我心里琢磨：招呼他一下，看是否还认识。要是不识相，权当唤狗。我故意背对着他，哼起小曲。他转身看到了我，马上命令那两个小厮：“把这些东西给他送去！”他手里的东西转眼间落到了我手中。然后，他请我到他家做客，我欣然前往。落座后，他显得很殷勤，还拿出了葡萄酒。我也摆出一副正人君子的样子和他应酬。但看得出来，他并不开心，经常走神。勉强坐了一会儿后，他吩咐仆从：“去把老先生叫来！”很快，仆从领着一位老人来了。那个人一下子高兴起来，亲切地招呼他。老人带着一把琵琶，一坐下就主动弹唱起来。只听他唱道：

一条大鱼进了锅，真倒霉！
一只老猫叼了它，真可恶！

那位主人边听边拍着手，用脚打着拍子，显得非常高兴。老人又继续唱：

投我一个大蜜桃，小情人！
以为我没看见她，小情人！

那位主人高兴得几乎要跳起来了。我实在无法忍受，就偷偷溜出屋子，不辞而别。我从没见过如此的垃圾歌曲，和如此不学无术的老朽。

……

艾布·拉比亚

（公元644—712年，倭马亚王朝著名诗人，生于麦加，放荡情诗代表作家。）

艾布·拉比亚全名侯宰发·本·穆伊拉·本·阿卜杜拉·本·欧麦尔·本·马赫祖姆·本·雅各扎·本·穆拉·本·鲁维·本·厄里布。欧麦尔（全称欧麦尔·本·艾比·拉比亚）别名艾布·赫塔布。艾布·拉比亚是他的祖父，人称双矛汉，因他身高似枪矛。也有人说，是因为他走路时两条腿有如两支长矛。诗人阿卜杜拉·本·吉帕拉[①]曾写诗咏之：

善哉有此族，生自萨赫木。[②]
希夏姆法吉[③]，还有带矛夫。[④]
双矛增其力，双矛助其武。
就近抛出去，保卫吾族土。
雄狮不惧敌，张口敌入腹。
欧卡兹一战，救民于败途。
血统皆高贵，子孙名门出。
我以天房誓，同胞不用谋。
残宫废殿里，宽宥待敌俘。

---

① 阿卜杜拉·本·吉帕拉（？—636年），伊斯兰初期古莱什族著名诗人。曾激烈反对伊斯兰教，后皈依之。

② 萨赫木，诗人所属之家族。

③ 希夏姆，诗人祖父之兄。法吉：即艾布·阿卜杜玛纳夫，诗人祖父之弟。

④ 带矛夫，即双矛汉，为诗人之祖父。

拉塔[1]子孙仁，个个心宽厚。

法吉即艾布·阿卜杜玛纳夫，全名法吉·本·穆伊拉。拉塔为穆伊拉子女之母。她是苏伊德·本·萨赫木之女。穆伊拉共生了希夏姆、哈希姆、艾布·拉比亚和法吉四个儿子。

有人说，此诗非吉帕拉所作，而是艾布·伯克尔·本·阿卜杜拉赫曼·本·哈里斯·本·希夏姆·本·穆伊拉奉命而写，而安到了吉帕拉头上。

在蒙昧时期[2]，阿卜杜拉·本·艾比·拉比亚（艾布·拉比亚之子）大腹便便，先知称他为阿卜杜拉，而古莱什家族的人都叫他“钱口袋”，这归结于他们每年都要为天房缝制幔帐。有一年，缝制幔帐的费用是由阿卜杜拉支付的。从那年起，他就想把此事费用全包下来。

另有一说，“钱口袋”是指瓦立德·本·穆伊拉。

阿卜杜拉·本·艾比·拉比亚曾是一名富商，生意远至也门，是当地最有钱的人。他的母亲阿斯玛·宾特·穆赫里玛是一名香料商，从也门贩运香料倒卖。她也曾嫁给希夏姆·本·穆伊拉，为他生下了艾布·吉赫勒和哈里斯两个儿子。因此，她既是希夏姆两个儿子的母亲，又是艾布·拉比亚的两个儿子阿卜杜拉和阿亚什的母亲。

阿卜杜拉·本·艾比·拉比亚曾经从埃塞俄比亚买来很多奴隶工匠，供他役使。据说，当年先知出发前往侯奈因[3]时，曾问过他：“你在埃塞俄比亚还有没有族人可以借助？”他回答：“他们尽给我找麻烦。饿即思盗，饱即思淫。那些人吃饭没有够，打仗不要命！”

先知任命阿卜杜拉·本·艾比·拉比亚为琼德省总督[4]，他一直履职到欧麦尔哈里发去世。

---

① 拉塔，希夏姆、法吉和艾布·拉比亚之生母。

② 蒙昧时期，伊斯兰史家所称伊斯兰教创立之前之历史时期。

③ 侯奈因，麦加东郊一山谷。630年，先知在此与塔伊夫和麦加贵族进行最后一战。

④ 琼德，也门北部地区。

有人说，奥斯曼哈里发继任后曾继续要他留任。

欧麦尔的母亲多子，据说名叫玛吉·莎比娅，也门哈达拉毛人[①]，又说是希木叶尔人[②]。欧麦尔正是在那里懂得了风情，即所说的“也门的爱，汉志的情”。又有人说，他的母亲是位多子的黑人妇女，名叫法尔莎。

艾布·法拉吉反驳说，他的母亲也是他兄弟哈里斯的母亲。哈里斯又名古巴[③]。他母亲是一位品德高尚，信仰专一，令人尊敬的古莱什名门之后。

他的母亲是一位基督徒，但她直到去世也没有告诉她的子女。所以到举行葬礼时，一些有身份的人出面干预，阻止葬礼进行，此事发生在欧麦尔哈里发在位时。当时儿子哈里斯听到女人们议论纷纷，就去问个究竟。她们告诉他，他母亲脖子上挂着十字架，而母亲生前从未向他说过此事。他只好对围观的人说：“请散开吧！前辈们都是有自己的信仰的，他们的信仰比我们诸位都要早。请诸位宽恕。”在场的人都称道他的做法。

欧麦尔·本·艾比·拉比亚有一个儿子，名叫朱万。诗人阿尔基[④]曾用其名戏咏之：

亡友朱万证我爱，难道朱万证不公？

据说，朱万因此诗去见阿尔基，对他说：“真有你的，想帮我扬名也不能这么干啊！先咒我死，再让我证明你对她的爱！”朱万是个好人。

欧麦尔出生在欧麦尔哈里发被害的那天夜里。据此，哈桑[⑤]曾有感而说：“真的去了，假的来了！”

---

① 哈达拉毛，也门东部地区。

② 希木叶尔，也门一古老部落。

③ 古巴，阿拉伯语义为帽子。

④ 阿尔基（？—738年），与诗人同时代的一位模仿他的调情诗人。

⑤ 哈桑（642—728年），指哈桑·巴士里，伊斯兰教初期著名圣训学家，教法学家。

有一天，伊本·阿拔斯[①]在麦加禁寺和纳菲尔·本·埃兹拉克[②]及一群哈瓦利吉派人士[③]正在争论时，欧麦尔·本·艾比·拉比亚来了。他穿着两件衣裳，都染成了浅黄色。伊本·阿拔斯一见到他，就说：“过来，为我们朗诵一首！”他随即吟道：

君别福门于今晚，抑或离府在明早？

他一口气将此诗诵完。纳菲尔·本·埃兹拉克站起来，对伊本·阿拔斯说：“我们大老远地来找你，请教合法非法的问题。你对我们爱搭不理，敷衍了事。而这位古莱什有名的公子哥儿来了，就不管我们了。你听他的诗句：日下见君或蒙羞，傍晚见君被骚扰。”

伊本·阿拔斯说：“你诵错了！”纳菲尔问：“怎么错了？”伊本·阿拔斯说：“应该是这样：傍晚见君或受冷，日下见君或挨烤。”

纳菲尔说：“你肯定把此诗背下来了！”伊本·阿拔斯说：“你说对了。你要感兴趣，我把全诗背给你听！”纳菲尔说：“你背背看！”伊本·阿拔斯就从头至尾把刚才欧麦尔吟诵的诗背了一遍。

又有一说，当时伊本·阿拔斯从头至尾背了一遍后，又倒过来背了一遍。这真是头一回听说，也再没听说有第二个人这样做过。伊本·阿拔斯真是绝顶聪明。有人曾夸奖他说：“我还没见过比你更聪明的人！”他回答说：“我还没见过有谁比信士长阿里更聪明的人！”

伊本·阿拔斯曾说过：“我只能记住别人的诗句，如果叫我去听女人哭丧，就什么也记不住了，就像耳朵被塞住了似的。”

---

① 伊本·阿拔斯（619—687年），先知堂弟，圣门弟子，圣训学家，诗人。追随先知多年。

② 纳菲尔·本·埃兹拉克（？—685年），伊斯兰教哈瓦利吉派之分支阿扎里加派首领。

③ 哈瓦利吉派，伊斯兰教史上最早出现的宗教派别。也称军事民主派。

有人对他背记这首诗表示非议。他说："我们都觉得这首诗写得好。"从此以后，经常听他问："那位大情人又写出什么新东西来了？"

又有一次，伊本·阿拔斯找到伊本·拉比亚，对他说："再把你的新作吟一首给我听。"伊本·拉比亚随即吟道：明日将离邻门远……

他突然停住了口，想喘口气再说。没想到伊本·阿拔斯随口接下去说：后日此门望更遥。

"我正要这样说。"拉比亚说，"真主助你！你原来听过这首诗？"

"从没听过。但我认为应该这样往下接。"

在欧麦尔·本·艾比·拉比亚出现以前，阿拉伯人普遍承认古莱什家族在各个方面都领先于其他家族，但诗歌除外。自从他出现后，他们才承认此族在诗歌方面也是无人能比的。

努沙伊卜[①]说过："艾布·拉比亚是个擅长描写新娘的人。"

苏莱曼·本·阿卜杜马立克[②]曾问过艾布·拉比亚："是什么东西不让你赞美我们男人？"他回答："我从不赞美男人，只赞美女人。"

伊本·古利吉说："再没有比拉比亚的诗更能伤害新房中的娇娘了。"

法拉兹达格[③]在了解了拉比亚的亲属关系后说："这既是诗人的需要，又是让他失足的事情。"

艾布·穆卡维姆[④]说："再没有比拉比亚的诗更具有反叛性了！"

艾布·拉比亚本人说过："我总是被人爱，而不是主动去爱。有一次遇到了两个姑娘，其中一个对我说：'过来，我有事告诉你！'而当我靠上去时，

---

① 努沙伊卜（？—726年），倭马亚王朝著名诗人。黑奴出身。

② 苏莱曼·阿卜杜马立克（674—717年），倭马亚王朝第七任哈里发。在位三年。

③ 法拉兹达格（641—732年），倭马亚王朝著名诗人。因与另一著名诗人哲利尔用诗歌进行论战而闻名。

④ 艾布·穆卡维姆，伊斯兰教初期著名辅士。生平不详。

另一个突然上来咬了我一口。但我一点也没感到疼，只当她亲了我一口。”

有一次已到斋月，拉比亚和他的几个侄儿登上一处能俯瞰艾布·古拜斯山[①]的高地。他对侄儿们说：“拉住我的手别跌下去！”侄儿们拉住了他。只听他说：“啊！天房之主，我以你起誓：女人不对我说的事，我也不对她说，我也从不掀开衣裳看不该看的地方！”

当艾布·拉比亚患上了导致他死亡的病时，他的兄弟哈里斯非常担心。他对哈里斯说：“我猜测你担心的是别人对我的怀疑。以真主起誓，我从没乱搞过女人！”哈里斯说：“就这件事让我觉得你可怜。你好像把我忘了！”

欧麦尔·本·艾比·拉比亚卒年80岁。其中40年放荡不羁，40年回心向善。

一天，有一个女人来到麦加朝觐。此女貌若天仙，在环游天房时，正好被拉比亚碰上。拉比亚立刻凑上去搭讪，没想到那个女孩子根本就不想理他。第二天夜里，拉比亚又找到了她。女孩子对他说：“滚开！你这个连真主都不爱的人。别忘了，现在是禁忌之期！”但拉比亚不死心，继续和她纠缠。姑娘开始担心会遭到他的伤害。第三天夜里，她对她哥哥说：“陪我出去看朝觐仪式吧，我还没见过呢！”她哥哥就陪她去了。走到外面，又碰上拉比亚。拉比亚刚想上前，一眼看到她身旁站着的兄长，只好灰溜溜地走开了。姑娘望着他的背影，随口吟诵了纳比埃的一句诗：

狼群虽犯无犬畜，犹惧强势守护人。

当这件事传到曼苏尔耳中时，他这样说：“我希望古莱什家族的所有姑娘都能知道这件事。”

有一次，伊本·拉比亚到禁寺里找到伊本·阿拔斯，对他说：“真主让我欣赏你！我想起了一首诗，但对其中一些句子拿不准了，想请你帮我斟酌一

---

① 艾布·古拜斯山，麦加天房附近一山。

下。”“你把这首诗读一下！”阿拔斯说。拉比亚读起来：

君别福门于今晓，抑或离府在明早？

伊本·阿拔斯对他说：“我的侄子，你是个好诗人。心里怎么想就怎么说，别顾虑那么多！这首诗是这样的：

君别福门于今晓，抑或离府在明早？
手挥发梳问女友，所提公子此君否？
友顾无疑已改容，夜行游荡隐其貌。
傍晚见君或受冷，日下见君或挨烤。
性喜游历荡八方，蓬头散发尘盖脑。
驼身为家整日伴，衣袍如影难离腰。
姑娘惊喜舒心日，闺房庭苑绿茵绕。
心满意足主人意，无忧无虑梦逍遥。”

有一次，叶齐德·本·穆阿威叶①检阅由哈拉人②组成的一支队伍。他看到眼前走过一个叙利亚人，手举着一个破破烂烂的盾牌，马上笑起来，对那个叙利亚人说：“真可怜！艾布·拉比亚的盾牌比你的强多了！”因为这使他联想起他的一句诗：

我的盾牌有记录，三个壮汉攻不透！

---

① 叶齐德·本·穆阿威叶，叶齐德一世，倭马亚王朝第二任哈里发。
② 哈拉，位于麦地那近郊。历史上以哈拉惨案闻名。

赛义德·本·穆赛伊卜[①]随之朗诵了这首诗的下面一句：

小月隐去随我愿，夜谈人睡牧人走。

诵完后他说："拉比亚怎么能这样说呢？竟敢小化真主赞美的东西！真主曾说：'月亮，我为它预定星宿，直到它再度变成像干枯的椰枣枝一样。'"[②]

有一次，法蒂玛·宾特·穆罕默德·本·艾西阿斯·本·基斯·肯迪到圣地朝觐，拉比亚听说后带信给她，约她第二天晚上幽会。告诉她：如无法通知她见面地点会有人去找她。歌手布哈代说："拉比亚把脸包得严严实实地来找我，对我说：'你去告诉穆罕默德的姑娘，我会按时到！'我不愿意去，说：'别指望我干这种事！'他离开了我，过了一会儿又转回来对我说：'我骑的骡子丢了，你到小巷子里去帮我找找！'我只好去找骡子。我刚一找到骡子，就看见那个姑娘走过来了，她已经知道了约会的地方。"

布哈代说："我一见她走过来，就明白了是拉比亚用丢骡子来骗我给姑娘指路。我没好气地对他说："欧麦尔，女人们背后说你的话真不错！她们有诗说：'你的采花小骗术，闺房人人互传之。'"

另有一说：当法蒂玛朝觐时，拉比亚托人带信给她，她答应去见他。拉比亚赏给带信人一百金币。

又有一说：当法蒂玛如约去见他时，特意要求在屋里挂上幔帐隔开他俩。她能看见他，而他看不清她。两人交谈到最后，她请求他吟诗，他就为她吟诵了下面这首诗：

明日将离临门远，后日此门望更遥。

① 赛义德·本·穆赛伊卜（？—712年），伊斯兰教初期麦地那七大教法学家之一。
② 见《古兰经》第36章39节。

清晨踏上厄姆路[1]，基尔克达是目标[2]。
情迷高地沿海间[3]，麦加内志跑焦躁。
行者催驾嫌其慢，疲驼弱骑逐不饶。
心伤情痛或自慰，悲楚复来去难消。
宅门已远心难喜，强忍硬压受煎熬。
情感磨练已受够，避灾谢恩尽知晓。
尚未走近已闻吠，帐地有光未睡着。
为她派人欲觅之，帐间暗入去探找。
小心翼翼她走来，五脏发抖心乱跳。
开口即表情之深，岂知我情比更高。
当我倾诉相思苦，隔座不见娇娘貌。
眼含泪水终难忍，满脸流似点药膏。
清晨与我别离女，即若手举扎心刀。

诗里的一些话伤了姑娘的自尊心。法蒂玛气愤地掀起幔帐，一张清秀的脸庞和苗条的身段展现在拉比亚眼前。他马上派人到姑娘家里向她求婚，送给姑娘的母亲五百金币，没想到遭到了法蒂玛的拒绝。她对拉比亚的信使说：“不要再来了！”但她心里放不下，非常伤心。她母亲劝她说：“嫁给他吧！你还是看上他了。”姑娘说：“不！他的家人会说是我主动去见他的，是我向他求婚的！他如果自己上我这儿来，我就嫁给他！”

欧麦尔·本·艾比·拉比亚也曾写诗赞美过穆萨之女翟伊娜，即古达玛·本·穆萨·朱马赫之妹。诗中说：

---

① 厄姆，厄姆尔迪肯达之缩写。为麦加附近一山谷。
② 基尔克达，麦加附近一山谷。
③ 原诗指麦加周围所属的红海沿岸帖哈麦地区。

青春返我心，依稀看朦胧。
纯洁翟伊娜，重新现清澄。
正午见其母，难道心不诚？
请指平安法，否则遇险情。
和蔼对她说，托给我一生。
惊喜点头问，何人发此声？
甜言惑少女，姑娘都知情。

此诗有第二个版本，如下：

我派使女去，嘱她小心行。
和蔼对她说，托给我一生。
惊喜点头问，何人发此声？
甜言惑少女，姑娘都知情。

他为翟伊娜还写过另一首诗。诗中说：

清晨探驮轿，诤友邀我行。
莫责翟伊娜，我心倚之重。
海夫无所忆[①]，只留我心痛。
亏我会调侃，娇人难高兴。
纯洁爱怜种，莫责我钟情。
尝询友与仆，告我如何行。
怎样密传话，暗中赴我请。
俱言派信使，偷偷传心诚。

---

① 海夫，麦加附近一地名。

得她心已盲，他女不为动。

据说，拉比亚为她写诗的原因归结于伊本·艾比·阿提克[1]。阿提克在他面前夸奖翟伊娜是一位知书达礼的窈窕淑女，给他留下了深刻印象，遂写诗赞美她。阿提克知道后，责备他说："你怎么能对我的堂妹调情？"拉比亚用诗回答他说：

阿提克啊莫怪我，你的怨言已听够。
是你为我装扮她，你是活人之鬼兽。
倾心之爱折磨我，哪怕骨烂体消瘦。
绶带围腰缀宝石，中间一段珍珠绣。

拉比亚对此诗作了注解，他说：

今日重陷我悲愁，忆起往日岁月稠。
犹记幼羚慈爱母，思念如涛徒伤忧。

古达玛·本·穆萨讲过一件事。他说："那天，我带着妹妹翟伊娜去做小朝觐，走到沙里夫那里[2]，遇见了拉比亚。他骑在马上，向我问好。我问他：'到哪儿去呀，求婚专家？'他答：'有人为我介绍一位绝色女子，我现在去会她。'我又问他：'你知道那位女子是我的妹妹吗？'他答：'不知道。'说完马上调转马头往返回麦加的路上走了。"

据说，伊本·艾比·阿提克吟诵过拉比亚的诗句，他吟道：

---

① 伊本·艾比·阿提克，先知门弟子，也是先知最早门弟子之一的哈立德·本·阿绥（？—635年）之堂弟。

② 沙里夫，麦加附近一地名。

谁向病体隐秘情，暗恋心语藏胸中。
翟伊娜知君所惑，欲寻愈方与君用。
倘若无法治我病，悲观失望疑医能。
翟家夜聚难进帐，迫使夜人急引颈。
月光闪现阴影里，守卫主人隐无踪。
未遭拒绝与其面，二人缎袍裹身影。
嬉戏娱乐本无罪，虽然花心已屈从。

阿提克说：“拉比亚是不是在讥讽我们？没有什么不让他干的事啊？”他找到拉比亚，当面问他：“你跟我们说过，你从没干过坏事。那你说说这句话是什么意思：什么叫‘二人缎袍裹身影’？”

拉比亚说：“好！让我告诉你：那天我到清真寺去，碰巧翟伊娜也到清真寺去。半道上，突然变天了，下起了雨。我担心雨水打湿她的衣裳，对她说：‘快跑到寺里躲雨！’说完我教我的随从把我带的袍子给我们两人披上。这就是‘二人缎袍裹身影’的意思。”

阿提克说：“你这个淫棍！看来需要为你找个奶妈好好管教你！”

拉比亚还有一首写翟伊娜的诗：

热恋之人心痴迷，爱上俊女发梦语。
款款走来身轻盈，犹如树上嫩枝依。
手足无措眼发直，突觉目弱缺视力。
深夜见她女伴中，闺室绣房步轻移。
肤白面嫩童贞女，缓步若如牛迈蹄。
品貌双全拔头筹，婀娜娇羞夺首席。
那日窃听开玉口，为使人前增尊誉。
只听他对挚友言：对彼游人施小计。
故意挡路暗示他，羞嘱姐姐别忘记！

友告示后他婉拒，听此匆匆追上去。
谁人遭她口水唾，如饮一杯冰浆蜜。

另有一首写她的诗：

该咒彼等恶花郎，为何弃她走他乡。
翟伊娜前无硬汉，或归或谈任舌僵。
约会通宵慢移步，悄声细语夜中藏。
心欲如何能拒抗，难道人皆无欲郎？
我见宫中所言真，清廉明澈如所讲。
常忆往昔舒心日，岁月如是度时光。

再一首：

小驼啊！
浮想联翩我心乱，心潮起伏夜无眠。
忧思难忘翟伊娜，牵肠挂肚绳难烂。
双臂轻摆体丰满，腰佩飘逸身翩翩。
脚镯沉沉超其重，绣腿若栀串环环。
每当忆起翟伊娜，泪水狂泻流满脸。
犹如天云水盈积，肆意倾洒淌无边。

有一次，一群女孩子凑在了一起，不知不觉地谈起了拉比亚，谈起了他的诗歌，他的风趣，他的交往，他的谈吐。她们开始想念他，想再见到他。其中一个叫苏吉娜的说：“我来为你们办！”遂派一个信使去找他，约定夜里在绍兰[①]见面。拉比亚步行来到约定的地点和这些女孩子们见面，一直谈到月亮

① 绍兰，麦加市郊一地名。

升起。他对她们说："我还要去拜谒先知陵。但我不想把它和这次约会混在一起。"说完就离开她们向麦加走去。有感于是他以诗咏之：

快去会见翟伊娜，驼队暂歇明日发。
绍兰之夜恳求我，只能屈从讨她夸。
姐妹女友齐讨好，不顾一切爱上她。
倘若人中选知心，不看别人只认她。

哲利尔[1]曾吟诵过拉比亚的这首诗：

奔里[2]地区有人问，君常渴望留清晨。
将被慕者置何地，围住君身夸人俊？
答曰人们虽如此，该做该活仍认真。
厌恶于我我未厌，喜欢简约与温存。

哲利尔说："这就是我们追崇他的原因。我们错怪了他，而古尔西[3]对了。"

祖拜尔[4]曾提到说："法蒂玛·宾特·欧麦尔·本·穆斯阿卜的女仆泽姆娅对我说过：'我听过你祖父说，他读过拉比亚下面这首诗：

但愿追你过哈布[5]，抑或跨越祖欧夏[6]。

---

① 哲利尔（640—758年），倭马亚王朝著名诗人。因与同时代诗人法拉兹达格用诗歌论战而闻名。
② 奔里，麦加附近一地名。
③ 古尔西（674—690年），全名穆斯阿卜·本·祖贝尔·古尔西。先知著名门弟子之一，以勇敢著称。死于伍侯德之役。
④ 祖拜尔，先知著名门弟子之一。诗人。
⑤ 哈布，麦加城郊一地名。
⑥ 祖欧夏，巴士拉与库法间一谷地。

暂歇之地不见你，莫疑我忧心如麻。
心中不烦反增爱，唯忆受窘仍不乏。
除你无事可致喜，付爱唯你不予他。
犹如病躯愁抛泪，实乃忆昔旧情发。
若要追昔忆难止，人生最堪比月华。’”

泽姆娅说：“你爷爷说过：‘拉比亚的诗节奏有如自己的心跳，表达的是自己的真实情感。如果诗歌可以销魂的话，那他的诗就是销魂药。’”

有一次，伊本·艾比·阿提克与哈立德·本·阿绥坐论哈里斯和拉比亚的诗。伊本·阿绥说：“哈里斯的诗更好！”阿提克说：“你的评论说明你有成见。反映了你的希望、寄托和需要。你的不悦的感觉是针对人的，并不是针对诗歌本身的。把它丢开吧！古莱什最好的诗人是那些情感细腻，起笔柔和，收笔平易，行文坚实，转承有情，意蕴有涵，所指可会的人。推崇哈里斯的人会说，哈里斯不是也写过这样的诗吗？比如：

莫就炭火于清晨，封火阻燃压其身。
一旦顶封成底火，火势转身冲上喷。
名人或若已知晓，他将重变荒漠魂。
焚前之地我尽知，灰中肋骨一根根。

但是，拉比亚的诗比他要好得多。他的诗句最美！你看他说的：

奔里地区有人问，君常渴望留清晨。
…………”

阿提克一连吟诵了拉比亚写过的很多诗句。最后，伊本·阿绥自觉理亏，难堪地走掉了。

据说，拉比亚的兄弟哈里斯被人起了个绰号叫“帽子”。原因是当年阿比杜拉·本·祖拜尔任命他为巴士拉总督，他为人正直。有一天，他发现市场上有一种量米的斗很特别，就说，这个斗简直就像帽子，它凹进去一块。从此，他就有了“帽子”的绰号。

哈里斯曾经禁止他兄弟拉比亚作诗，他给了他一千金币让他封口。拉比亚拿着钱跑到也门去找他的舅舅们，怕继续待在麦加会借景生情，抑制不住作诗的愿望。这一天，他心情很好，就随口吟唱起来：

瓦哈族①家何其远，游子已到亚丁湾②。
麦加宝地亲人在，游子只留忆与怨。
倘若惊见泪珠洒，犹似斑鸠泣枝端。
所见与想去甚远，拉赫杰③非我故园。
难忘豪夫④我与她，相顾唯苦无欢颜。
遥向夜空金牛哭，行行泪水流满脸。
为何愿长留也门，誓对他讲莫非难。
倘若君竟在尘世，是否为此误朝觐。

此诗一传十，十传百，终于传进了哈里斯的耳中。哈里斯一听就说：“这是拉比亚的诗，没错！他竟如此不守信用！”

---

① 瓦哈族，即瓦哈卜家族，诗人在麦加所属的家族。
② 亚丁，也门印度洋港口城市。
③ 拉赫杰，亚丁城北一镇。
④ 豪夫，也门东部一海滨小城。

《罪人》节选

[叙利亚] 法里斯·扎尔祖尔

作者介绍：长篇小说《罪人》于1974年由叙利亚阿拉伯作家联合会出版社出版，作者为法里斯·扎尔祖尔，叙利亚当代著名作家。作者1930年生于首都大马士革，中学毕业后当过短期教师，1949年考入叙利亚军事学院，毕业后在武装部队任下级军官。出于对文学的热爱，他于1958年离开部队专门从事文学创作，成果丰硕，曾为阿拉伯作家联合会会员。三次获得叙利亚最高文学创作奖、叙利亚武装部队文艺部小说一等奖、叙国家最高文学艺术委员会小说创作一等奖。

法里斯·扎尔祖尔是叙利亚作家群中的高产作家，几乎每年一部作品问世。其生前正式发表的作品包括一部三部曲，八部长篇小说，五部短篇小说集，一部文学评论集。他的作品以无情揭露社会现实而著称，同情下层劳动人民，在阿拉伯各国和西方有一定影响力，很多小说已被介绍到英法等西方国家。阿拉伯的文学评论界称他为“严酷的现实主义者”。

法里斯·扎尔祖尔晚年由于妻子多病，儿子不肖而身心交瘁，逐渐淡出公众视野，2003年由于急病突然去世，留下了未及发表的一部长篇小说和一部回忆录。

译者的话：《罪人》是一部描写叙利亚农民生活的批判现实主义作品，它深刻地反映了叙利亚农民的愚昧、落后、迷信；同时也描写了他们的勤劳、质朴、豪爽；描写了他们为保卫土地而做出的种种牺牲和要求改变自己悲惨生活处境的强烈愿望。

小说的故事是从叙利亚的一个边远村庄——塞拉村中两户农家的换婚事件

开始的。由于连年干旱，全村家家户户都用土地做抵押向高利贷者兼地主赊种子，如果再颗粒无收，土地就要被夺走。因此，农民盼雨成疯。在这种背景下，换婚变成了双方对财礼的争夺。一方就是故事的主人公加丹，他与妹妹法拉哈和双目失明的母亲相依为命，过着朝不保夕、衣不遮体的生活；另一方是村中的大户，有着三个老婆的绍里赫家。绍里赫的二老婆养了个瘸姑娘法哈达；三老婆生了个懦弱、呆傻的儿子高西姆。两家实际上是很近的亲戚，只因贫富悬殊，以前从不来往。加丹因家贫一直娶不上媳妇。正巧，高西姆看上了加丹的妹妹法拉哈，但他父亲绍里赫不同意。在他儿子的苦苦哀求下，吝啬的父亲想出了一个不付财礼，白娶媳妇的主意。经过与村长和村里几个头面人物的秘密策划，搬出了两家换亲的方案（阿拉伯国家近亲通婚是很普遍的）：让加丹娶二老婆那个嫁不出去的瘸姑娘，换他妹妹给儿子做媳妇，由此导致了一系列悲剧的发生。绍里赫在婚礼之夜看上了美貌的法拉哈，想霸占她，终于有一天找到了机会。由于姑娘拼死反抗，没有达到目的。但姑娘却差点儿变成全身瘫痪、不能说话的残废人。他的三个老婆借这个题目大做文章，说法拉哈本来就是个不正经的姑娘，要求退婚。三个老婆几次到加丹家大打出手，抢牲口，并让加丹吃尽来村里解决纠纷的警察的鞭打。只是由于旱灾，才使双方以两败俱伤而告终。无情的旱灾使家家颗粒无收，连草根都啃光了，全村人被迫弃家逃荒，村庄变成了弃村，走不掉的老年人全都饿死了。绍里赫、村长等人也先后被人打死。这时，又发生了中东战争，叙利亚全国总动员。高西姆入伍，加丹只身流落异乡做小工，仍然幻想着攒钱赎回土地。但等待他的也只有死亡一条路。

围绕这一条主线，书中描写了很多思想不同，性格各异的人物，穿插了很多动人的情节。如警察的暴虐，教长的虚伪，牧民的豪气，巫医的骗术，艺人的狡猾，以及阿拉伯人的民情、民俗、习惯，伊斯兰教的教规、教义、传统。读者可以看到阿拉伯农民是怎样居住，怎样耕作，怎样结婚，怎样看病，怎样祈雨的。书中全村人集体祈雨的场面和游牧人两次来村里巡医的描写，令人叹为观止。

作者的写作手法也很奇特。除使用大量阿拉伯谚语、俗语、典故外，非常擅长比喻和心理描写。甚至书中出现的牛、羊、驴、狗，也不时把它拟人化，描写这些家畜的心理活动和它与主人的对话。侧重心理描写是阿拉伯现代文学的普遍特点，因此书中的主要人物经常伴随大量的内心独白。这一方面是作者遵循阿拉伯民族文学传统的表现，另一方面也是为了通过这些心理活动表达作者本人的思想，是作者有意的安排。

对于中国读者来说，这部作品给人以强烈的新鲜感，犹如进入一个新天地。叙利亚现代文学介绍到我国的已属凤毛麟角，农民题材的作品更是少之又少，因此，我认为，把这部作品介绍给中国读者是有益的。

本书于1974年由阿拉伯作家联合会出版。出版后，曾被译成英法两种文字，在西方有一定影响。拙译原版书的部分精彩内容于本文集中，以飨读者。

（一）

加丹·阿卜杜勒整个白天都在挖沟畦，这些沟畦把旁边的高地和一小块田地连接起来，小田里将种下他一冬的吃食。已经有三个月没下雨了，他挖这些畦就是准备迎接雨水的。冬天犹如一条懒蛇，慢慢腾腾地爬来了，没给人们带来任何好的兆头。真奇怪，这年的冬季好像忽然就把脑袋伸进了人间，无声无息，没刮风，没打雷，也没下一滴雨。甚至连冷的感觉这个最简单的特点也没有。蜈蚣两天前就出现了，温和的秋风仍然在清扫着枯萎的小草，只把干渴的泥土留下。它认真地吸吮着泥土中残留的湿气，这点儿湿气可能还是若干年前风调雨顺时候残留的。

镐头在加丹的两只枯树枝般的手里很不听使唤，它十分艰难地在满是碎石的红土堆里迈着步。并不是他懒惰，也不是因为力量不够，而是镐头本身不跟他合作。镐头自从来到加丹家，还从来没有在这样的土地上，为了这样的目的刨这样的沟。它很不情愿干这种劳而无功的工作。

“为什么非得这样干？”可能镐头正在发这样的牢骚。

只有加丹心里明白，他是在干一件连自己也觉得奇怪的事情。不这样干他又怎么办呢？盼雨都快盼疯了，只能把它寄托在这一线希望上了。

镐头老是从镐把上掉下来，越是着急越要掉。他不得不一次又一次地弯下腰去，用石头把镐把砸紧，再重新刨下去，而容不出时间转转脑筋：是不是镐头也和天气以及那些人一起故意与他作对？

刚过午后，加丹就开始感到腰酸背痛，不得不经常停下活倚在镐把上喘气。汗滴开始在他那被太阳烤得烫人的额头上聚集，逐渐汇成一条水流，从额头右边红色的伤口一直流到下巴的黑疣上。

他感到有一颗冰凉的水滴挂在眉毛上，随即掉到地上。他的眼睛猛地跳了一下，停住了举起镐头的手。干土立刻就吞噬了这颗汗滴，没留下任何痕迹。他心里涌现出两种截然相反的心情：母亲看到自己的孩子被渴死的心情，和母亲用自己的泪珠喂食孩子的心情。他的情绪一下子变得很坏，疑疑惑惑地自问自己：“这种季节人还流汗吗？冬天在哪儿呢？”他把骨节突出的大手伸进胸口，烦躁地撕扯着贴身穿的布褂。

加丹身上只有一条裤子和一件褂子。这两件衣裳原来的颜色是不一样的，但现在已经很难把它跟皮肤的颜色区分开了。由于泥土、汗水、阳光长期的默契配合，这两件衣裳获得了不朽的特征。如果可以确信原来裤子的颜色是黑的、褂子的颜色是蓝的话，你就能明白这种变色的功夫有多深。它已经遍及这两件衣裳的每条经纬线上。衣服上的补丁看起来就像自动愈合起来的伤口，密密麻麻，片片相连。每块补丁都是必要的，就像木器上的钉子那样必要。加丹知道，早就应该换件新衣服穿了，连蛇都知道至多六周一蜕皮，以备过冬，何况人呢？但他不得不把换衣的计划一推再推。今年也是一样，因为那个卖染布的流动小贩已经停业了。小贩知道，一旦麦子收完，到打谷场上靠用麦子赊账做买卖是不牢靠的。

在穿着问题上多说两句是必要的。因为在通常情况下，穿着代表着一个人的社会地位和经济地位。加丹从来没穿过鞋，他认为全身最不需要照顾的地方就是脚。农民们对这一点是有说头的：脚掌越在地上走得多，磕碰得多，皮就越厚，这厚皮就是天然的鞋底。他今天也没缠头，因为昨天晚上和他的堂兄弟们吵过一架，缠头布被他们扯去了。架吵得很凶，起因是一只母绵羊被一只恶狼咬断了头。

汗水已经遮住了加丹的眼睛，他抬起胳膊用袖口擦了擦脑门子上的汗。手一使劲，碰到了昨天吵架留在脑门子上的伤口，立刻感到钻心的疼。他狠劲举起镐头，毫无目的地往地上砸去，借以除除心中的怒气。还没抡两下，镐把又掉了，只得再去安上。

从清晨起，加丹一直像个机器人似的挖着这些沟畦。他默念着："将会下一场大雨，雨水将顺着这些畦流到地里。现在不下，以后也有希望。安拉不会不给雨。他自己不需要它，因为他不吃也不喝；天使们也一样，他们没有人的需求。雨是专门为人类而创造的东西，今天不下明天下，明天不下后天下，这个活儿是一定要干的。"

加丹登上沟畦边的高地，把镐头插进土里，然后退回沟畦里。脚后跟一下子碰到石头上，差点儿摔倒。他跨过石头，顺着畦走到一处平地上，在那休息了一会儿又重新回去把镐把安上，刨起来。生怕雨会出其不意地落下来。

一个相反的想法像一群苍蝇钻进他的头脑里："要是不下雨呢？难道我们就该失去土地被饿死？"这个想法太可怕了，比安拉的任何惩罚都可怕。他没有办法驱散这个想法，只能自己安慰自己："这合理吗……为什么？……不，不会这样！安拉不需要雨。安拉不吃也不喝，天使们也一样。毫无疑问，他们是喜欢人类的！"

他的耳边突然响起了一个人不祥的声音，那个人恶狠狠地警告说："你们在犯罪！你们是罪人！你们要遭恶报！"这是教长阿卜杜勒·阿富尔说的话。他的话里憎恶、仇恨多于鼓励与虔诚。教长当时是在说明万能真主的判决。

忽然，一阵乌鸦的叫声把他从沉思中唤醒。他伸长了脖子，就像麻雀看见了猎人的眼泪，心中一阵狂喜：迷失方向的乌鸦落在一块跟它一样颜色的石头上，表示西边一定有雨！

地平线上确实有一团蓝色的云彩，四周被染成了深红色。周围的天空犹如一个受重伤的伤员，正在流出鲜红的血液，血液的中间显出了蓝色的暗伤。加丹闻到了一丝潮湿的气味，他把骨节突出的大手伸进褂子的破洞里，按住了胸口，破褂子的线头马上就四散飞开了。就像一个被窒息的人猛然嗅到了空气的味道一样，他想证实一下自己的感觉。他竖起了耳朵，希望能听到打雷的声音，心里默念道："至仁至慈的真主啊！"西边突然刮起了一阵微风，他以为是听到了雷声，急忙拢起双手，往里吐了一口口水，就像被人捅了一下似的，转身向后跑去。没跑几步就摔倒在一块大石头上，屁股摔得生疼。他爬起来又跑，跑着跑着，发现手里只剩下了镐把，镐头已不知掉到哪儿去了。"没关系！"他心里说，"你这个坏镐头，我要叫你知道怎样热爱土地！一会儿就会下雨，所有雨水都会落到我的地里。你还不懂？好吧！今晚上我要给你钉上两个长钉子……你不要伤心……我们一块儿干……走吧！明天，水塘是满满的，我们将有水喝，牲口也有水喝。我们还能喝到热奶呐！"加丹不知不觉地说出声来，并且越说声越大。他一下子觉察到了，有点儿不好意思，立刻止住了嘴。他感到口发干，嗓子冒火，马上咽了一口唾沫。一股土腥味直往上翻，就像是吞进了一口干土。他停住脚步，目不转睛地望着西边。那团云彩正在动呢！太阳越来越黯淡，正在慢慢地滚到山后面去。昨天的祈雨一定灵验了！真主是至仁至慈的！他宽恕一切罪恶，回答一切祈祷。阿卜杜勒·阿富尔教长在祈雨词中用的经文都被加丹背下来了。教长当时落了泪，他恳求安拉赐雨于民。安拉一定看到了女人们顶着空空的水桶和水罐，托着瘦弱干瘪的奶头，毕恭毕敬地祈求上天的情景。

加丹目不转睛地盯着西边的天空，盯着那块他认为是安拉恩赐的云彩，它正在沿着地平线由北向南移动。他心里默祝着："这块云彩会向我飘来，它一定会飘过来，哪怕是飘来一部分也好。"他心急火燎地盼着它飘得快一点儿，心跳也加速了，呼吸也变粗了。他恨不得用牙咬住它，用指甲掐住它，用全身的热血去拥抱他。但是这块云彩仍然慢腾腾地移动着，移动着，终于被地平线吞没了。

加丹第一次感到了失望与沮丧，他这才注意到，刮的风是北风，这是一种驱云禁雨的风。他打了个寒战，觉得后背一阵阵发冷。这时，肚子咕咕地响起来，他赶忙快走两步，蹲在一块大石头后面。

一只乌鸦落在他的旁边，好奇地看着他。他捡起一块石头，擦了一下屁股，随手把它扔出去。乌鸦惊恐地抬了一下头，随后就像故意嘲弄他似的高叫起来，一边叫一边又跳到另一块石头上，好像在没有肯定情况变得最坏以前不愿意离开这个地方。加丹再没心思理它，一边系着裤子一边忧愁地望着西方，西沉的太阳只剩下了长长的尾巴。就在这时，他冷冷地看到了远处有两个黑点儿正在向村子的方向挪动。

在通往阿兹兰县的土路上，那两个黑点儿一会儿低下去，一会儿高起来，一团灰色的尘土紧跟在后面滚动着。加丹清楚地听出了马蹄子敲地的节奏声。他定睛细看，发现两个黑点儿已经变成了乘法符号似的东西，并传来了马刺、步枪、皮鞭的撞击声。他明白了，这就是刚才以为是打雷的那个声音。这是个不祥的声音，它意味着干旱，意味着出现狐狸和狼，现在又把警察引来了。灾难真是一个跟着一个：如果不是昨天晚上来了狼，今天警察就不会来……他听到了鞭子的噼啪声和马匹的嘶叫声，两个骑着马的警察出现在眼前，随后又消失在村子的黑围墙里。

塞拉村的石头就是在白天也是黑的，不，是太阳升得越高村子的颜色越黑。属于阿兹兰县的这个村子坐落在三块小平原中的一块低地上，它是崎岖难行的拉贾地区的一部分。这个地区到处是山地和风化得很厉害的火山石洞穴。这里的一个个村庄跟其他地区的村庄不同：其他地区的村庄都位于有水有树的地方，而这个地区是既缺水又无树。

如果有人想在这个地方找树，他必须去问一个曾经在荒漠里迷过路的老牧人。他会告诉你，他迷路时曾看到过一棵橡树，火山喷发没把它烧死，依然挺立在旷野，就像耸立着一位无名战士的雕像。据说谁有幸在它下面遮过阴，将永不衰老，这要看他是否能躲过树干四周看守此树的蛇和狐狸。而塞拉村更具有其他村子所没有的奇怪特点：当一个路人已经走进村子里时却还不知村子在哪儿。他如果在村子里碰到了一个活的东西，这个东西肯定是待在一个小洼里。这个村子无论从哪方面看都不像个村子。牧民们把这个地方取名为塞拉，是指此地有很多垒起半人多高的石墙，像是围墙又像是羊圈。很可能是最先来到这里的那个牧人为自己也为了他的妻子——他一定是有妻子的——垒起了石头墙，然后大自然又使它的某个地方倒塌了，后来的人又把它加固。这样一代接着一代，终于使之成为这个村庄的特征，并以之命名。人们不难猜测这样的村庄里的生活情景。有一天，一个异乡打扮的陌生人来到村里，他住进了一个名声很坏但很有钱的年轻人家里。这个年轻人名叫绍里赫·扎雅布。这个陌生人利用村民的穷困与无知，很快就霸占了全村适合耕种的农田。后来，他又获得了“贝克”这样高贵的称号。没过两年，他已把全村所有的石头都变成了村民开支的抵押品，包括种子、布匹、日用品。他凭着按有两个大拇指印的单据向村民出售这些东西，村民们全都变成了他的债户。绍里赫·扎雅布曾经是把全村土地出卖给这位贝克先生的第一位中间人，据说他已经变成了他的合伙人。前几年的旱灾使这位贝克先生从此地消失了，但他的幽灵还时时笼罩在村庄的每一块地方。土地都变成了他的财产，永远无法赎回，多年的灾荒也使得收回土地的益处越来越小。今天，村民们觉得这位霸占村庄的地主，已经不值得他们重视了。

加丹一手捏着镐头，一手握着镐把转身往家走去，心乱如麻。他把牙咬得嘎嘎作响，这是他此刻唯一能做出来的动作。他想：“法哈达是我的女人，又不是我的女人；法拉哈是我的妹妹，又不是我的妹妹；绵羊是我的，又不是我的，我的母亲和我的毛驴也一样，甚至我自己也不知道将会是谁的。”

当他走到打谷场时，脑海里忽然涌现出一个近乎疯狂，但同时又是合情合理的想法。又疯狂，又合理，怎么会是这样？头脑不正常了，意识又有什么用？是的！没有中庸之事，就是安拉本人也无法中庸。他疑惑了：“我们是罪人吗？我是罪人吗？我坚持自己的权利不让步有罪吗？如果我无罪，安拉为什么要报复我？安拉把雨水禁锢起来，不让它降落人间，是因为人们有罪。我无罪，为什么要和人们一起承受这种惩罚？有人说：天恩个别赐予，灾难人人有份，这是什么意思？”

加丹生平第一次想到了“公平”。什么是公平？怎样才能实现公平？他想，这就要人们都做好人不做坏人才行。这个想法使他心里猛然间涌出一股苦痛的滋味，眼前立刻出现了警察的皮鞭。还是逃跑吧！什么都不要，永远离开这个村子……

当加丹穿过打谷场，正要跳过一处矮墙时，脑子里刹那间闪出了逃跑的念头。是发了疯吗？它没道理吗？他想：“旱得这么厉害，我有什么办法呢？让我和牲口们死在一块儿吗？我老妈会死在我前面，然后是我的毛驴，我随后。难道让我眼睁睁地看着母亲活活饿死，让我去听毛驴哀号求救吗？对，我应该赶快转身逃跑！我的女人法哈达如有幸大难不死，会去找我的。她是个好姑娘。不！我应该叫她跟我一起走！我去把她抢过来！会出现争吵的。管他呢！我应该保护自己。我有嘴，它不光会吃，还会骂，会唾！要是警察多管闲事怎么办？”想到这里，他打了个寒战，再也想不下去了，双脚不知不觉地跨过了矮石墙。

没有一丝云彩的蓝天使得夜晚姗姗来迟，黑暗犹犹豫豫地蒙住大地。石头里，阴影中，走着一个个从田里归来的庄稼汉。他们低着头，满脸失望忧愁的表情；嘴里叽叽咕咕，不时地擤着鼻涕。他们的光脚板机械地往前迈着步，谁也不往旁边看一眼。“难道是我们犯了罪而招致安拉的惩罚？”这个问题像侩子手的利剑一样搁在每个人的脖子上。“安拉确实震怒了，驱云锁雨就是最好的证明。”庄稼汉们个个心事重重，无精打采，眼睛盯着自己的脚尖，在牲口后面往前挪着身子。好像他们不是在回家，而是在走向牢狱。

整个村子犹如一块荒凉的坟地，寂静得瘆人。听不到孩子喊，也听不到老年人的唠叨；没有鸡鸣，也没有羊叫，甚至连烟味都闻不到。假如外地人到这里来，会吓得转身就跑，会疑惑周围的一个个阴影里是否卧着什么东西等着抓住他们。

走在回村的路上，庄稼汉们不由得想到了过去。想起了从前的好日子。那时的天空经常堆满了低低的云，经常听到雷声，雷声过后就有雨来。羊脖子上悦耳的铃声送进从田里干活归来的人们耳里。夜里，透过夜幕断断续续传来盲牧人沙杜寻找迷途小羊的呼唤声。那时，姑娘们嬉笑着，在拖着肥大奶头的奶牛后面追赶，争抢着还没落到地上的热牛粪，以便用她们灵巧的双手和双脚制成粪饼。但是，随着雨水的消失，那些美好的东西都消失了，留给人们的只有预想得到的灾难。

加丹爬过一个石头堆，然后穿过一块很大的空地。他正要低头钻进一个黑乎乎的门洞，猛然想起应去看一看旁边的牲口圈，看看那头毛驴是否已经给母牛腾出了地方。这头母牛到现在还不知道应该属于谁，是他的又不是他的。就像他的妻子法哈达和他的妹妹法拉哈，都无法确定她们最后的归属。这时，从近处有如石洞的一个角落里传出一个颤抖的声音：

“是法拉哈吗？”

“是加丹！”加丹冷冷地哑着嗓子说。

那个声音又响起来：

“是加丹啊？你回来啦！法拉哈到现在还没回来。我叫她去找你。努瓦夫有事叫你去，我不知道什么事。”

她抽搐起来：“我算计着不是好事……”

儿子粗暴地把母亲的话打断：“没关系，我知道是什么事！刚才我看见警察来了，我听见了他们的鞭子声。”

母亲的声音更加颤抖了：“加丹，我的心肝！他们要把你带走了！我要看不到你了，我的宝贝！”

母亲十年前就已经看不见自己的儿子了。她的两只过度劳累的眼睛就像天空慢慢散尽的乌云一样，一点一点地暗淡下去，最后连余光都散失尽了。正因为这样，她总喜欢说：“让我看看你……让我看看……我看见你了……”她把悲痛咽到肚里，心酸地品尝着它的味道。眼睛看不见了，嘴就用得多了。这时，她开始不住口地向儿子唠叨起来。说到她对儿子的爱，她的不幸的命运；也说到安拉，天使，警察。又转到她从前的悲欢，她的丈夫，她的父母。从她的童年一直说到老年；从这些天跳到那些年，再跳到这几十年。她骂着，咳嗽着，吐着唾沫。一会儿夸儿子，一会儿骂儿子的对头，进而咒骂所有的人。她喉头咕咕地响，单调急促地喘着气，胸脯一起一落像在拉风箱。嗓子不知疲倦地吞咽着字句，就像在喝永不枯竭的泉水。

儿子不说一句话，巨人似的站在地洞中央，头几乎碰到黑色的拱顶。他累极了，母亲的唠叨使他更加心烦。

“油灯呢？”儿子终于忍耐不住了，大声地打断了母亲的话。

在这个家里，只有加丹经常提到油灯。老太太已经习惯黑暗，妹妹法拉哈对于有没有光亮无所谓。她喜欢整天倦缩在母亲铺好的毯子的一角，挠着头睡觉。自从遭受到巨大的不幸之后，她就一直这样生活。

加丹把手伸到一个土台子上，然后划着火柴。立刻，从一个又黑又小的锡盒子里跳出了托着黑烟的红火苗。火苗渐渐升高，一直撞到了洞顶。

用墙和屋顶围起来的地方才能叫作房子，但是这座房子的墙和屋顶却和我们通常所理解的不一样。它只能被叫作一件什么东西，其中一些东西还不知道应该叫作什么。加丹住的这个地方实际上是用乱七八糟堆垒起来的石头围成的空地，需要再整修才能变成椭圆形。上面有一个很低的拱顶，一般人直起身来就会碰到头。拱顶的石头不知道是如何一块抓住一块的，好像每一块都要往地上掉似的。地上只要迈步就会踩到不知什么东西：破布，羊毛袋子，半瘪的铜碗，带两个耳朵的水罐子，粘着不知哪年的面疙瘩的面盆，还有别的什么破烂，都不知用了多少年了。在一个角落里铺着一条被划开了肚子的被子和一条张着大嘴的毯子。

母亲住了嘴，咳嗽了一阵，忽然想起了儿子的问话：

“啊！油灯？我给你拿，给你拿！它在那儿，靠右边。”

她想站起来，但马上就像个装满油的皮袋子似的倒在地上，一边竭力想睁开满是眼眵的红肿着的眼睛。油灯早就亮了，她还在那儿叫道：

“我给你拿去！你还没找到吗？它在那儿呢！快把它点上，好让我看看你！”

她用两只胳膊撑着身子，拼命扭动膝盖，露出两个粗得像砖头似的脚脖。

她使劲晃着头，僵硬的老脸带着散开的缠头布一上一下地舞动，活像是一头毛驴，当苍蝇落到其眼睛上时的动作。

她哼着伤了风的鼻子说：“加丹，我的心肝！今天夜里要下雨，是不是？安拉没忘了我们，将来也不会忘记我们。昨天法拉哈带我去祈雨，我看到了阿卜杜勒·阿富尔教长。他也在祈雨……苏莱曼娜当时正在我旁边。拿着！孩子，这张饼还热着呢！早晨我刚做的。拿着快吃吧！”

她把一个用混合面做的东西伸过来，然后吐痰擤鼻涕，再把鼻涕吸到嘴里咽下去，声音很响。接着又没完没了地说起来：“法拉哈也和你一样衣不遮体了。裤子都露膝盖了。我亲眼看见的，不是，我用手摸到的……啊，我检查了她的身子。我不该对你说这个。她已经不是姑娘了……”

加丹使劲咬下一口饼子，一边嚼着一边说：“我也一样，不也是个光腚！你怎么不来检查我的身子？”他大口咽下一口饼子，继续说：

“你根本不知道她白天干什么去了，每天到中午才回家，像牲口回槽似的吃点儿东西又走了。”

停了一会儿，他忽然大声喊起来：“我知道她到哪儿去了！我知道……”

“不要这样喊！”母亲急忙打断他，“可怜可怜她吧！安拉抚慰你。你是她哥哥，她再没别的亲人了！主啊！我就在你面前。我的闺女，我的心肝啊……”

加丹把牙咬得咯咯作响：“你的闺女？你刚才还说她已经不是处女了，奶头都大了，这么一会儿就忘了？她老是跟自己拧着。你唠唠叨叨的有什么用？话说出马上就忘。法拉哈老是撒谎。她肯定瞒着一些不要脸的事，你很清楚！”

“她是清白的，她没干什么坏事！”母亲有点儿哀求儿子了。

“你就会护着她！她干了那么多见不得人的事，我们才落到这种地步。你还护着她！”

“她是个没爹的孩子，是个没男人的媳妇！”母亲哭叫道。

“那又怎么样！她赚过一块饼渣吗？没男人又怎么样？她没长着手，长着脚？我不也是个没爹的，没媳妇的，但是我在养活你们！”加丹生气地打断了母亲的话。

“你养活我们，别不要脸了！是安拉在养活我们！老百姓谁也养活不了谁！你是个种地的，种地的能干什么？！”

“种地的能干什么？那安拉又能干什么？就知道禁雨……”加丹心里不服气，但没有把话说出来。这时，他忽然想起了警察，马上说：

“警察就要来要我的命了！种地的能干什么？他劳累一生直到死。这就是种地人能干的！”

这时，他看到一个影子蹑手蹑脚地转进屋里来，慌慌张张地站在地上使劲挠着头，他立刻止住了话头。这是他妹妹法拉哈回来了。她的个头儿比哥哥高，但比哥哥小十岁。

“法拉哈，我的宝贝！到我怀里来，快来！”母亲急急忙忙地招呼着。

女儿看起来很累，急促地喘着气，说：“村里的人都到村长家去了。警察正在用鞭子抽他们。我听到了高西姆和纳伊夫的喊叫声，叫警察饶了他们……”

母亲吓得哭起来。加丹叫道：“你呢？臭婊子，你刚才在哪儿！”

妹妹吃了一惊，没想到哥哥会对她说出这样的话。她把手从头发里抽出来，紧闭双唇，脸上显露出很痛苦的表情。在惨白颤抖的油灯光映照下，像个犯人似的站在那儿，很顺从地轻声说：

“我妈叫我去找你。他们叫你去，向你调查……”

加丹呲着牙，怪声怪调地说：

“我知道，他们叫我去调查。警察在那儿等着呢！我看到他们了，我马上就不请自去。但是，我现在问你，你刚才上哪个下流地方鬼混去了！？”

母亲感觉到不好，马上喊起来：

“加丹，你别发疯！她没说谎。是我叫她去找你的！”

加丹慢声慢气地说：

“我知道，是你叫她找我来着。但是她没上我那儿去。她知道我经常在什么地方……我不是傻子，我知道她到哪儿去了。我这就叫她在你面前讲实话！”

说着，他伸手就抓住了妹妹的头发，一下子把她提起来，就像提起一件破衣服。妹妹尖叫起来。油灯的黑舌一下子拉长了，极力地去舔屋顶。母亲也跟着叫喊起来，和女儿的尖叫声混在了一起。儿子的指甲和牙齿毫不留情地掐着、咬着妹妹的皮肉，母亲使劲伸出两只胳膊，不知所措地抓挠着，但什么也没抓着。她先抓住被头，然后又抓住一个铜碗。她拿起铜碗想站起来，脊背一下子撞到了墙上突出来的一块石头上，又倒了下去。她又重新爬起来，向喊叫的方向摸去。还没摸到地方，血已经染红了地面。女儿的喊叫声已经变成了断断续续的呻吟。油灯下，她的两腿和后背像蜡一样惨白。

（二）

当加丹走在——如他自己说的——通向死亡的道路时，心里激烈地翻腾着。没有一件事是让人舒心的：干旱无雨；昨日的争吵，以及由此而引起的麻烦；抵押田的责任问题，还有，对他妹妹法拉哈发的火。虽然村长努瓦夫——全村的土皇帝——的房子并不太远，因为村子本来就很小，但他还是走了很长时间。他脑子里想了很多事情，这些事情相互纠缠到一起，理也理不开。“这日子简直无法忍受。”他心里说。

跨过一块块的黑石头，再登上一堵矮墙，他就将站立在象征国家权力的人物面前。但他并没全往这方面想，各种事情的起因太多，使他还来不及去考虑它的后果。但他走到离村长家还剩几步路远的时候，脑子里忽然冒出了个奇怪的想法：“我要毫不在乎地去接受拷打，承受凌辱；问什么我就答什么，该挨鞭子就挨鞭子，别的什么也不做。我为什么不逃跑呢？周围那些村子里的人都跑到城里去了。要是早跑了，就不会有今天这场灾难了。虽然逃跑这条路还有很多不清楚的地方，但能吃饱肚子却是肯定的。管它呢，一切听便！”

村长家的正房从本质上讲跟村里其他人家的房间没什么两样，但它墙壁直，面积大，墙上还涂了一层厚厚的红泥。它能容得下五十人左右。全村最大的集会也就只能有五十多人参加。在房屋的中间挖了一个长方形的坑作为地炉，里面排放着咖啡桶，以备喜庆聚礼时用。地坑的中央铺着羊毛地毯，旁边放着两只山羊毛编织的口袋，越靠近门铺得越差，一直到露出土地。集会时，村民们依据他们年龄的大小和地位由里向外逐位入座，最外边的是妇女，小孩，再加上狗。

一个浑身只挂着几条烂布头的小孩儿喊道：

“加丹·阿卜杜勒来了！”

两个赤着脚的小男孩往后挤，一条断了耳朵的狗抬起头来，摇着无毛的尾巴，给他让开路。在场的人都用冷漠呆滞的目光看着他，使他感到像是钻进了牢笼。

那两个代表国家的人靠在矮床里的一堆枕头上。地上，一字排列着他们的又黑又长的高统马靴，一直排到地炉边。在这两个人的中间放着几条随时准备抽人的皮鞭，枕头上码放着这两人的做工很糙、象征着高等地位的头巾。在他们两边，站着依次排列的村民。炉前中央坐着村长努瓦夫。他将近六十五岁的年纪，黑土色的脸庞上挂着一撮灰色短胡和两片向下随便弯曲的髭须，髭须上是一个鼻孔很宽的大鼻子，从鼻孔里伸出野猪鬃似的鼻毛。两只牛眼睛盯着从炉灶里飘出的黑烟，肥胖的大手正玩着被烟火烧得变了形的咖啡壶。他光着脚，敞着胸，向后仰着头，不时地抖动眼毛。那样子，简直就像个曾被逐出天堂，又在地上站住了脚跟的的魔鬼。他要使人相信，他生来就是法律的奴仆。在维护法律这个崇高目标上，他已经取得了完全的成功。

“加丹·阿卜杜勒！”其中一个警察喊道。

他坐起来准备工作了。大厅的低矮的石头天花板上挂着两只汽灯，在一般的日子里是不会这样挂的。红色的火舌鬼火似跳跃着。在场的人一个个愁眉苦脸，大气都不敢出，静悄悄地像是走进了圣殿。每个人心中都在默默地祷告。当警察喊加丹的名字时，他们好像一下子死而复生了，很有节奏地同时抬起了他们的脑袋，盯住了加丹的脸。加丹往前跨了两步，把清楚的脚印印在新浇过水的软地上。那个喊他的警察拿起一支廉价的笔和一张印有姓名、别名、出生、备注……等的格纸，而另一个警察则还在故作严肃，好像他是个监督者。就在他的部下准备坐起来的时候，人们看到在他的胳膊上戴着一个向上开口的黑臂章，说明戴它的人是有一定地位的，普通头脑的人是难以明了的。

第一个警察继续用很威严的声音问:

“你的准确名字是什么？”

在场的所有人都打了个寒战，这是什么问题啊？准确的名字……准确的？！人群中有一个很受人尊敬的见多识广的人，叫胡加。他会看相圆梦，成天抱着一本破烂的发了黄的书不放。就连这个胡加听到警察的问话也吓了一跳：“难道这个小子还有另外一个咱们平民百姓不知道的名字？”虽然这个胡加亲眼见过加丹的出生，参加过给他起名字，并亲手把这个名字登记入册，但当加丹傻乎乎地回答这个提问时他还是感到吃惊。

他回答说：“加丹。”

那个警察清了清嗓子。他的表情告诉人们他已经发现了不少对于他来说是很重要的秘密。他拿着笔，仔细地审视着被问者，似乎是在比较名字与真人之间的关系。他写下了一点儿什么，忽然又问:

“父名？”

包括村长在内的所有人几乎异口同声地说：“阿卜杜勒。”门槛边的狗惊得忽然叫起来；汽灯捻也猛烈地摇摆了几下；炉膛里的柴火也似乎更剧烈地噼啪爆响起来。

名字货真价实，不容半点质疑。胡加又把心收回来，轻松地捋起了胡子。

“你母亲的名字？”

这次只剩下村长和加丹两人的声音了:

“穆齐娜。”

警察停止了登记，疑惑地问:

“穆齐……娜？”

村长一边从炉子里撤着火钳，一边很肯定地说:

“是的，先生。是叫穆齐娜。”

发问的警察还在犹豫，那个官衔大一点儿的命令他说：

“你就这么写：穆、齐、娜！”

官衔小的规规矩矩地说：“先生，我知道怎么写这三个字。但是这是个什么名字啊？”

当这两个警察互相说话时，马上显出一种不同于调查时的亲切味儿。他们在一个屋里睡，在一个盘子里吃。他们俩只是在军衔上差着一级，但都同属于列兵。在外面，他们都是正经八百的，一个是领导，一个是被领导，分得很清楚。军威和纪律是不容违犯的。但一到两人在一起时可就犯了禁。很可能由于一点儿小事，被领导的敢把领导的头按下来一百次，叫他嘴啃泥。比如比比谁强，谁大方，或谁肯拿出一支香烟。过后，他可以允许对方骂他的祖宗——如果他有祖宗的话。

调查被这个难题挡住，进行不下去了。穆齐娜，一个多么奇怪的名字！他们俩何必在这浪费时间而耽误丰盛的晚饭呢！这次，俩人没有顶撞。村民们太单纯了，太好出风头了，会有人出来说话的。

出乎意料的是，村民们全都默不做声，都在捉摸这两个警察是否是在要滑头。领导这时不得不起来救援被领导的：

“穆齐娜！你难道不知道穆齐娜是什么意思？”

大家都竖起了耳朵：他要怎样给这个名字下定义？不管怎么样，警察是不会被人当作傻瓜的。如果他确实不知道一个名称的意思，他会设法绕着弯摆脱困境，虽然方法有时不是很聪明，但他决不会让人说他是不学无术的草包。他不假思索地说：

“你就这样写：穆、齐、娜！先不用管它什么意思！”

紧接着，他下了断语：

“很多种田的人名字都很怪，讲不出什么意思！”

村长故意清了清嗓子，坐直了身子；胡加失望地出了口长气；不知是谁声音很大地打了个喷嚏，人群烦躁起来。

警察生气地问第二项内容：

“年龄？你多大了？”

人群第一次争论起来。有人说是发洪水那年生的；有人说他出生时正赶上大风暴。最后还是村长不紧不慢地说：

“我想他比我儿子小五岁。我那个当上士的儿子三十岁，那么……”他把“上士”这个词说得很重，带着自豪感。

那个警察嘟嘟囔囔地写道：

“二十五岁。”

他又重新问起来，语调似乎变得有礼貌些了：

“出生地点？你是哪儿生人？”

加丹强打着精神，又累又困。他没想到警察会问他这些东西，跟路上准备的完全不一样。还没等他想好怎么说，有一个声音又替他答道：

“他本地生人。”

警察又嘟嘟囔囔地写道：

“阿兹兰县塞拉村。”

加丹站在炉子和警察之间，两只赤脚不时地碰到磨得很光的马扎子上。他的那条屁股上带着一块大补丁的肥裤子，和那件撕着口子搭拉在身上的蓝褂子，再加上额头上还带着血迹的伤口，所有这一切，都叫人看上去像是一个蔑视一切法律、传统、社会的恶人。更倒霉的是他没戴缠头巾，则更被认为是大逆不道。在村民们眼里，这就是叛教，就是丧失起码的做人的规矩。但是他又有什么办法呢？他的唯一的一块缠头巾昨天打架时给抢走了，而他头上的伤口则使事情变得更坏。一个好人的漂亮的额头上怎么能带伤呢？太难以想象了。

实际上，村子里的男女老幼都对加丹没有恶意，没有人讨厌他。几个月前，他还是一个不被任何人注意的普通种田人。他在村里的出名是从跟绍里赫·扎雅布家换婚开始的。他娶了绍里赫的女儿法哈达，而把自己的妹妹法拉哈嫁给了法哈达的哥哥高西姆。这次换婚引出了一系列的纠纷，直到把他推到眼前这种境地。

正当警察抬起头来准备提新的问题的时候，胡加抛了一下他的那串由一百零一个橄榄果做成的大念珠，然后伸出十指。这是暗示，意思是到做礼拜的时候了，村长慌慌张张地站起来领诵作证词。人群骚动起来，各自寻找自己的位置。中老年人都站起来，参加礼拜仪式，而青年人则跑到台阶上，三三两两地议论刚才的事情去了。两个警察很幸运。他们俩原来在屋子的西边，人群的移动并没有影响到他们，他们可以趁机休息一下，容出时间讨论一下与肠胃有关的问题。而孩子们则仍然待在屋里，一个个强睁着红肿的眼睛，等待着这个庄严集会的结果。

加丹也趁机坐在地下，低着昏昏欲睡的头，不时地用眼睛瞟一下鞭子梢。村长正在高声地诵念。两个警察时而嘀嘀咕咕，时而放声大笑。加丹什么也没听见，只听见了自己心里的声音："下边还会问我什么？将会给我安上什么样的罪名？我该怎样解释呢？"他好像听到了很多种鸟的叫声，看到了这些鸟被做熟了端到饭桌上的情景。但他却流不出一点儿口水。

在这个时候，一个放羊的瞎子，叫作沙杜的正在敲响加丹家的房门。他因生活所迫，现在已经变成了村长的仆人。

"穆齐娜大婶！穆齐娜大婶！"

"谁呀？是加丹吗？"屋里传出一个已经睡下了的老人的声音。

沙杜抬起他那颗小脑袋，冲着满是星斗的天空大声喊：

"我们想要一只公鸡给警察做晚饭！"

一听这话，老太太伤心地流出了眼泪。她很不情愿地爬起身来，摸索着开了门。两只手抓摸着，碰到了矮小子的耳朵，她一下子把他拽到自己身边。

"你这个狗崽子，一来就没好事，一身臭气！"

"管我什么事，他们一来就要吃鸡！"沙杜一面笑着一面把干枯的胳膊伸进老太太的衣服里。

老太太又哭起来：

"你们这些挨千刀的，怎么不去吃村长家的！"

沙杜的指尖碰到了老太太的肚皮，一边胳肢她一边笑着说：

“真倒霉！你的肉都干透了！”

两个瞎子一块儿在黑暗中跨过院栅栏。老太太忽然想起了什么，问道：

“告诉我，他们对加丹怎么样了？”

沙杜逗着她说：“他们说他的厚皮囊正好可以装草料。”

出乎意料，老太太并没发急，反而很冷静地回答：

“这要看他们能不能找到草料。”

两人一起走到鸡舍前，老太太在一个用锡皮盖着的洞口前弯下了腰：

“我这儿只有小鸡。”

“我要一只大公鸡。不要忘了，这是警察要的！”

老太太手伸进洞里，一下子就抓出了一只小鸡。她又把它放回去，又抓出了一只母鸡，生着气地嘟囔：

“咳！就这样归公了！快拿走，别让我再看到你！”

沙杜又转到绍里赫·扎雅布家，然后又转到村里的其他人家。不知挨了多少骂，才把村长吩咐的鸡要齐了。

这时，村长客厅里的人们正举手至额，齐声朗诵着《古兰经》的开端章。礼拜仪式结束了，趁机溜回家去和老婆睡了一会儿的人也陆续地回来了。村长转过身来，把煮的咖啡先送到两个警察手里，再分送给周围的一些老年人。然后他坐下来重新把已快熄灭的炉火弄旺。众人的眼睛又都集中到加丹身上。他已经重新站起来，盼望着尽快决定他的命运。

一个警察往前哈着腰，咳嗽了几声，吐了几口痰。其中有一口痰吐到了前面一个人的身上。他翻着记录本，打着嗝儿说：

“咱们重新开始。加丹·阿卜杜勒！”

加丹垂着眼皮，讷讷地说：

“我在这儿。”

警察以教育者的口吻说：

“听着，我的孩子，你把事情从头到尾给我们讲一遍。注意！不许撒谎！我们知道真相。好了，说吧！”

警察一边说一边在手里摆弄着鞭子。加丹想："我从哪开始说？高西姆和他父亲绍里赫都说了些什么？"他忽然注意到这两个人都不在场，害怕起来，浑身的关节好像都要颤抖起来。他想："要是警察听信了他们两个人的话，那就什么都完了。"

"快说！被狼吃掉的那只羊是谁家的？！"警察等得不耐烦了，开始用准备好的问题厉声提问了。

加丹发蒙了，他没想到调查会这样进行。干吗转弯抹角地提问题？羊和狼？事情根本不是羊和狼的问题。要是已经问过高西姆这个问题，那就意味着那只黑手已经把问题从根本上弄颠倒了。高西姆肯定会说死的那只羊是我家的，因为他想再把牛羊抢回去。要是那样的话，我该怎样回答呢？"

他天真地想："我应该和我的对手对着干，他说东，我就说西。"警察更加不耐烦了，又催问道：

"你哑巴啦？！你懂不懂阿拉伯语了？我问你羊是谁的？"

"如果换婚协定还有效的话，那只羊应该属于我加丹。只要不撕毁协定，那羊就是我的。女人已经不再是处女了。"加丹似乎下了决心："我要说反话。"

"先生，那只羊是高西姆的，因为它已经抱崽了，狼跑了后我看到了它的小崽。我只有三只母羊，直到现在，公羊还没去嗅它们的屁股……"

加丹还想继续往下说，但他忽然止住了口。他看到两个警察忽然挺直了身子全神贯注起来。在农民们听来，"公羊嗅屁股"这样的话是很普通的一句话。但对其他人来说，这句话会激起他们细听下文的兴趣。

这时，上士第一次开口说话。他白净的脸庞，瘦弱的身体，梳得光光溜溜的漂亮头发，两片高高的鬓角。他属于那种在没人的地方经常想着风流韵事，纵欲消遣的浪荡公子之类。他看起来25岁的年纪，但实际上要比这大得多。他说：

"听着，孩子！高西姆说他在你这儿有四只母绵羊，前天狼钻到你家羊圈里咬死了一只。我们想知道这只被咬死的羊是你的还是高西姆的。"

加丹对上士说的高西姆的羊在他的圈里这件事并不想去纠正，他要错到底。因此只是简单地回答：

“羊是他的。”

他希望调查就这样简单结束，不再刨根问底，但他并不准备做丝毫让步。

上士警察又开口了，他对加丹刚才的话很感兴趣，想再叫他说得更详细一点。

“很好。有什么证据？”

但加丹的思想却并不局限于那位上士所期望听到的东西。他知道上士想听什么，知道他想叫他接着第一次插话时的话头往下说。至于为什么，他还不太清楚。因此他只是含含混混地回答：

“高西姆那里有证据。”

上士失望地又重新仰靠在枕头上，给他的助手腾出地方。他的助手非常了解这位上司的嗜好，并善于在不同的场合满足他的愿望。他长得高大魁梧，有着令人羡慕的大肚子和不可小看的大块头。肌肉发达的双臂能叫鞭子发挥最大的作用。

“现在又轮到我练练了。”助手拿起了鞭子，眼睛逼视着被告人额头上的伤口，厉声问道：

“这个伤口是怎么回事？”

“我不知道！吵架时被石头打的。”

“和你吵架的都有哪些人？”

加丹暗想：“我要把他们全说出来吗？连女人也说出来？不好。”村长这时候趁机搭腔了：

“先生，听我说。吵架时，乡亲们全都参加了。”他用控告的眼光环视了一下在场的人，又接着说：

“前天那次打架是一伙人打一伙人。有男人，有女人，有孩子，连狗都参加了。还不包括围观的人。我早就想去报告了，但又希望这场野蛮的演习能自己结束（演习这个词是他从在军队里的儿子那里学来的）。先生，我不想控告任何人，但我不能沉默。”

他傲慢地清清嗓子，往炉坑里吐了一口痰。立刻溅出了很多炉灰，伴随着一股洋葱味飘散开去。他又接着说：

“但是，先生。从现在起，他们再也不会参加这种该死的军事演习了。尤其是，阿卜杜勒·阿富尔已经警告过他们：安拉要对他们施以重罚。他们，还有我们，所有人都是罪人。正因为这样，真主禁了雨。大慈大悲的真主啊！”

看来，村长的演说并没在两个警察身上发挥神奇的效果。他们两个耳语着。

一个问：“怎么样，是不是到此结束？”

那个答：“晚饭还没准备好呢，咱们再消遣一会儿吧！”

只见那位助手站起身来，挽起了袖子，用长满粗毛的大手举起了鞭子：

“听着！你的这些村民都需要接受训诫！好吧，让我们开始这种教育工作！”

加丹紧张地后退了一步，死盯住警察的手。

“你打了高西姆和他的兄弟萨利姆，你马上回答，为什么这样做！”助手吼道。

“他们俩先打了我，把我头打破了，还抢去了我的缠头布和头箍。”加丹像是对着鞭子说话。

“什么原因？”

“因为……因为他们俩……”

“因为他们俩什么？这你个蠢驴！”

见鬼去吧！加丹横下一条心。他答道：

“是为了羊。”

“你为什么把别人的羊还给他们？高西姆呢？这第二条蠢驴！”

加丹有些站立不稳了。他看见鞭子梢在他的眼前晃动。

“先生，这不是羊的问题！”

“那是什么问题？”

“是……是……”

话还没说完，身上已经挨了一鞭。他赶紧拿胳膊去挡，鞭梢抽到了他的背上。褂子马上就撕裂了。皮上出现了三道白印，白印很快变红，血一点点地渗出来。

“狗崽子！到底是什么问题？你为什么不把羊还给人家？”

加丹没答话。他明白了，这是早就安排好了的，是专门对着他来的。第二鞭下来了，他设法让它落在他的屁股上。在场的人都伸长了脖子，心惊胆战地看着。村长想说情，还没开口，第三鞭又下来了，鞭梢绕在了加丹的脖子上。他感到窒息，背上、脖子上、眼睛上都火辣辣地疼，脑袋像要裂开似的。他咬着牙忍受着，不愿让人看出他的痛苦表情。过去所遭受过的种种苦难随着鞭子的起落又显现在眼前，愤怒的情绪在胸中集聚着，翻腾着。

“所有这一切都是为了什么啊！”

高西姆忽然进来了。他在审加丹以前已被审问过，现在又被人从家里叫来了。在他父亲的指导下，他成功地让警察的调查偏离了正常的方向。如果不是这样，他父亲就会成为第一名被告，甚至村长大人也要被牵连进去。

父亲下了很多功夫教导这个疯疯傻傻、神经失常的儿子，教他在讲这件事时要从尾巴讲起，把它局限在狼与羊的问题上，别的事一点儿不提；教他哪些话该说，哪些话不说。

高西姆走进屋来和加丹站在一起。一个穿得破破烂烂，光着脑袋，带着伤；另一个缠着干净的头帕，穿着丝绸衬衫，还穿着鞋。两个警察想：“穿戴这么整洁的人难道能有错？”为了证实这种判断，警察提问了高西姆，希望听到长篇大论的回答。

“你为什么不把羊从他那拿走？是他不给你吗？”

高西姆被这突如其来的提问弄蒙了，不知如何是好，扭头去找他的父亲，父亲忽然不见了。高西姆吓坏了，大喊起来：

“爸爸！爸爸！你们快追上我爸爸，他要自杀！”

高西姆的父亲刚才一进屋就看见了警察手里的鞭子和被打得血淋淋的加

丹，他马上躲起来了。高西姆的叫喊使大个子警察吃了一惊，待了好一会儿才明白过来。他真的生气了，决定尽快结束这场滑稽戏。

“听着，你们这群灾星！你们为什么给我们找麻烦，跟自己过不去！你，高西姆！为什么不拿走你那该死的牲口？加丹，你这个该杀的混蛋，把羊给他不就完了！今天晚上真倒霉！村长！你亲自去把这事儿了结，把羊还给他。死了的那只是狼的了，另一只还让它活着，给被害人留着生活。”

村长应声站起来，但却像钉子似的立在那里，没有任何表示。三个人，像是三座僵硬的雕像。在场的也一个个瞪着眼睛，大气不出，不说一句话。

胡加这时数着念珠站起来。他穿着一件山羊毛织的袍子，花白的胡子已被烟火燎去了一半。他走到两个警察面前，蹲下去，对着他俩的耳朵轻声地说起来。两个警察一会儿眼睛睁得老大，一会儿又眯起来；脸上一会儿阴，一会儿阳。忽然，那位上士大喊起来：

“都给我到法庭上去！你们这些魔鬼、贱货、畜生、没出息的东西！”

喊完，他一头歪在靠枕上，放声大笑。那神经质的可怕笑声使所有在场的人都预感到问题的复杂与严重。都在想：“我们是否真犯了罪？”

……

（十二）

太阳还没升起，大空场上已经出现了玩耍着的孩子们，一个个瘦弱的身体，憔悴的面容，活像是一堆虫子在地上蠕动。风掀起他们的破衣烂衫，使劲地螫咬着他们的嫩皮。他们在土里滚着，跳着，一个抓住另一个的衣领，不停地吸着鼻涕，咽着口水，喊着，叫着。谢哈代的孩子们叫得最响，声音听起来很凄惨，因为他们早已哭惯了。他们的母亲在没告诉任何人的情况下忽然扔下他们走了。她两年来第一次拎着水桶去塘边打水，就再也没有回来。当她被捞起来时，水从她身体里流出来，好像永远流不完。

老人们互相扶着对方的肩膀走在前边，竭力想净化他们的心灵。他们感到晦气，因为他们为此不得不去回顾过去最卑贱，最细微的罪行与过失。穆齐娜大娘也夹着儿媳妇的胳膊一边走着一边不无惋惜地回忆着曾经有过的散发着香味的生活。

青年们打着哈欠走在后面，那无精打采的样子就像被驱赶去干比种地还要辛苦的劳役。就这样，全村的人慢慢腾腾地来到了大空场，他们议论着，猜测着把他们叫来的真实目的。从一个角落里传来了艾米娜让乌姆法哈达住嘴的叫声，正当一场争吵的风暴要发生的时候，村长出现了。法格尔跟在他的后面，还在不停地唠叨着："真主的天使啊！真主的天使啊！"他尽可能地与老学究拉开距离，不让他听到他的悔言。他已经变成了他暗中可怕的对手。

……

中午刚过，瞎子沙杜的叫喊声就响遍了村子，祈雨的时间到了。人们每时每刻都在盼着这个喊声。因此，随着沙杜的召唤，黑洞洞的窗户打开了，露出了疲惫不堪、伸着懒腰的身影。这些身影慢吞吞地走出了屋子，又慢吞吞地向村子西边挪去。

村子里的大空场渐渐出现了乱糟糟的，很不规整的人群，一种悲惨和不幸的气氛笼罩着他们，看不到一点儿欢乐。村民们听从了村长的劝告，把牲口、水桶、瓦罐及孩子都带来了，唯独忘了斋戒——那宽容别人和清洗身上及心灵上的污秽的仪式。执行这一点是很难的，尤其是对于那些已经有了理解力的人们。

喧哗声响遍了村子里各个支离破碎的水沟，一段段匍匐在地面的，看上去像是扁平鼻子的石墙把它和低矮的小块平地分隔开。12月的天空重重地扣在这片干渴的，被遍地的黑石头染得灰暗的土地上。

人群中包括从这片土地上走出来又回到这片土地上的老年人，灾难压弯了他们的脊背，苦水使他们永远低着头；还有那些年轻人，他们的骨头已被苦难磨碎，眼中的希望之光已被苦难掠走；还有女人们，痛苦使她们那年轻的皮肤过早地出现了皱纹，过早地偷去了她们脸上的红润；至于孩子们，则在花朵还没开放以前就已经枯萎了，容貌和颜色在襁褓中就已经褪掉了。他们作为一个人能显示出的唯一特点就是苦难和贫困。

人群中还夹杂着枯瘦如柴的、饥饿的牲畜，它们在不停地吼着，好像是在乞求脱离绝径的路；还有那些锈痕斑斑，遍身是洞的铁桶，上面的泥巴已硬得像石头，也没有人想到去抠抠它，叮叮哐哐的声音似乎仅仅是为了证实它的存在。

阿卜杜勒·阿富尔教长走在这支乱糟糟的人群前面。他一边走，一边谦恭地要求人们解开缠头布，拿下头帕，脱下衣裳反穿上，以表示对真主的敬畏。他自己首先解掉了缠头布，露出了他那光头。妇女们开始慢慢腾腾、迟迟疑疑地执行他的命令。他大声地朝她们喊道：

“谁也别怕谁！在真主面前，我们都是平等的！不要去看别人的羞处。今天是悲惨的一天，我们应该恭敬、谦诚地接受热火的烘烤！真主至诚！”

场面开始达到高潮。当妇女们终于摘下了头帕时，青一色的头顶马上显出不同的容貌：一片片乱糟糟的头发；一簇簇花白的胡须；一个个的光头，一张张卑恭痴呆的面孔；一副副愁苦万分的表情，阴冷无声的目光；凶狠怒张的嘴巴；颧骨突出的瘦脸……为整个人群勾画了一副冷冰冰的气氛。愚昧、愁苦、愤怒、憎恶、不平，人间的一切不祥之意都显现在他们身上，为他们打上了令人毛骨悚然的印记。

……

第二天，天刚蒙蒙亮，全村的男女老幼都起来了，从来没见过他们这样兴奋，这样勤快。绍里赫，村长努瓦夫和其他一切过去一直靠妻子、子女侍候的人也都起得很早。每个人手里都拿着一件能够刨地翻土的工具。这个扛着断了半截把的铲；那个拎着脱了把的锄；什么锈迹斑斑的铲子，卷了刃的剑，用秃了的镰刀，掉了齿的木叉，一切能找得到的工具全翻出来了。大家兴高采烈地向田里涌去。

村道上挤满了吵吵嚷嚷的人群，话声，脚步声，催促孩子和吆喝牲口的声音交织一片。祈雨使他们产生了希望，树立了信心，激发了他们的热情。人人心中又都勾画出美好的憧憬。他们想，我们已经向真主祈祷过了，给他送去了至诚之心，互相之间的冤仇，做的坏事，可恶的行为都不会把我们与真主隔开。因为造物主是伟大的，他是不会计较这些的。这些罪行都不是我们的过错，而是作为活在世上的人自然要发生的行为。来到地里，他们就起劲地翻起土来。每个人都使出全身的力气，没有人偷懒，也没有人怠工。他们大声地自言自语，大声地和真主、天空、手里的工具和驱赶的牲口交谈，以便让别人听到。他们不时地抬起头来望望天边，看看风向。汗很快就从他们的脸上、胳膊上渗出来，但这并没有降低他们的热情，而是干得更起劲了。他们每个人都用耳朵捕捉着细微的声音，希望这是雷声。肠胃的咕噜，乌鸦的鸣叫，远处传来的火车的吼声，都曾在他们心里激起一阵狂喜，认为是雷声。他们一边急促地、凶狠地挥舞着工具，一边叨念着：大雨就要来了，水就要灌满这些沟，土地将喝得足足的，池塘将装得满满的，牲口将饮得饱饱的，妻儿老小也将喝上热奶。庄稼会长得高高的，绿绿的，收割、打场、脱粒，黄橙橙的麦子堆满了场院。还清了债务，补齐了吃穿，土地还会是我们的。快呀！加油干哪！犁呀，你快点犁！牛呀，你快点走！镐呀，你快点刨！快点帮我们活下去！

傍晚，从旷野的尽头忽然传来一声叫喊。随着喊声，四面八方的人都把身子转向一个方向。西边的地平线上，一团浓密的蓝色的云彩正在往这边漂浮，它的四周染上了深红色，附近的天空像被它刺杀而流出了血。这是多么吉祥的颜色啊！一会儿，雨水就会从它的伤口流下！天使们哪，哭泣吧！来吧！请接受我们的呼唤，把一切诅咒都浇到我们身上吧！就在那一刻，很多人都以为自己听到了震耳欲聋的雷声。这朵祥云在前面飘，一轮圆圆的太阳从它身后显现出来。太阳被打败了。毫无疑问，祈雨为它提供了营养。

人们死死地盯住这块浮云，抱怨它走得太慢。他们恨不得用牙咬住它，用指甲抓住它，用心上的绳索拉住它，但是它毫不理会人们的心情，一直不紧不慢地在地平线上原地踏步，最后，终于跌落到地平线下边去了。人们并没听到雷声，他们听到的只是心底里的殷切、热望之声；人们也并没看到乌云，他们看到的仅是无论多冷的风也不会使它凝结的傍晚的地平线上的雾气。比这更坏的是：无论雷声和乌云都没有能遮住两个实实在在出现在地平线上的东西：飞快向这边跑来的警察。它把人们从蜃景中一下子拉回到现实中来。所有人都惊愕了，他们没有想到实际盼来的却是这样的雨。

……

（十四）

……

五年前的冬天，老天爷很开恩，雨水很多。一天早晨，加丹赶着驴子，驮着一麻袋混合粮，到买哈贾镇去磨。买哈贾镇离塞拉村有两个小时的路。他到得晚了，在那儿一直等到天黑才轮上给他磨。往回走时，天下起了大雨，地上水流成河，到处是烂泥，再加上刺骨的寒风，他只能小心翼翼地跟在驴子后面摸索着往前走，一边紧紧抓住驴背上的麻袋，怕它一旦掉下来没人帮他再拉上去。麻袋里的混合面已变成了一团浆糊，显得更重。驴子腿在烂泥里艰难地踩进拔出，加丹紧跟在后面，几乎一步一滑，面前除了驴子的眼睛和鼻子什么也看不见，他就靠着它当路标。驴子走得很急，想快些到家，解除背上的沉重负担。加丹比驴子还着急，但他不能跟它比，也没别的办法，只能靠数数打发时间。他走一步数一步，心里算计着走了多少时候，还剩多少路途。他最担心驴子失腿趴下，或是麻袋掉下来。就在他估计走到一半路程的时候，驴子忽然停住了，然后扭头就往回走。加丹听到了驴耳朵扑打的声音，意识到，驴子是受到了什么惊吓。他吆喝它，推它，驴子一动也不动。他就往前紧走两步，想看看路是否断了。猛然间一声吼叫惊得他一哆嗦，一股臊臭难闻的水溅到了他的脸上。加丹没带任何武器，实际上，任何武器在这种时候都是无用的。狼狗早就利用风雨交加的漆黑之夜躲在一边，等你发现它时早已近在咫尺。有经验的人说，在这种时候，最好的武器是意志和镇静。狗是不吃活人的，它只是等你自己吓瘫倒地后，才把你拖回穴里慢慢地享用。

加丹镇静了一下，开始想办法叫狼狗让路，但是狼狗一动不动，坚持不给毛驴让路。看来它确实很饥饿，一心要把它第一次碰见的猎物当美餐，这也可算是它的一条优点吧。假如毛驴是套着缰绳的，事情就容易多了，可以拉住缰绳让它拐弯绕路过去。但加丹的毛驴是自由惯了的，它从不知道缰绳是什么东西，这无疑是主人对它的恩惠，但在这个时候可就没有办法了。加丹只好使用舌头做武器，他吐着唾沫不停地骂它，恐吓它，同时使劲地往前推着驴子。最后，他的武器终于奏效，狼狗让开了路，但没有认输，仍然像个无赖似的一直跟着他们。有时远一点，有时忽然蹿到加丹脚前，想让他摔倒。加丹一面紧紧抓住麻袋，稳住自己的腿脚，一面不停在嘴里咒骂和威吓，以便告诉狼狗，他仍然神志清醒。狼狗还时不时地在毛驴腿间穿行，想把毛驴吓到。当都不凑效后，它又采取了新的攻势：用鼻子去拱加丹的屁股；在他的背上挠痒，想让自己的猎物丧失意志。最后，他们终于来到了村前。这时，加丹回头看去，看到狼狗两眼射出磷火一样的寒光，泄气地站在那里，这才放下心来，为自己的脱险而高兴。

……

这件事和其他类似的事在加丹心中留下的影响远没有昨天的吵架深；这些事情给他带来的痛苦也远不如和他伯父家的摩擦给他带来的痛苦大。他摇了摇头，望着远处已出现的阿兹兰县的灯光，心中一阵凄楚，想：“和野兽打交道的结局比和人打交道还要好，咳！”他不再想下去，赶着牛羊直奔车站市场而去。这时，天已经拂晓了。

兄妹两人终于停止了脚步。这是一个很大的市场。法拉哈惊讶的眼睛都发直了：这是什么地方？这就是人们常说的大马士革吗？还是另外一个世界？她感到眼花缭乱，目不暇接。一排排整齐的白房子；一间挨着一间装着铁门的店铺；平展展的铺着柏油的马路；两旁人行道上成行的树木……这些使她以为来到了天堂。一辆响着喇叭的汽车穿街而过，吓得她急忙钻到牛肚子底下，心蹦蹦跳不停，眨着眼皮对牛说：

“别怕，我的好牛！咱们一块儿看新鲜……”

屠夫们看到了加丹的牛羊，围拢过来，开始用行家的眼光打量起来，摸摸脊背，量量脖子，估估身重。其中一个用一种使法拉哈听起来很怪的腔调问：

“这只羊要价多少？”

“五十里拉。”加丹口气很硬。

另一个人听他要价这么高，就嘲弄似的问：

“驴子呢？”

“驴子不卖！”

“这个漂亮姑娘呢？”第三个挤眉弄眼地问。

“我只卖牛和羊，别的什么也不卖！”

他要卖掉牛羊，这个决定是在他接受警察调查的夜里做出的。他要以此来解决面临的难题，成为一个别无所求的人。“和人交往必然导致厄运”的结论是促使他下此决心的原因之一。为此，他把长久以来设想的计划彻底抛弃了。

他的这个决定还不十分清晰，一些细节还没考虑好。不管怎么说，他觉得，能摆脱开牛羊，事情也就解决了，他也就心静了。他将把卖的钱拿回家藏起来，谁也不知道。买主对于他是只打一次交道的生人，以后谁也不会再见到谁。

天大亮以后，加丹发现自己的要价太高了。他逐渐地往下降价，终于把牛羊都卖出去了。三只瘦羊卖了一百里拉；两只更瘦的卖了五十里拉；一只生病的卖了二十里拉；最后一只卖了三十里拉。那头牛进行了长时间的讨价还价，最后加丹让步了，拿过二百一十五里拉让人拉走了。然后，他开始专心致志地数起钱来，但怎么也数不对。最后，他把钱根据大小卷成几卷。他认为，张大的肯定就是价高的。妹妹法拉哈在旁边张大了嘴巴，呆呆地望着他，不知道这些花花绿绿的纸片会给她带来什么。看了一会儿，她忽然心灵开窍，冲哥哥大喊起来：

“哥哥，给我买一条裤子！哥哥！”

但是哥哥这时整个心思都在数钱上，根本没注意到她。毛驴正在利用这个机会消遣，它不时地嗅嗅地面，查看牲口粪，寻找自己想要找的踪迹。每当母驴从旁经过，它都要抬起头，踢着腿叫着，神经质地摇动着短短的尾巴。它显得特别兴奋，就像在参加庆祝会。因此，当看到主人把钞票卷起来，扭过它的脖子叫它上路时，显得很不高兴。

加丹赶着毛驴走上了回村的路，法拉哈远远地跟在后面，不停地向他喊着：

“我的好哥哥，给我买一条裤子吧！买一条红色的裤子，我的亲哥哥，红色的裤子……”

妹妹距离哥哥将近一百步远，当声音传到哥哥耳朵里时，已经很微弱。哥哥根本不理会她，只是自顾自地盘算着：“这笔钱一部分用来还种子钱，一部分用来交地租，土地能保住了。剩下的攒起来……”他和驴子已经离开县城，走上了田间的小路，而妹妹还在后面固执地喊着：

“哥哥，你停一下！红色的裤子！红色的裤子！我亲爱的哥哥！”

哥哥也正在一根弦上单调地唱着：“四百一十五里拉，一共卖了四百一十五里拉，四百一十五……我要从贝克那里把借据收回来，把它撕掉……”他紧紧握了握手中的钱，感到它已被看不见的血管紧连在自己的心上。走了将近半个小时的路，他忽然止住了毛驴，随后坐在地上。这时，他才想起自己的妹妹，转回身往后看去，看见妹妹远远地跟在后面，又来气了，马上申斥起来：

“你又怎么啦？还不快走！病啦？”

妹妹喘着气，远远地回答道：

“哥哥，真主保佑你，会还给你法哈达的。给我买条红裤子吧，哥哥！”

“裤子？为什么？像你这种女人还要穿裤子？你看有钱人家的闺女还没穿裤子呢！过来！你这个虱子窝，过来帮我一下！”哥哥这次没生气。

妹妹一边跑过来一边仍然不停嘴地说：

“买条裤子吧！亲爱的哥哥。我是为高西姆……”

“我把你掐死，再把他掐死！就算真主没造出你们两个。你等着瞧！”哥哥恶狠狠地说，“过来！把这块石头拿给我，还有那块！”

妹妹递给他几块小石头。他把手中的钱放在地上，一面自言自语地唠叨一面分别用石头把钱压上：

“这是五十里拉。它应该是五十，它的张儿大；这张跟它一边大；这张小一点儿，应该是二十五里拉；这张呢？快按住它！你别把它弄脏了，你那黑爪子！我把你的手指头剁下来！你这么盯着它干吗？”

妹妹没想到哥哥对她这样和气，有些奇怪，也有些吃惊。多少年来，难得看到哥哥这样温存的目光。这种目光不由得使她想起另一个人的目光，那是当她和高西姆单独在一起的时候从高西姆的眼睛中看到的。正在她疑惑的时候，哥哥的话声又传过来了：

“你又怎么啦？你以为我不喜欢你呀？”

妹妹手里正攥着几张钞票，哥哥的话使她一惊，钞票掉到了地上也没看见。哥哥没注意妹妹的举动，继续说：

“法拉哈，我要真生你的气我就是个异教徒。我看你受罪都哭过。你要买裤子吗？我给你买。钱呢？钱哪儿去了？”

一阵风刮起来，钱被吹得满地都是。兄妹俩一下子呆住了，半天没缓过劲来，不知怎么办才好。是先追飞走的呢；还是先捡刮在近处的。哥哥手忙脚乱，一边捡一边大声吆喝着妹妹：

“快追呀！快追呀！回来，先捡脚下的！不！先去追远处的！钱都刮跑喽！我的钱啊！我真倒霉……”

毛驴摇动着两只长耳朵，瞪大眼睛看着兄妹俩惊慌失措的样子，反倒很高兴。兄妹俩跟着飘舞着的纸片一直往西追去，越跑越远，慢慢地消失了。它等了很长时间，也没看到主人转回来，终于无可奈何地喷一下鼻子，独自走了。

图书在版编目（CIP）数据

王德新著译文集 / 王德新著译. —北京：世界知识出版社，2019.1

（中非高校20+20合作项目成果文库 / 罗林主编）

ISBN 978-7-5012-5931-1

Ⅰ. ①王… Ⅱ. ①王… Ⅲ. ①社会科学—文集 Ⅳ. ①C53

中国版本图书馆CIP数据核字（2019）第003462号

责任编辑	龚玲琳
文字编辑	蔡楚娇
责任出版	赵　玥
责任校对	马莉娜
书　　名	王德新著译文集 Wang Dexin Zhuyi Wenji
著　　译	王德新
出版发行	世界知识出版社
地址邮编	北京市东城区干面胡同51号（100010）
电　　话	010-65265923（发行）　010-85119023（邮购）
网　　址	www.ishizhi.cn
经　　销	新华书店
印　　刷	北京虎彩文化传播有限公司
开本印张	787×1092毫米　1/16　17印张
字　　数	270千字
版次印次	2019年1月第一版　2019年1月第一次印刷
标准书号	ISBN 978-7-5012-5931-1
定　　价	45.00元